企業評価論入門
Business Analysis and Valuation

奈良沙織 [著]
Saori Nara

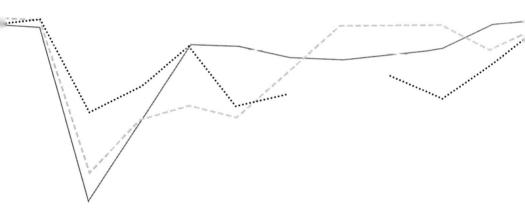

中央経済社

はじめに

　本書は，初めて企業評価を学ぶ学生やビジネスパーソンが基本的な分析を行えるようになることを目的に，企業評価に必要なポイントを実際の企業の財務データとともにまとめた企業評価のテキストです。

　近年，企業価値の向上に注目が集まるようになりましたが，残念ながら企業分析や企業評価の知識が普及したとはいえません。こうした背景には，専門的な会計用語や数字，ファイナンスのテキストで用いられる数式やモデルに対するアレルギーも少なからずあるようです。

　しかし，企業評価には財務諸表作成者ほどの知識や高度な数学は必要ありません。むしろ，大事なのはポイントを押さえて目的に沿った分析ができるかという点にあります。「そんなの初心者の自分には無理」と思うかもしれませんが，プロの分析者も初めからポイントがわかっていたわけではありません。しかし，ひとたびコツを習得してしまうと，全く知らなかった企業についても数字を見ただけで業績が好調か，今後の業績は伸びそうか，どこに課題があるかまで見えてきます。

　それでは，どうしたら企業分析・評価ができるようになるのでしょうか。これについては残念ながら，この本を読めばできるようになる，この授業を受ければできるようになる，というものはないように思います。様々な学習についていえることですが，たとえばピアノについていえば教本を読んだだけで，ショパンが弾けるようになりません。しかし，毎日いろいろな曲を練習していればショパンも弾けるようになります。

　企業評価もこれと同じで，様々な企業を分析していく中で，いろいろな企業を分析できるようになります。そして，その過程でこの指標は絶対に確認しておこうとか，自分はこういう企業を高く評価するといった自分なりの分析や評価の軸ができてきます。財務分析や企業評価には"こうすればできる"という定石のようなものはありませんが，本書では実際の企業の財務諸表を用いながら分析のポイントについてわかりやすく解説していきます。

本書の構成は以下のとおりです。第1部では，企業の分析・評価に必要となる財務諸表の基礎として，貸借対照表，損益計算書，キャッシュフロー計算書の基本と分析のポイントについて説明を行います。第2部では財務比率の分析を取り上げ，収益性・効率性・安全性・成長性の観点から企業の分析する手法について紹介します。第3部では様々な企業評価モデルについて説明します。また，企業評価では財務数値だけ見ていればよいかというとそうではありません。そこで，第4部では会計数字の裏側にある実際のビジネスの分析や経営戦略，会計戦略についての分析手法を紹介します。

本書の特徴は3点あります。第1に，本書は企業評価を中心に位置づけていることから，財務分析のパートでは簿記の仕分けや財務諸表の詳細な説明には立ち入らず，企業評価を行うために必要な最低限の説明に止めています。そのため，より詳細な説明が必要な場合は，他の財務諸表分析などのテキストで知識を深めることをお薦めします。

第2に，企業の良し悪しを判断するには，判断の根拠となる何らかの基準や目安となるデータが必要です。そのため，本書は個別企業のデータに加え，業界全体もしくは日本全体，グローバルのデータを示すようにしました。日本全体や業界の平均的な姿をイメージしながら，分析対象企業の強み・弱みを把握するのに役立ててください。

第3に，本書は分析例として業種や業績，成長ステージや評価が異なる様々な企業を取り上げました。通常，テキストでは紙幅の関係上，分析企業は限られ，分析しやすく業績の良い企業が取り上げられます。しかし，現実の世界では問題のある企業も多く，その分析や評価はさらに難しいものです。本書の事例を通して，こうした実際に分析する際の難しさなども感じていただけるとよいと思います。分析に際しての評価・解釈に関しては正解がなく，解釈には私個人のバイアスもありますが，参考としていただけると幸いです。

なお，企業評価で大事なことは数字を数字としてだけ理解するのではなく，その裏側にあるビジネスや製品の理解から企業の将来を見定める点にあると考えます。財務諸表上の難解な用語や企業評価モデルはその企業を把握するためのツールでしかありません。実際に様々な企業を分析していく中で，その企業

を理解し自分の軸を見つけ，企業評価の面白さを実感していただきたいと思います。

　最後になりましたが，本書の出版にあたり中央経済社取締役専務 小坂井和重氏には大変お世話になりました。テキストを書いてみないかとお話をいただいたときは即座に「無理！」と思いましたが，こうしてテキストを出版できたのはテキスト作成の過程でいただいた貴重なアドバイスのおかげです。ここに記し，厚く御礼申し上げます。

2019年3月

奈良　沙織

目　次

第1部　財務諸表の分析

第1章
企業評価と財務諸表分析

- 第1節　企業評価の概要　*3*
  - 1　企業価値とは何か　*3*
  - 2　企業評価のステップ　*5*
  - 3　企業評価が必要とされる場面　*8*
- 第2節　財務諸表分析の概要　*9*
  - 1　財務諸表とは　*9*
  - 2　財務諸表の種類　*13*
  - 3　分析を行う前に確認すること　*14*
  - 4　どこで財務諸表を手に入れるか　*19*
- ■練習問題：調査対象企業の財務諸表を取得する　*21*

第2章
貸借対照表の分析

- 第1節　貸借対照表の分析に必要な知識　*23*
  - 1　貸借対照表の基本構造　*23*
  - 2　流動資産　*27*
  - 3　固定資産　*29*
  - 4　繰延資産　*32*
  - 5　負　債　*33*

　　　　　6　純資産　36
　第2節　貸借対照表の分析の方法　39
　　　　　1　まずは貸借対照表の大まかな特徴を押さえる　39
　　　　　2　構成比と前年比の分析　42
　第3節　貸借対照表の数字を用いた株式・企業価値評価　45
　　　　　1　PBRの計算　45
　　　　　2　PBRの分析　47
　　　　　3　実際のPBRのデータ　49
　　　　　4　貸借対照表の数値を用いた企業価値の計算　51
　　　　　5　企業価値と企業の買収価格　52
　■練習問題：ニトリホールディングスの貸借対照表分析　54

第3章

損益計算書の分析

　第1節　損益計算書の分析に必要な知識　55
　　　　　1　損益計算書の基本構造　55
　　　　　2　営業損益計算の区分　58
　　　　　3　経常損益計算の区分　60
　　　　　4　純損益計算の区分　61
　　　　　5　損益計算書をもとに計算される利益指標　64
　第2節　損益計算書の分析の方法　65
　　　　　1　まずは損益計算書の大まかな特徴を押さえる　65
　　　　　2　売上高比率と前年比の分析　68
　　　　　3　業績予想の分析　71
　第3節　損益計算書の数値を用いた株式評価　75
　　　　　1　PERの計算　75
　　　　　2　PERの分析手法　76
　■練習問題：ライオンの損益計算書分析　78

第4章
キャッシュフロー計算書の分析

第1節　キャッシュフロー計算書の分析に必要な知識　*79*
  1　キャッシュフロー計算書が扱う現金の範囲やその用途　*79*
  2　キャッシュフロー計算書の基本構造　*80*
  3　営業活動によるキャッシュフロー　*83*
  4　投資活動によるキャッシュフロー　*85*
  5　財務活動によるキャッシュフロー　*86*
  6　フリーキャッシュフロー　*88*
第2節　キャッシュフロー計算書の分析の方法　*89*
  1　まずはキャッシュフロー計算書の大まかな特徴を押さえる　*89*
  2　キャッシュフローのパターンを分析する　*91*
  3　キャッシュフローのパターンと企業の成熟度　*93*
  4　長期のキャッシュフロー分析　*95*
■練習問題：キッコーマンのキャッシュフロー計算書分析　*98*

第2部　財務比率の分析

第5章
財務比率の分析の概要

第1節　財務比率の分析の視点　*101*
第2節　比較により企業の特徴を明らかにする　*103*
  1　目標値との比較　*103*
  2　過去のトレンドとの比較　*103*

　　　　　3 同業他社との比較　*103*

　第 3 節　比較企業の選定　*104*

　　　　　1 所属する国　*104*

　　　　　2 所属する業種　*104*

　　　　　3 企業規模　*105*

　　　　　4 会計基準　*105*

　　　　　5 トヨタの比較企業はどれか　*106*

　第 4 節　分析に入る前の確認事項　*107*

　第 5 節　異なる会計基準への応用　*108*

　第 6 節　財務比率の分析で用いる業界と企業　*110*

　■練習問題：JR 3 社の業種・企業規模・会計基準の調査　*114*

第 6 章

収益性の分析

　第 1 節　収益性の分析とは　*115*

　　　　　1 ROA の計算　*116*

　　　　　2 ROE の計算　*117*

　第 2 節　ROE ブームの到来　*119*

　　　　　1 注目を集める ROE という指標　*119*

　　　　　2 なぜ ROE が注目されるのか　*121*

　第 3 節　ROA と ROE の要因分析　*122*

　　　　　1 ROA の 2 分解　*122*

　　　　　2 ROE の 3 分解　*123*

　　　　　3 実例──自動車大手 3 社の ROE の 3 分解　*124*

　　　　　4 日米の ROE 比較　*125*

　第 4 節　ROIC の計算　*127*

　第 5 節　売上高利益率の分析　*128*

　■練習問題：JR 3 社の ROE とその 3 分解　*130*

第7章

効率性の分析

第1節 効率性の分析とは　*131*
第2節 総合的な評価指標　*132*
第3節 個々の資産の評価指標　*132*
　　　1 有形固定資産回転率　*132*
　　　2 棚卸資産回転率と棚卸資産回転日数　*133*
　　　3 売上債権回転率と売上債権回転日数　*134*
　　　4 仕入債務回転率と仕入債務回転日数　*135*
　　　5 手元流動性回転率と手元流動性比率　*136*
第4節 効率性の分析──分析例　*137*
■練習問題：JR3社の効率性の分析　*139*

第8章

安全性の分析

第1節 安全性の分析とは　*141*
第2節 総合的な安全性を評価する指標　*142*
第3節 短期的な安全性を評価する指標　*143*
第4節 長期的な安全性を評価する指標　*145*
第5節 損益計算書の数値を用いた安全性を評価する指標　*146*
第6節 安全性の分析──分析例　*147*
　　　1 企業規模別の自己資本比率　*147*
　　　2 業種別の自己資本比率　*148*
■練習問題：JR3社の安全性の分析　*150*

第9章
成長性の分析

- 第1節 成長性の分析とは　*151*
  - 1　単年度の分析　*152*
  - 2　複数年度の分析　*152*
  - 3　複数年度の平均的な伸び率の分析　*154*
- 第2節 成長性の分析——分析例　*156*
- 第3節 決算短信の表紙を用いた財務諸表と財務比率の分析の実践　*160*
- ■練習問題：JR3社の成長性の分析　*163*

第3部　企業価値の評価

第10章
企業価値評価の考え方

- 第1節 財務諸表・財務比率の分析から企業評価へ　*167*
- 第2節 企業評価に際して確認すべきこと　*168*
  - 1　誰の視点で評価するか　*168*
  - 2　評価の対象は何か　*169*
  - 3　評価基準日はいつか　*170*
  - 4　企業評価の手法　*171*
- 第3節 企業評価に重要な予想の情報　*172*
- ■練習問題：サントリーとキリンの業績予想情報を取得する　*174*

第 11 章

マーケットアプローチによる評価

第 1 節　マーケットアプローチの基本的な考え方　*175*

第 2 節　マーケットアプローチの代表的な指標　*176*

　　1　PER　*176*

　　2　PBR　*177*

　　3　PER と PBR の関係　*178*

　　4　PSR　*180*

　　5　PCFR　*181*

　　6　EV/EBITDA 倍率　*182*

　　7　PEG レシオ　*183*

　　8　各マルチプルを適用する場面　*184*

第 3 節　マルチプルを用いた妥当株価の算出　*185*

　　1　マルチプルによる株価や企業全体の価値の求め方　*185*

　　2　マルチプルによる株価算出の手順──基礎編　*187*

　　3　マルチプルによる株価算出の手順──応用編　*190*

■練習問題：マルチプルの計算　*191*

第 12 章

インカムアプローチによる評価

第 1 節　インカムアプローチの基本的な考え方　*193*

　　1　インカムアプローチのモデル　*193*

　　2　割り引くとは何か　*194*

　　3　割り引く時の利子率　*195*

第 2 節　DDM　*197*

　　1　1 期のモデル　*197*

　　2　複数期のモデル　*197*

            3　永久モデル　*198*
            4　計　算　例　*200*
            5　配当の成長率の推定　*201*
            6　DDMの問題点　*202*
    第3節　DCFモデル　*203*
            1　DCFモデルの計算式　*203*
            2　フリーキャッシュフローの計算　*204*
    第4節　その他の企業評価モデル　*205*
    ■練習問題：DDMによる株価の算出とシミュレーション　*206*

第13章

割引率の計算

    第1節　株主と債権者のリスクとリターン　*207*
    第2節　資本コストの計算　*209*
    第3節　株主資本コストの計算　*212*
            1　資本資産評価モデル　*212*
            2　ベータの計算方法　*214*
            3　無リスク利子率の推定　*216*
            4　リスクプレミアムの推定　*216*
            5　株主資本コストに対する誤解　*218*
    第4節　有利子負債コストの計算　*219*
    第5節　資本コストの低減と企業価値の向上　*221*
            1　WACCを低下させるための施策　*221*
            2　株主資本コストを低下させる　*222*
            3　負債コストを低下させる　*222*
            4　負債の比率を増やす　*222*
            5　その他の施策　*223*
    ■練習問題：WACCの計算　*224*

目次 IX

第4部　企業分析

第14章
事業分析・経営戦略分析

第1節　事業分析・経営戦略分析の意義　*227*

第2節　事業の内容の分析　*228*
    1　事業の内容　*228*
    2　連単倍率　*229*

第3節　セグメント情報の分析　*231*
    1　セグメント情報の内容　*231*
    2　セグメント情報の分析手法　*231*
    3　セグメント情報を用いた戦略分析　*235*

第4節　企業の競争優位性を見極める──経営戦略分析　*238*
    1　戦略の選択と経営戦略分析　*238*
    2　産業分析　*239*
    3　競争戦略分析　*243*
    4　企業戦略分析　*245*
    5　業界を把握するデータ　*248*

第5節　中期経営計画の評価　*249*
    1　中期経営計画　*249*
    2　投資の状況　*251*
    3　事業等のリスク　*254*

第6節　財務戦略と資本構成の分析　*255*
    1　負債による資金調達とROE　*255*
    2　株主還元政策とROE　*257*
    3　負債導入のメリット・デメリット　*258*

■練習問題：事業別セグメント分析　*260*

第 15 章
会計戦略分析

第 1 節　企業の利益はお化粧されているという事実とその理由　261
　　1　上場企業の利益分布　261
　　2　会計のフレキシビリティ　263
　　3　会計のフレキシビリティが引き起こす問題　264

第 2 節　経営者はなぜ会計政策を行うのか　267
　　1　会計情報のフィードバック効果　267
　　2　経営者報酬　268
　　3　財務制限条項　269
　　4　規制産業の受注と価格決定　269
　　5　評判・社内のマインドセット　269
　　6　経営者交代　270
　　7　IPO　270

第 3 節　会計政策に利用される項目とは──注記事項の分析　271
　　1　注記事項とは　271
　　2　注記事項の確認のポイント　272
　　3　シャープの注記事項の分析　274

第 4 節　会計政策の例　276
　　1　技術的会計政策と実質的会計政策　276
　　2　利益平準化とビッグ・バス　279

第 5 節　利益の質　283
　　1　利益の質とは　283
　　2　会計政策と会計発生高　285
　　3　キャッシュフローか会計利益か　286
　　4　パナソニックの会計政策とキャッシュフロー　287
　　5　会計情報の限界　289

■練習問題：会計政策を探る　290

参考文献・参考になるサイト　*291*
索　引　*293*

第1部
財務諸表の分析

第1章

企業評価と財務諸表分析

> **本章の内容**
>
> 第1章では，企業評価の基本的な考え方について学びます。その上で，財務諸表を取得し，分析を行う前の確認事項について説明します。
>
> **本章のゴール**
>
> ① 企業価値は将来の企業業績をベースに決まることを理解する。
> ② 評価の際に利用されるのは会計数値であることを理解する。

第1節　企業評価の概要

1　企業価値とは何か

　企業評価とは，企業や株式の価値を定量的に算出することであり，バリュエーション，企業価値評価などとも呼ばれます。一般的に商品の値段は定価や値札がついているので，消費者である私たちはその値段を認識できます。しかし，企業を買収する時の値段や株式の価値はどうでしょうか。少し知識がある人であれば，企業が保有する資産の金額や株式時価総額が該当するのではないかと考えるかもしれません。

　しかし，企業は保有する資産を用いてより多くの利益を生み出すことができるので，実際は資産の金額以上の価値があると考えられます。また，株式時価総額については株式市場で日々株価が確認できますが，株価は株式市場の需給の影響なども受けることから，その値段が真に正しいものかについては別途考

えなければなりません。このように，企業や株式の"真の価値"を見極めるときに企業評価が必要となります。

株式を例にとった場合，"真の価値"とはどのようなものでしょうか。株式会社は継続企業（going concern）を前提に設立されます。事業を継続させるためには倒産を避けなければならないので，企業は将来にわたって利益を出し続ける必要があります。企業評価ではこの将来の利益に着目し，企業が将来にわたって生み出す全ての利益を現在の価値に割り引いた（＝現在の価値に計算しなおした）ものの総和を企業の価値と考えます。

この考え方を表したものが**図表1-1**です。繰り返しになりますが，将来の利益を現在の価値に計算しなおし，それを全て足したものを企業価値と定義します。ここで求めた企業価値は「本源的価値」や「内在価値」と呼ばれ，これが理論的な株式の価値になります。そして，本源的価値が正しく計算されたとして，それが株式市場で適切に評価されていれば株式時価総額が真の株式の価値を表した金額となります。

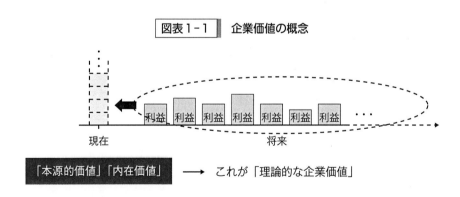

図表1-1　企業価値の概念

企業や株式の価値を求める方法は1つではないので，**図表1-1**に示したものはこれから本書で説明する考え方の一例です。しかし，企業評価の際に議論になるのは，資産といった過去からの蓄積や過去の売上といった実績の数値ではなく，将来の利益やキャッシュフローであるという点は企業を評価する上での重要なポイントとなります。

2　企業評価のステップ

　企業評価は企業の会計数値をベースに行われます。そして，企業評価モデルといわれる企業を評価する際の公式のようなものがあるので，そこに会計数値を投入することで企業価値や株式価値が求められます。しかし，すでに述べたように企業評価モデルで用いる会計数値は将来の見通しの情報すなわち予想値です。予想値には企業や証券会社などに所属する分析の専門家（株式アナリスト）の予想などを利用することもできますが，それが正しいとも限りません。また，欲しい予想数字がいつも入手できるとも限りません。そのため，重要な意思決定に際しては分析者自身が予想を作成するという作業が必要になります。

　しかし，予想を作成するといっても何もないところからいきなり作成できるわけではないので，前段階として過去の財務諸表や財務比率の分析，企業の事業内容の精査などが行われます。このようなことから，企業評価は単に企業評価モデルに数字を投入して金額を算出するだけでなく，企業の調査や財務諸表の分析からはじまっていると考えられ，これらを含めて企業評価ととらえることができます。

　さらに，財務諸表上の数値やそれにより算出された財務比率の裏側には，実際のビジネスや企業の戦略があります。企業評価では，財務数値が生み出されたプロセスや理由を把握することが重要になるため，企業が行っているビジネスや業界についての理解も必要となります。「事件は会議室で起きているんじゃない。現場で起きてるんだ。」という名台詞がありますが，これは企業評価でもいえることです。真に数字を理解する上では，財務諸表上の数字だけでなく実際のビジネスを意識することが強く求められます。

　そのため，企業評価では，企業の事業内容や業界環境を踏まえた上で，財務諸表分析と財務比率の分析をベースに将来業績を予想し，その予想をもとに評価を行います。

　図表1-2でもう少し詳しく見ていきましょう。①事業の内容や業界環境の調査では，評価対象企業の事業の内容や業界環境の調査を通して，その企業がどのような事業を行っているか，企業を取り巻く事業環境はどのような状況かについて情報を集めます。財務情報だけではなく，定性的な側面からもその企

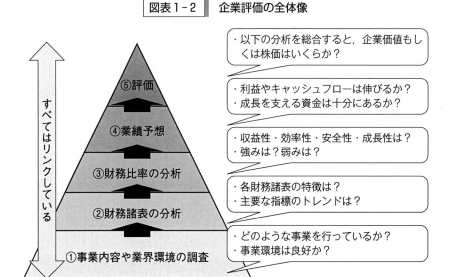

図表1-2　企業評価の全体像

業の利益や成長の源泉となっているポイント（たとえば，技術や経営者の経営手腕など）を把握します。

②財務諸表の分析では，財務諸表の特徴や主要な項目のトレンドなどについて確認をします。具体的には，売上や利益は増加する傾向にあるか，負債が増加しすぎていないかといった点を見ていきます。この段階まででもいろいろなことがわかりますが，③財務比率の分析では，さらに企業を収益性・効率性・安全性・成長性の４つの観点から様々な指標について分析を行います。これにより，企業の特長をより多面的に把握することが可能になり，企業の強みや弱みも明らかになります。

その上で，④業績予想では，事業環境や競合の状況なども勘案しながら将来の業績を予想します。⑤評価では，④で予想した数値を企業評価モデルに投入することで企業価値や株式価値を算定します。ここで求められた価値をもとに，M&Aや株式投資などの意思決定を行います。

こうした分析では，個々の分析が独立しているのではなく全ての分析がリンクしています。そのため，評価の最終段階に入ると「この企業はこういう事業環境で，こういうビジネスを行っているから，貸借対照表上にこういう資産が

あり，その結果これくらい利益が生み出されて，今後も利益が伸びる，だからこのように評価される。」というように，調査・分析・評価がひとつのストーリーとして説明できるようになります。どこかで矛盾や飛躍，抜け漏れがあって上手く説明ができない場合は，その企業評価は全体としても上手くいっていない可能性があります。そのような場合は，個々の分析に戻って分析をし直す必要があります。こうした行ったり来たりを繰り返して，より良い分析結果が得られるようになります。

　なお，その企業が良いか悪いかには正解はありません。同じ企業について，ある人は良いと判断するかもしれませんが，ある人は悪いと判断することがあるかもしれません。それは，評価者によって評価のポイントが異なるからです。一例を挙げると現金保有について，銀行は現金をたくさん持っていれば財務の安全性が高くなるため，そういった企業を高く評価します。しかし，投資家はどうでしょうか。現金を現金のまま企業の金庫に持っていても，リターンは生まれません。投資家はリターンを期待して投資をしているのに，企業がその現金を事業に使わず会社に寝かせているのを知ったら，投資家はもっと資金を有効に活用してくれる別の会社に投資をしようと考えるはずです。

　また，企業評価の結果算出される金額については，絶対的に正しいとされる金額はありません。なぜならば，企業価値に限らずそのものに対する「価値」は人によって異なるからです。たとえば，無名の画家の絵が3万円で売られていたとします。多くの人は高いと考え購入を控えるかもしれませんが，後にその画家が大成しその絵の価値が3,000万円になると考える人にとっては，3万円は高い金額ではないでしょう。企業価値の金額もこれと似たようなところがあり，その企業に付ける値段（企業価値）は分析者がその企業の将来をどのように予想するかによって異なります。今後も企業は利益成長を続けると考えた場合，企業価値は高く計算されますが，今後は利益が出なくなるだろうと考えれば，同じ企業であったとしても企業価値は低く計算されます。

　とはいえ，将来のことは誰もわかりません。企業やそれを取り巻く事業環境や社会情勢は常に変化しているため，当初の想定どおりにならないということはよくあることです。しかし，今得られる情報で最善の分析と評価を行い判断するということが企業評価では求められます。

3　企業評価が必要とされる場面

　近年，企業評価に対する関心が高まっています。上場企業ではモノ言う株主の増加に伴い，企業価値や株主価値を強く意識した経営が求められるようになりました。経営者は株主との対話のなかで企業価値向上への取り組みについて説明が求められ，その成果も具体的な数字をもって示すことが求められています。加えて，経営目標に株主価値や企業価値を強く意識した指標を置く企業も増えています。このような状況で，従業員も企業価値について意識せざるを得なくなりました。もはや，企業価値は専門家や経営者だけが考えるものではなくなっています。

　さらに，M&A（買収・合併）の増加も企業評価のニーズを後押ししています。グローバルで競争が激しくなるなかで，事業を最初から立ち上げていては時間がかかり競争に負けてしまいます。そこで，2000年代に入り事業や子会社などの買収や売却が一般的に行われるようになりました。このM&Aを行う際，事業や子会社などをいくらで買うか，いくらで売るか決める際に企業評価の手法が用いられます。ひと昔前であれば，M&Aの価値算定は金融の専門家が行う作業でしたが，M&Aが一般化してきたことにより企業の経営者や財務担当者なども企業評価と無縁でいられなくなっています。

　上場企業や株価というと，こうしたビジネスに関係していないと自分には不要だと考えるかもしれません。しかし，非上場企業に関しても得られる情報が限られるものの，分析の基本は変わりません。

　また，財務分析や企業分析までを企業評価と考える場合，企業評価に関する知識は多くの場面で必要とされています。たとえば，企業評価では財務諸表を読むというプロセスがありますが，銀行では融資を行う際に取引先の与信を評価するために財務諸表分析を必要とします。

　さらに，一般事業会社でも経営企画，財務，経営層，IR（investors relations；投資家向け広報），資材，営業など，財務諸表を読む知識やスキルはかなり広範囲で必要となります。経営層やIR部門では，先に述べたように投資家との対話のなかで企業価値について議論することがあります。財務では資金調達の際に銀行や投資家に説明を行う必要があり，経営企画の担当者は経営戦略

の策定時に企業の価値や経営目標について議論をする機会があります。また，営業では倒産のリスクがある企業と取引はでないので，取引先の財務諸表の分析はできるに越したことはありません。資材の購買を行っている部門でも，ある日突然企業が倒産し，原材料の調達が困難になってはいけないので，取引を開始する前に取引先企業の経営の状況を確認する必要があります。加えて，個人の資産運用でもこうした知識は本来必要です。

今はこうした仕事とは関係なくても，今後，企業評価に関する知識が必要になる可能性は増々高まると考えられます。企業評価では，まず財務諸表から企業の状況を把握することからはじまります。そのため，以下では財務諸表の分析について説明します。

第2節　財務諸表分析の概要

1　財務諸表とは

財務諸表は，企業が定期的に公表する企業業績などを示した会計報告書であり，投資家，債権者など企業のステークホルダー（利害関係者）が企業情報を得るための重要な資料です。医師が血液検査の結果から病気の疑いがある箇所だけでなく，その人の生活習慣までわかってしまうことがあるように，財務諸表の各数字を分析していくことで経営の成果だけでなく企業の強みや弱み，問題点，課題など様々なことが見えてきます。

日本の上場企業が公表している財務諸表には，有価証券報告書や決算短信などがあります。**図表1-3**は，上場企業が行う情報開示（ディスクロージャー）について示しています。上場企業のディスクロージャーには，法律によって定められた法定開示と企業が自主的に行う自主開示がありますが，有価証券報告書は金融商品取引法で定められた制度開示に相当し，略して有報と呼ばれています。ここに収められている財務諸表は企業会計原則に則り作成され，監査法人による監査を経て公表されます。このため，非常に信頼性の高い開示であり，内容も多岐にわたり詳細に記載されています。

図表1-3　上場企業が行う情報開示

自主開示　企業が自主的に行う開示。企業の裁量に任される
・アニュアルレポート／統合報告書等
・各種プレスリリース

（取引所規制）　有価証券上場規定により開示が求められる
・決算短信
・適時開示等

制度開示　法律で定められている開示。裁量の余地は小さい
・有価証券報告書（金融商品取引法）
・決算公告・株主総会招集通知（会社法）

図表1-4は，有価証券報告書の内容です。主要な部分は第1部であり，ここでは企業の概況，事業の状況，設備の状況，提出会社の状況，経理の状況，提出会社の株式事務の概要，提出会社の参考情報についての記載があります。このうち，財務諸表は経理の状況から取得できます。経理の状況では財務諸表以

図表1-4　有価証券報告書の内容

第1部　企業情報
　第1　企業の概況
　　1．主要な経営指標等の推移
　　2．沿革
　　3．事業の内容
　　4．関係会社の状況
　　5．従業員の状況
　第2　事業の状況
　　1．業績等の概要
　　2．主要な設備の状況
　　3．対処すべき課題
　　4．事業等のリスク
　　5．経営上の重要な契約等
　　6．研究開発活動
　　7．財政状態，経営成績及び
　　　　キャッシュ・フローの状況の分析
　第3　設備の状況
　　1．設備投資等の概況
　　2．主要な設備の状況
　　3．設備の新設，除却等の計画
　第4　提出会社の状況
　　1．株式等の状況
　　2．自己株式の取得等の状況
　　3．配当政策
　　4．株価の推移
　　5．役員の状況
　　6．コーポレート・ガバナンスの状況
　第5　経理の状況
　　1．連結財務諸表等
　　2．財務諸表等
　第6　提出会社の株式事務の概要
　第7　提出会社の参考情報
第2部　提出会社の保証会社等の状況

外に財務諸表の作成方法や個別の項目についての補足情報が記載されています。

決算短信は証券取引所の有価証券上場規定に則り決算発表時に作成・提出される開示で、略して短信と呼ばれます。有価証券報告書が決算期末から監査を経て3か月以内（四半期報告書は45日以内）に公表されるのに対して、決算短信が開示されるタイミングはもう少し早く、東京証券所の調査（「平成30年3月期決算発表状況の集計結果について」2018年6月8日公表）によれば2018年3月期の決算発表所要日数は39.1日となっています。

決算短信は有価証券報告書より内容は簡素ですが、情報が開示されるのが早いというメリットがあります。財務諸表に記載されている数字は同じなので、情報が早く欲しい時は決算短信を利用し、より詳細な情報について調べたい場合は有価証券報告書を使うなど、目的に応じて使い分けます。なお、決算短信は法律で定められた法定開示ではないため自主開示に相当しますが、証券取引所の自主規制に基づく開示であることから実質的には法定開示に近い開示書類となっています。

決算短信以外の自主開示としては、**図表1-5**に示すアニュアルレポート、

図表1-5	財務情報が入手できるディスクロージャー資料（自主開示）
決算短信	・証券取引所の要請により指定されたフォーマットに従って公表される ・有報より内容は簡素であるが公表が早い
アニュアルレポート	・財務報告を盛り込んだ年次報告書。有報や短信と違いフォーマットがないため、企業独自の情報を織り込める ・最近では統合報告書に移行する企業が見られる
統合報告書	・財務情報だけではなく、環境や社会への配慮、ガバナンス、経営戦略など、より広範囲かつ非財務情報も盛り込んだ報告書
株主通信	・株主向けに定期的に発行される財務情報等を含む報告書 ・個人投資家を意識したわかりやすくコンパクトな内容
決算説明会資料	・決算説明会で企業が投資家向けに説明を行う際の資料 ・財務情報だけでなく、決算の振り返りや次期の予想情報も記載
データブック	・その企業を分析する上で重要となる補足的なデータが記載されている（例：小売であれば店舗数や月次の売上動向など）

統合報告書，株主通信，決算説明会資料，データブックなどがあります。有価証券報告書や決算短信はフォーマットがあり，開示できる項目や内容がある程度規定されているのに対して，こうした資料は企業の裁量で作成することができます。つまり，何をどの程度，どのように開示するかについて企業独自の工夫ができるようになっています。

たとえば，アニュアルレポートには財務諸表のデータだけでなく，企業の事業内容や主要な製品・サービスの紹介，経営戦略の説明，社長のインタビューなどが記載されています。さらに，最近では投資家などの要請もあり，CSR（corporate social responsibility；企業の社会的責任）に関する説明や，ESG（environment；環境，social；社会，governance；ガバナンス）への取り組みについて紹介する内容も盛り込まれています。

CSRやESGに関する開示資料はアニュアルレポートとは別に作成されることもありますが，近年こうした開示資料の増加に伴い，開示資料を1つにまとめて統合報告書として開示する動きが加速しています。

図表1-6に示すように，統合報告書を公表している企業は2017年時点で411社あります。また，近年では財務情報だけでなく，財務情報以外の情報（非財務情報）も重視されるようになっています。こうした情報を盛り込んだ統合報告書は，財務数字を生み出すに至った経営戦略や事業内容，経営者の方針な

図表1-6　統合報告書の発行状況

［出所］　ディスクロージャー＆IR総合研究所「2017年版統合報告書発行状況調査＜最終報告＞」より作成。単位：社。

どを理解する上でも重要な資料となっています。

アニュアルレポートや統合報告書は数十ページから100ページを超えるかなりボリュームのある資料ですが，個人株主向けに作成される，より簡易な資料に株主通信があります。これは株主に定期的に送付される資料であり，財務情報に加えて企業の製品・サービスなどについて，コンパクトに説明されています。

さらに，企業評価を行う際に有益なのが決算説明資料です。これは企業が主にアナリスト向けに作成している資料であり，決算実績についてのより詳細な説明のみならず，今後の見通しや予想数字が記載されています。たとえば，決算短信では主要な売上や利益に関する見通ししか情報はありませんが，決算説明資料ではこれらに加えて事業別の予想値や予想の前提となる為替レート，製品別の売上高が開示されていることもあります。

また，企業を理解する上で重要なデータをデータブックとして開示している企業もあります。たとえば，小売業であれば店舗数や客単価，客数，自動車メーカーであれば国別や車種別の販売台数などです。こうしたデータは企業の現状を理解し，今後の動向を見通すための資料として用いられます。

2　財務諸表の種類

上場企業は，**図表1-7**に示すように，貸借対照表，損益計算書，キャッシュフロー計算書，株主資本等変動計算書の4つの財務諸表を公表しています。貸借対照表は，ある時点の企業の財務状態を表した財務諸表です。損益計算書は，一定期間の売上と費用を示し，利益を計算した財務諸表です。キャッシュフロー計算書は，一定期間の現金の出入りを示した財務諸表です。株主資本等変動計算書は，一定期間の企業の株主資本を中心とした純資産の変動を示した財務諸表です。

このうち，企業評価で頻繁に使われるのは，貸借対照表，損益計算書，キャッシュフロー計算書であり，本書ではこれを基本財務諸表として解説していきます。

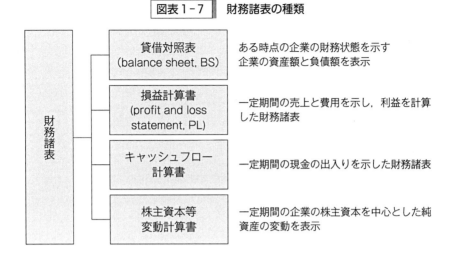

3 分析を行う前に確認すること

財務諸表の分析に入る前に確認すべき事項が4点あります。それは，会計期間，会計基準，連結・単独の種別，年次・半期・四半期の種別です。

(1) 会計期間

会計期間（決算期）は財務諸表作成の対象となる期間です。会計期間は企業が決めることができ，日本の上場企業の場合，決算期間が4月1日から3月31日の3月決算企業が多くなっています。**図表1-8**は主要な企業の決算月です。日本では，3月決算企業に次いで12月決算企業が多く，小売企業を中心に2月決算を採用する企業もあります。また，3，12，2月決算ほど多くありませんが，その他の決算月を採用する企業もあります。

分析を行う際は特に理由のない限り最新の情報を利用しますが，ある特定の決算期について分析を行う場合はその期の財務諸表を入手する必要があります。たとえば，100年に一度といわれた金融危機のあった決算期について分析したい場合，3月決算企業であれば会計期間は2008年4月1日から2009年3月31日までであり，年度でいうと2008年度ということになります。

図表1-8　主な企業の決算月

3月決算	トヨタ，NTTドコモ，ソフトバンク，NTT，KDDI，三菱UFJフィナンシャルグループ，ソニー，キーエンス，三井住友フィナンシャルグループ，ホンダ，日産自動車
12月決算	JT，アサヒグループホールディングス，サッポロホールディングス，キリンホールディングス，キヤノン，花王，資生堂
2月決算	ローソン，セブン＆アイ・ホールディングス，良品計画，ニトリホールディングス，ユニー・ファミリーマートホールディングス，高島屋
その他	伊藤園（4月決算） ドンキホーテホールディングス（6月決算） ファーストリテイリング（8月決算）

［出所］　2017年度の各社短信をもとに作成。

　決算期を間違うと目的に沿った分析結果が得られないため，分析を行う前に分析をしたい決算期の財務諸表を取得できているかしっかり確認することが重要です。また，単に「2009年」といった場合，2009年度なのか2009年3月期なのか混乱することがあるため表記にも注意が必要です。決算期は和暦で記載したり西暦で記載したり，2009年3月期というように決算期で記載したり，2008年度と年度で記載したりすることもあります。本書では誤解のないように，紙幅に余裕がある限り2009年3月期というように決算期を西暦で示します。

　決算期を確認する際には，決算月数の確認も合わせて行います。決算月数はその決算に用いられた月数で，年次報告書であれば通常12か月です。しかし，決算月を変更したことに伴い決算月数が12か月でないこともあります。たとえば，資生堂は2015年度に決算期を3月から12月に変更したため，2015年度の決算月数は4月から12月の9か月になっています。このような場合，資生堂の2014年度と2015年度の売上や利益は前年と単純に比較できなくなるため注意が必要です。

(2)　会計基準

　現在，日本で一般的に用いられている会計基準は，日本基準，米国基準，

IFRS（international financial reporting standards；国際財務報告基準）です。なお，2016年3月末以降の連結財務諸表では，日本版IFRSにあたるJMIS（Japan's modified international standards；修正国際基準）の適用も可能となっています。このうち，1番多く採用されているのは日本基準ですが，近年増えているのがIFRSです。日本基準もしくは米国基準からIFRSに移行する企業が業界のトップ企業を中心に増加しています。

　IFRSのメリットとしては，業績指標の設定や評価をグローバルに統一できること，グローバル企業の連結財務諸表作成の効率化できること，海外企業との比較が容易になること，グローバルマネーの呼び込み促進に役立つことが挙げられます。しかし，会計基準が異なると財務諸表上で公表されている項目や収益・費用の計上の仕方などが異なり，それにより利益額が大きく異なってくる場合もあります。このため，どの会計基準で作成された財務諸表かをはじめに認識しておかなければなりません。

　図表1-9は，IFRSを任意適用している企業の一覧です。2018年9月現在178社がIFRSを適用しています。さらに，今後適用を予定している企業は16社あり，IFRSを採用する企業は増える見込みです。

図表1-9　IFRS適用企業

1	日本電波工業	19	アステラス製薬	36	ファーストリテイリング
2	HOYA	20	小野薬品工業	37	トリドール
3	住友商事	21	そーせいグループ	38	日立化成
4	日本板硝子	22	第一三共	39	電通
5	日本たばこ産業	23	リコー	40	参天製薬
6	ディー・エヌ・エー	24	伊藤忠商事	41	コニカミノルタ
7	アンリツ	25	三井物産	42	日立金属
8	SBIホールディングス	26	三菱商事	43	日立建機
9	トーセイ	27	伊藤忠エネクス	44	日立製作所
10	双日	28	エムスリー	45	クラリオン
11	丸紅	29	エーザイ	46	デンソー
12	マネックスグループ	30	ヤフー	47	ユタカ技研
13	ネクソン	31	伊藤忠テクノソリューションズ	48	本田技研工業
14	中外製薬			49	ショーワ
15	楽天	32	富士通	50	エフ・シー・シー
16	ソフトバンク	33	セイコーエプソン	51	八千代工業
17	旭硝子	34	日東電工	52	日立ハイテクノロジーズ
18	武田薬品工業	35	ケーヒン	53	日立キャピタル

54	日本取引所グループ	97	大塚ホールディングス	138	住友ベークライト
55	日立物流	98	住友ゴム工業	139	大日本住友製薬
56	コナミ	99	ユニー・ファミリーマートホールディングス	140	日医工
57	クックパッド			141	テルモ
58	DMG 森精機	100	リンクアンドモチベーション	142	沢井製薬
59	ネクスト			143	JVC ケンウッド
60	住友理工	101	ナブテスコ	144	エクセディ
61	ティアック	102	スミダコーポレーション	145	CYBERDYNE
62	日信工業	103	ユニ・チャーム	146	シェアリングテクノロジー
63	ノーリツ鋼機	104	味の素	147	日本ハム
64	KDDI	105	じげん	148	日清食品ホールディングス
65	フュージョンパートナー	106	JXTG ホールディングス	149	KeyHolder
66	セプテーニ・ホールディングス	107	MRT	150	住友金属鉱山
		108	豊田自動織機	151	アマダホールディングス
67	ジーエヌアイグループ	109	山洋電気	152	ミネベアミツミ
68	ホットリンク	110	パナソニック	153	三菱電機
69	花王	111	ニコン	154	マキタ
70	飯田グループホールディングス	112	豊田通商	155	ヒロセ電機
		113	J. フロント　リテイリング	156	京セラ
71	インフォテリア	114	パルコ	157	三菱重工業
72	LIXIL グループ	115	窪田製薬ホールディングス	158	豊田合成
73	エイチワン	116	メンバーズ	159	エヌ・ティ・ティ都市開発
74	日本精工	117	カカクコム	160	日本電信電話
75	アドバンテスト	118	夢展望	161	NTT ドコモ
76	KYB	119	JSR	162	エヌ・ティ・ティ・データ
77	テイ・エス　テック	120	三浦工業	163	すかいらーく
78	兼松	121	リクルートホールディングス	164	テクノプロ・ホールディングス
79	アイティメディア	122	ニュートン・フィナンシャル・コンサルティング		
80	クレハ			165	ベルシステム 24 ホールディングス
81	大陽日酸	123	日本精機		
82	三菱ケミカルホールディングス	124	オリンパス	166	ツバキ・ナカシマ
		125	J トラスト	167	コメダホールディングス
83	田辺三菱製薬	126	GMO ペイメントゲートウェイ	168	LINE
84	アサヒホールディングス			169	ベイカレント・コンサルティング
85	ブラザー工業	127	キリンホールディングス		
86	日本電産	128	サントリー食品インターナショナル	170	マクロミル
87	日本電気			171	ソレイジア・ファーマ
88	シスメックス	129	協和発酵キリン	172	スシローグローバルホールディングス
89	アイシン精機	130	ウルトラファブリックス・ホールディングス		
90	コロワイド			173	MS&Consulting
91	光通信	131	横浜ゴム	174	アルヒ
92	ゼロ	132	日機装	175	プレミアグループ
93	メタップス	133	サッポロホールディングス	176	信和
94	アウトソーシング	134	ライオン	177	キューピーネットホールディングス
95	アサヒグループホールディングス	135	クボタ		
		136	ASJ	178	コンヴァノ
96	ブロードリーフ	137	住友化学		

［出所］　日本取引所グループ「IFRS 適用済・適用決定会社一覧」より作成。

(3) 連結単独の種別

財務諸表には，連結財務諸表と個別財務諸表があります。連結財務諸表は，グループ全体の経営実態を表したもので，個別財務諸表は，親会社単体の経営実態を表したものです。日本では過去，個別財務諸表が主流でしたが，1999年4月から開始する事業年度から連結財務諸表等原則が適用され，これ以降，連結財務諸表で分析するのが主流となっています。なお，連結子会社がない企業は個別財務諸表を使います。

(4) 年次・半期・四半期の種別

財務諸表は決算月数によって年次財務諸表，半期財務諸表，四半期財務諸表に分けられます。年次財務諸表は1年間（12か月）の決算実績を示したものであり，半期財務諸表，四半期財務諸表はそれぞれ6か月，3か月の決算実績を示したものです。分析の目的により使われる財務諸表は異なりますが，通常は年次（12か月）の財務諸表を使います。これは企業によっては売上や費用の計上に季節性があり，半期や四半期ではその企業本来の実力が見極めにくいためです。こうしたことから，はじめに年次の財務諸表を分析した上で，半期，四半期の財務諸表を分析するとよいでしょう。

最後に，こうした確認すべき事項はどこを見ればわかるのか，**図表1-10**の決算短信を例に説明します。会計期間，会計基準，連結・単独の種別については1番上の行に記載があります。この場合，会計期間が「平成31年3月期」，会計基準は「日本基準」，財務諸表の種類は「連結」であり，「第1四半期」の決算短信であることがわかります。なお，個別財務諸表の場合は「非連結」と表示されています。また，年次財務諸表では「第1四半期決算短信」のような表示ではなく，単に「決算短信」と表記されています。

決算月数や年次・半期・四半期財務諸表の種別は，「1．平成30年3月期の連結業績」の右側でも確認できます。ここでは，「平成30年4月1日～平成30年6月30日」とあるので，決算月数は3か月で，四半期の財務諸表であることがわかります。

第 I 章　企業評価と財務諸表分析　19

図表1-10　分析前に確認するポイント（決算連結）

平成31年3月期　第1四半期決算短信〔日本基準〕（連結）

平成30年7月31日

上場会社名	株式会社コーセー
コード番号	4922　URL http://www.kose.co.jp/
代表者　　（役職名）代表取締役社長	（氏名）小林　一俊
問合せ先責任者　（役職名）IR室長	（氏名）中田　仁典　TEL 03-3273-1511
四半期報告書提出予定日	平成30年8月9日
配当支払開始予定日	―
四半期決算補足説明資料作成の有無	：有
四半期決算説明会開催の有無	：有

上場取引所　東

（百万円未満切捨て）

1．平成31年3月期第1四半期の連結業績（平成30年4月1日～平成30年6月30日）

（1）連結経営成績（累計）　　　　　　　　　　　　　（％表示は、対前年同四半期増減率）

	売上高		営業利益		経常利益		親会社株主に帰属する四半期純利益	
	百万円	％	百万円	％	百万円	％	百万円	％
31年3月期第1四半期	80,472	13.8	17,592	37.3	18,697	44.4	13,393	55.2
30年3月期第1四半期	70,689	13.2	12,813	26.0	12,949	39.1	8,627	64.1

（注）包括利益　31年3月期第1四半期　9,936百万円（7.9％）　30年3月期第1四半期　9,206百万円（125.0％）

［出所］　コーセー決算短信（2018年3月期第1四半期）。

4　どこで財務諸表を手に入れるか

　上場企業はホームページで投資家向けの情報開示を行っており，ここから各種開示資料を入手できます。投資家向けのページの名称は企業によって異なりますが，「株主・投資家の皆様へ」，「株主・投資家情報」，「IR情報」などと書かれていることが多いようです。そのなかで，「IRライブラリ」や「IR資料」と表記があるところに様々な開示資料が掲載されています。

　図表1-11は，オムロンの株主・投資家情報のホームページです。オムロンでは「株主・投資家情報」という名前で投資家向けのページがあります。また，右のメニューにある「IR資料室」に有価証券報告書や決算短信などがあります。

　企業のホームページ以外では，EDINETでも有価証券報告書の取得ができます。EDINETは金融庁により運営されているサイトであり有価証券報告書などの開示書類を無料で入手できます。**図表1-12**に示した「書類検索」のページより有価証券報告書を入手したい企業名を入力し，書類種別で有価証券報告書を選択することで有価証券報告書を入手することが可能です。

　EDINETでは5年分の有価証券報告書を取得できますが，これより古いも

| 図表 1-11 | オムロンの株主・投資家情報のホームページ

［出所］　オムロンホームページより（2018年8月17日時点）。

のや決算短信については eol で入手できます。eol は株式会社プロネクサスが提供する財務関連情報と非財務関連情報を扱う総合的な企業情報データベースで，契約していれば大学の図書館などからアクセスできます。また，決算短信に関しては日本取引所グループのホームページの東証上場会社情報サービスからも取得できます。

　一般的に上場企業や大規模な企業のほうが開示は充実しており，非上場企業もしくは小規模な企業ほど開示が限定的です。これは，上場企業には不特定多数のステークホルダーがいるのに対して，小規模な企業ではステークホルダーが大規模な企業に比較して限定的であることが一因です。

　本書では，情報開示が充実していることから上場企業の連結財務諸表を用いて説明を行っていきます。また，会計基準は日本基準の財務諸表を中心に説明を行い，必要に応じて米国基準と IFRS についての説明を加えます。

第1章　企業評価と財務諸表分析　21

図表1-12　EDINETの有価証券報告書をダウンロードできる画面

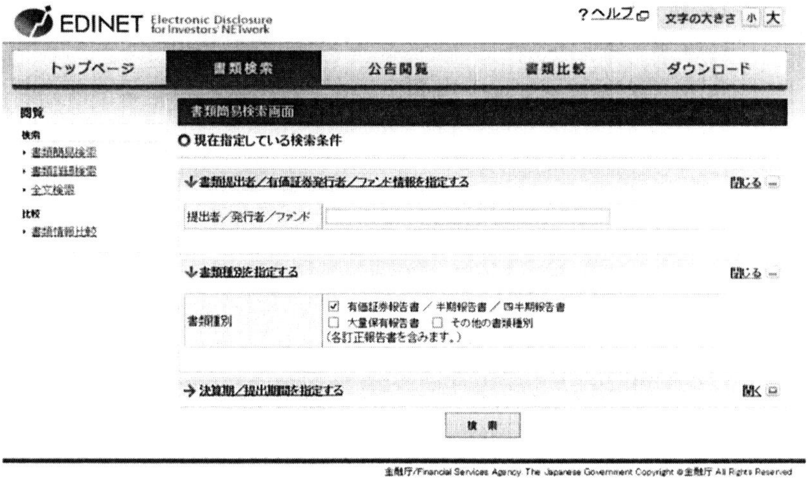

［出所］　EDINET書類検索のページより。

■練習問題：調査対象企業の財務諸表を取得する

　以下の条件を満たす企業について，ホームページなどで財務諸表（有価証券報告書や決算短信など）を確認してみましょう。できれば1社だけではなく様々な業界の複数の企業について確認するとよいでしょう。

- ・日本企業
- ・上場企業
- ・金融（銀行・証券・保険）は除く
- ・12か月決算企業（前期，今期，来期に決算期の変更がない企業）
- ・前期，今期，来期に会計基準の変更がない
- ・企業価値が拡大しそうな企業（業績が伸びそうな企業）

第2章

貸借対照表の分析

> **本章の内容**
>
> 第2章では，企業の分析・評価に必要となる貸借対照表の基礎について，良品計画の貸借対照表を用いながら説明します。その上で，貸借対照表の値を用いた評価の手法として，PBRによる評価とエンタープライズバリューの計算について説明をします。
>
> **本章のゴール**
>
> ① 貸借対照表から企業の大まかな特徴を把握できるようになる。
> ② PBRによる評価とエンタープライズバリューの計算について理解する。

第1節 貸借対照表の分析に必要な知識

1 貸借対照表の基本構造

　貸借対照表はある時点の企業の財務状態を表した財務諸表であり，資金をどのように調達し，その資金をどのよう使ったかを確認することができます。図表2-1に示すように，貸借対照表は右側（貸方）と左側（借方）に分かれており，右側に「資金をどのように調達したか？」という資金の源泉を，左側に「どのように資金を使ったか？」という資金の使用使途を示しています。本来であれば貸借対照表の説明では借方・貸方という用語を用いるのが適切ですが，本書では直感的な理解を得られるように以降では左側・右側と呼び説明を行っていきます。

　貸借対照表の左側には資産が記載されており，資産はさらに流動資産と固定

図表2-1　貸借対照表の基本構造

借方（左側）	貸方（右側）
流動資産 1年以内の比較的短期で企業の外に出ていく資産	**負債** 企業が債権者に負っている債務
固定資産 1年以上の長期にわたって企業内にとどまる資産	**純資産** 企業の株主の持ち分額 （資産と負債の差額）

どのように資金を使ったか　　　　資金をどのように調達したか
（資金の使用使途）　　　　　　　（資金の源泉）

貸借対照表の右側と左側の金額は常に一致：資産合計＝負債純資産合計

資産に分けられます。流動資産の区分には，企業が保有する様々な資産のうち1年以内の比較的短期で企業の外に出ていく資産が記載されています。具体的には，現金や棚卸資産（在庫）などです。固定資産の区分には，1年以上の長期にわたって企業内にとどまる資産が記載されています。具体的には土地や建物などです。

貸借対照表の右側には負債と純資産が記載されています。負債は企業が債権者に負っている債務であり，純資産は資産と負債の差額から求められ，企業の株主の持ち分額を示しています。そして，左側の資産合計と右側の負債純資産合計は常に一致するようになっています。

流動資産を貸借対照表の上に固定資産を貸借対照表の下に記載する方法は流動性配列法と呼ばれ，企業会計原則では原則として流動性配列法を採用することになっています。しかし，電力会社やガス会社など総資産に占める固定資産の比率が非常に高い企業では固定配列法が採用されており，貸借対照表の流動性の低い項目から順に記載されます。

流動資産と固定資産の区分には1年という基準を使っていますが，より正確

には仕入・生産・販売・回収という企業の主たる営業循環の過程内にある項目を全て流動資産とし，営業循環に含まれない項目については1年基準を適用し流動資産と固定資産に分類しています。1年基準では，決算日から1年以内に費用化される資産や1年以内に履行される予定の債権を流動資産に分類します。負債に関しても同様の考え方に基づき，流動負債と固定負債に分類されます。

第2章では，良品計画の貸借対照表を用いて貸借対照表の概要と分析のポイントについて説明します。良品計画は「無印良品」を展開する小売専門店で，東証33業種分類といわれる業種分類では小売に分類されます。

図表2-2，**図表2-3**は2018年2月期の良品計画の貸借対照表です。**図表2-2**が貸借対照表の左側で流動資産と固定資産が記載されており，**図表2-3**が貸借対照表の右側で負債と純資産が記載されています。また，有価証券報告書や決算短信では良品計画に限らず「当連結会計年度」と「前連結会計年度」の2期分について数字が記載されています。

財務諸表の項目は，主要な項目については各社共通して記載されていますが，細かい項目は企業によって異なります。分析する上で確認すべき項目は分析対象企業や分析の目的によりますが，以下では流動資産・固定資産・負債・純資産の各区分について，主要な項目と企業評価で参照されることの多い項目を中心に説明します。

図表2-2　良品計画の貸借対照表（借方／左側）

（単位：百万円）

	前連結会計年度 （平成29年2月28日）	当連結会計年度 （平成30年2月28日）
資産の部		
流動資産		
現金及び預金	38,555	50,875
受取手形及び売掛金	7,929	9,128
商品	72,527	74,288
仕掛品	91	138
貯蔵品	52	46
繰延税金資産	1,376	3,313
未収入金	8,807	9,211
その他	2,144	2,362
貸倒引当金	△49	△36
流動資産合計	131,435	149,329
固定資産		
有形固定資産		
建物及び構築物	45,477	49,857
減価償却累計額	△18,878	△21,681
建物及び構築物（純額）	26,598	28,176
機械装置及び運搬具	3,805	4,313
減価償却累計額	△1,639	△1,854
機械装置及び運搬具（純額）	2,165	2,459
工具、器具及び備品	17,877	20,255
減価償却累計額	△10,511	△12,365
工具、器具及び備品（純額）	7,365	7,889
土地	1,931	1,907
リース資産	44	89
減価償却累計額	△43	△13
リース資産（純額）	1	76
建設仮勘定	550	716
有形固定資産合計	38,613	41,225
無形固定資産		
のれん	5,907	5,348
その他	7,620	8,851
無形固定資産合計	13,528	14,200
投資その他の資産		
投資有価証券	10,917	※1 12,526
繰延税金資産	448	354
敷金及び保証金	16,983	17,829
その他	2,916	2,979
貸倒引当金	△137	△131
投資その他の資産合計	31,128	33,558
固定資産合計	83,270	88,983
資産合計	214,705	238,313

［出所］　良品計画決算短信（2018年2月期）より。

図表2-3　良品計画の貸借対照表（貸方／右側）

(単位：百万円)

	前連結会計年度 (平成29年2月28日)	当連結会計年度 (平成30年2月28日)
負債の部		
流動負債		
買掛金	19,096	20,172
短期借入金	3,000	477
1年内返済予定の長期借入金	7,887	―
未払金	5,987	6,659
未払費用	4,486	5,012
未払法人税等	5,711	9,127
賞与引当金	1,132	1,064
役員賞与引当金	71	80
返品調整引当金	33	22
ポイント引当金	73	69
その他	3,219	7,155
流動負債合計	50,699	49,843
固定負債		
長期借入金	―	1,614
繰延税金負債	4,782	5,787
役員退職慰労引当金	25	36
その他	2,179	6,604
固定負債合計	6,987	14,043
負債合計	57,686	63,886
純資産の部		
株主資本		
資本金	6,766	6,766
資本剰余金	10,785	10,791
利益剰余金	140,652	162,376
自己株式	△10,681	△15,334
株主資本合計	147,522	164,599
その他の包括利益累計額		
その他有価証券評価差額金	3,963	4,937
繰延ヘッジ損益	―	△2,939
為替換算調整勘定	1,543	3,348
その他の包括利益累計額合計	5,507	5,345
新株予約権	344	377
非支配株主持分	3,645	4,103
純資産合計	157,018	174,426
負債純資産合計	214,705	238,313

[出所]　良品計画決算短信（2018年2月期）より。

2　流動資産

　流動資産は，原則として1年以内の比較的短期で企業の外に出ていく資産を指します。具体的には，現金及び預金，受取手形及び売掛金，有価証券，棚卸資産などです。

　図表2-4は，流動資産の主要な項目について示しています。現金及び預金

図表2-4 流動資産の主要な項目

流動資産	現金及び預金	紙幣・貨幣・当座預金・普通預金・定期預金
	受取手形及び売掛金	販売した商品やサービスの販売代金の未回収分（電子記録債権を含む）
	有価証券	短期保有を目的とするもの，満期まで1年以内の債券
	棚卸資産	原材料，貯蔵品，仕掛品，半製品，製品，商品
	その他	前払家賃や保険料など（企業により開示項目は異なる）

は現金（紙幣や貨幣）に加えて当座預金，普通預金，定期預金を含みます。受取手形及び売掛金は，企業が販売した商品やサービスの販売代金の未回収分です。口約束だけの場合は売掛金，手形を受け取った場合は受取手形と記載されます。なお，売掛金と受取手形に電子記録された債権で代金決済が行われた際に発生する電子記録債権を加えたものを売上債権と呼びます。

有価証券は流動資産と固定資産の両方に記載されます。短期保有を目的とする有価証券と満期まで1年未満となった債券は流動資産に計上され，それ以外は固定資産に投資有価証券として記載されます。棚卸資産は在庫に相当するもので，貸借対照表上では原材料，貯蔵品，仕掛品，半製品，製品，商品などと記載されています。それ以外の項目には前払家賃や保険料などがありますが，開示項目は企業により異なります。

図表2-2で良品計画の2018年2月期（当連結会計年度）の流動資産を見てみましょう。流動資産の最初の項目は現金及び預金です。次に記載されているのが受取手形及び売掛金であり，その次の商品，仕掛品と貯蔵品は棚卸資産に該当します。有価証券はありません。これ以外の開示項目としては繰延税金資産と未収入金，その他，貸倒引当金があります。貸倒引当金は，取引先の倒産などによって受取手形及び売掛金の一部が回収できなくなる際に備えてあらかじめ設定されているもので，売上債権の金額から減額され，損益計算書で当期の費用として認識します。

貸借対照表に記載されている金額からは現金及び預金と棚卸資産（なかでも

商品）の比率が高いことがわかります。現金は店舗で支払うおつりや仕入れに対する支払いなどにも必要であり，商品は店舗に陳列するものや在庫などで必要です。良品計画は食品から生活雑貨，衣料品まで幅広い商品を扱っているので商品点数も多く，在庫もある程度持たなければならないと推測されます。このようなことから「この企業の分析では現金や在庫の分析は重要そうだ」と，分析のポイントがみつかります。

3　固定資産

固定資産は1年以上の長期にわたって企業内にとどまり利益の創出に貢献する資産です。固定資産は**図表2-5**に示すように，さらに「有形固定資産」，「無形固定資産」，「投資その他の資産」に分かれます。

有形固定資産は生産設備のように具体的な形があり，売上や利益の獲得のために生産・営業活動で利用される資産で，土地，建物，機械などが該当します。無形固定資産は，生産設備のように具体的な形はないものの，売上や利益の獲得に貢献することが期待される資産であり，特許権，商標権，のれんなどがあります。投資その他の資産には，投資有価証券や関係会社株式など長期的に保有する金融資産や現在営業に用いられていない建物・構築物があります。

図表2-5　固定資産の主要な項目

固定資産	有形固定資産	具体的な形があり，売上や利益の獲得のために生産・営業活動で利用される資産（土地・建物・機械など）
	無形固定資産	具体的な形はないものの，売上や利益の獲得に貢献することが期待される資産（特許権，商標権，のれんなど）
	投資その他の資産	長期的に保有する金融資産（投資有価証券，関係会社株式など） 現在営業に用いられていない建物・構築物も含む

貸借対照表の左側で，企業評価を行う際に重要な概念に，減価償却とのれんがあります。

(1) 減価償却

設備や機械は使用していくにつれて摩耗・陳腐化します。そのため，資産の耐用年数に従い毎年減価償却費を差し引くことにより設備や機械の簿価を減少させていきます。**図表2-6**で具体的な例についてみていきましょう。今，期初に購入した機械100億円を5年で均等償却する例について考えます。均等償却とは，毎年同じ金額を減価償却費として費用計上することを指します。

この場合，年間の減価償却費は［100億円÷5年＝20億円］となります。期初で購入した際に100億円であった機械は，1年目の年度末には100億円から20億円の減価償却費が差し引かれ80億円の価値になります。さらに，2年目の年度末には80億円からさらに20億円減額され60億円になります。同様に3年目は40億円，4年目の年度末には20億円となり，償却最終年度の5年目の年度末には0円となります。

減価償却累計額とは，これまでにその資産に対して償却した金額の合計であり，取得原価から減価償却累計額を控除した金額がその時点の資産の簿価になります。2年目の場合，取得原価100億円から2年分の減価償却費すなわち減価償却累計額40億円を控除して，資産の簿価が60億円と求められます。

こうした有形固定資産への投資では，代金は一般的に購入時に支払われます。しかし，その資産は数年にわたって使用することができるため，会計上では耐用年数に従って費用を配分しています。そこで注意が必要なのは，資産を購入した期以降は，実際には現金が出て行っていないのに利益が減額されている点

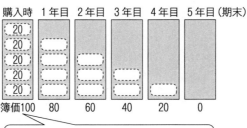

図表2-6　減価償却費

資産の簿価＝取得原価－減価償却累計額
※ここでは残存価値は無視する

です。このことより，資産の購入に際しては実際の現金の支出と費用の計上との間でタイミングにずれが生じていることがわかります。

(2) のれん

のれんは，M&A（買収・合併）の際に発生するもので，会計基準が日本基準の場合，企業買収時の買収金額と被買収企業の純資産の差がのれんになります。のれんは買収時に取得した無形資産（ブランド，商標，特許など）の価値を反映しているといわれています。

図表2-7はA社が純資産の簿価が500億円であるB社を買収するときの事例です。A社がこのB社の買収に800億円支払ったとすると，買収金額の800億円からB社の有形固定資産の簿価500億円を控除した300億円がのれんとなります。

買収を行う企業は，多くの場合，獲得する資産以上の金額を支払います。買収される企業のM&A直前の市場価値と買収価格の差を買収プレミアムといいますが，研究によると米国の典型的な買収では，買収価格は買収の発表直前の株価よりもさらに30〜40％高いと報告されています。日本の買収プレミアムは米国に比べると小さいですが，買収時の企業価値を過大に評価すると，後にのれんの価値を低下させ，その分を費用として損失を計上する減損の手続きが必要になります。

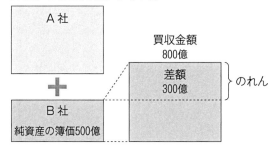

図表2-7 のれん

A社がB社を買収する時の例

また，会計基準が日本基準の場合，有形固定資産と同様に毎期のれんを償却する作業が必要になります。このことは，のれんの金額が大きいほど償却額（費用）が大きくなることを意味しています。このように企業買収時における価格決定はのれんの減損と償却という2つの費用に大きく影響することから，M&Aの一連のプロセスの中でもとりわけ重要な作業であるといえます。なお，減価償却同様，のれんの償却時には現金の支出を伴いません。

以上の固定資産の項目について確認するため，**図表2-2**で2018年2月期（当連結会計年度）の良品計画の固定資産を見てみましょう。固定資産の内訳として，有形固定資産，無形固定資産，投資その他の資産があり，金額としては有形固定資産が最も多く，次いで投資その他の資産の金額が多くなっています。高いウエイトを占める有形固定資産についてその内訳を確認すると，建物及び構築物の比率が高くなっています。なお，建物及び構築物とあるのが取得原価で，ここから減価償却累計額を引いたものが建物及び構築物（純額）です。良品計画では取得原価と減価償却累計額を記載の上，純額を記載していますが，純額のみを記載している企業もあります。

さらに，無形固定資産ではのれんが記載されています。これより，良品計画は過去にM&Aを実施したことがわかります。投資その他の資産では，敷金及び保証金，投資有価証券の比率が高くなっています。敷金及び保証金は小売という事業内容から，店舗に係るものと推測できます。

4 繰延資産

企業によっては貸借対照表の左側に繰延資産を計上している場合もあります。繰延資産はすでに支払いが終了し，それに対する役務も受け，本来は費用として計上されるべきところ，その効果が数年にわたって発生することから資産として計上することが認められるものです。具体的には創立費，開業費，開発費，株式交付費，社債発行費があります。各項目の説明は**図表2-8**に示します。繰延資産はない企業も多く，通常それほど大きな影響はありません。

図表2-2で確認すると，良品計画には繰延資産がないことがわかります。

図表2-8　繰延資産

項　目	内　容
創立費	発起人に支払う報酬・会社の負担すべき設立費用
開業費	開業準備のために支出した金額
開発費	資源の開発，市場開拓目的のため特別に支出した金額
株式交付費	新株の発行・自己株式の処分のために支出した費用
社債発行費	社債の発行のために支出した費用（新株予約権発行費用を含む）

5　負　債

　負債は企業が債権者に負っている債務であり，**図表2-9**に示すように負債はさらに「流動負債」と「固定負債」に分けられます。流動負債は原則として1年以内に返済されるべき債務であり，具体的には支払手形及び買掛金，短期の有利子負債などがあります。支払手形及び買掛金は信用で購入した製品やサービスに対して支払義務が生じた金額であり，短期の有利子負債には1年以内に返済する負債や残存期間が1年以内の長期負債などがあります。また，そ

図表2-9　流動負債と固定負債の主要な項目

	項目	内容
流動負債	支払手形及び買掛金	信用で購入した製品やサービスに対して支払い義務が生じた金額（電子記録債務を含む）
	短期の有利子負債	1年以内に返済する負債（短期借入金，残存期間が1年以内の長期負債など）
	その他	未払いの費用や税金など（企業により開示項目は異なる）
固定負債	長期の有利子負債	残存期間が1年以上の借入金・社債など（長期借入金，社債など）
	その他	繰延税金負債，各種長期性の引当金，退職給付に係る負債など（企業により開示項目は異なる）

の他には未払いの費用や税金などがありますが,開示項目は企業により異なります。

固定負債は返済期間が1年を超える負債であり,具体的には長期の有利子負債があります。長期の有利子負債は残存期間が1年以上ある借入金や社債などを指します。また,これ以外の項目としては,繰延税金負債,各種長期性の引当金,退職給付に係る負債などがありますが,これも企業により開示項目は異なります。

企業評価を行う際,重要になる項目に有利子負債と正味運転資本があります。

(1) 有利子負債

有利子負債は,企業が負う負債のうち利子をつけて返済しないといけない負債の合計の金額を指します。**図表2-10**に示すように,1年以内に返済期限を迎える有利子負債が流動負債に,1年後以降に返済期限を迎える有利子負債は固定資産に記載されています。

流動負債に区分される有利子負債の項目は,短期借入金,1年以内返済の長期借入金,1年以内償還予定の社債・転換社債,コマーシャルペーパー,リース債務です。固定負債に区分される有利子負債の項目は,長期借入金,社債,転換社債,新株予約権付社債,リース債務です。長期借入金,社債,転換社債は,返済期限まで1年を切ると流動負債に移動し,それぞれ1年以内返済の長期借入金,1年以内償還予定の社債・転換社債として記載されます。

図表2-10　有利子負債

流動負債	・短期借入金 ・1年以内返済の長期借入金 ・1年以内償還予定の社債・転換社債 ・コマーシャルペーパー ・リース債務(短期)
固定負債	・長期借入金 ・社債　　　　返済期限まで1年を切る ・転換社債　　と流動負債に移動 ・新株予約権付社債 ・リース債務(長期)

リース債務は流動負債と固定負債の両方に記載があります。契約の途中で契約解除ができず，リース物件の利用に関する便益や費用が全て借り手に帰属する取引をファイナンスリース取引と呼びますが，リース債務はこのファイナンスリース取引を行った際に生じる負債です。ファイナンスリース取引では原則として通常の売買取引に準じた会計処理を行い，リース物件とその債務はリース資産とリース債務として貸借対照表上に記載します。このとき，1年以内のリース債務は流動負債，1年を超えるリース債務は固定負債に記載します。

(2) 正味運転資本

正味運転資本（net working capital）は，以下の式により計算されます。

　　　正味運転資本＝売上債権＋棚卸資産－仕入債務

これがプラスだと現金の増加，マイナスだと現金の流出を意味し，マイナスが続くと資金不足になる可能性があります。なお，正味運転資本は簡易的に以下により計算されることもあります。

　　　正味運転資本＝流動資産－流動負債

同じことを図で示したものが**図表2-11**です。売上債権と棚卸資産の合計から仕入債務を控除したものが正味運転資本です。なお，財務諸表上の項目では，売上債権は売掛金，受取手形の合計，棚卸資産は商品，仕掛品などの合計，仕入債務は買掛金，支払手形の合計を指します。

図表2-3で良品計画の2018年2月期（当連結会計年度）の負債について見

図表2-11 正味運転資本

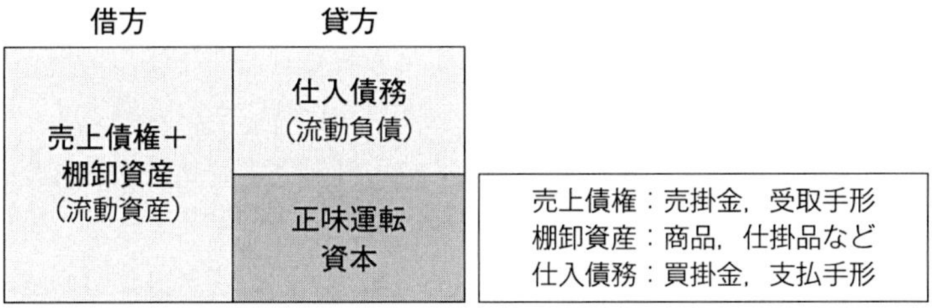

借方	貸方	
売上債権＋棚卸資産（流動資産）	仕入債務（流動負債）	売上債権：売掛金，受取手形 棚卸資産：商品，仕掛品など 仕入債務：買掛金，支払手形
	正味運転資本	

ると，流動負債の内訳には，はじめに買掛金があり，次に記載されている短期借入金と1年内返済予定の長期借入金が短期の有利子負債に相当します。その他には，未払金や未払費用，未払法人税など未払いの費用と，賞与引当金，役員賞与引当金，返品調整引当金，ポイント引当金の4つの引当金とその他があります。最も金額が大きいのは，未払いの仕入代金である買掛金です。一方，短期負債は昨年より大幅に減少しています。引当金の金額は相対的に小さいので，ここでは買掛金の動向がポイントとなりそうです。

また，2018年2月期の有利子負債は，短期借入金の477百万円と長期借入金の1,614百万円の合計2,091百万円です。これは，総資産の1％に未満であり，良品計画はかなり有利子負債が少ないといえます。正味運転資本は売上債権（受取手形及び売掛金）9,128百万円と棚卸資産74,472百万円（商品，仕掛品，貯蔵品の合計）の合計から買掛金20,172百万円を引いた額なので63,428百万円のプラスです。これより，良品計画が短期的に資金不足となる可能性は低そうです。

6　純資産

純資産は，資産と負債の差額から求められ，企業の株主の持ち分額を示しています。これは，返済を要しない資金額とこれまでに獲得した利益のうち配当などの形で社外に分配せず社内留保した金額などの合計です。**図表2-12**に示すように，純資産の部は「株主資本」，「その他の包括利益累計額」，「新株予約権」，「非支配株主持分」の4つの区分に分かれます。

株主資本は主に株主が拠出した金額（資本金と資本余剰金）と過年度からの繰越利益（利益余剰金）から構成されます。このうち資本金は会社設立時や増資の際に株主が拠出した金額です。利益剰余金は過去からの繰越利益と当期利益のうち配当などの形で社外に分配せず社内に留保した金額の合計であり，過去からの利益蓄積が大きい会社では，この利益剰余金が多くなる傾向があります。なお，自己株式は会社が発行した株式を会社自身が買い戻して保有しているものです。

その他の包括利益累計額には，簿価と時価の評価差額や為替換算調整勘定などの項目が記載されます。簿価と時価の評価差額について，資産と負債は時価により記載されますが，時価と簿価の評価差額を当期の損益計算書で認識しな

図表2-12　純資産の項目

区分	説明	帰属先
株主資本 　1．資本金 　2．資本剰余金 　3．利益剰余金 　4．自己株式	会社設立時や増資の際に株主が払い込んだ金額と過年度からの繰越利益の合計	親会社の既存株主
その他の包括利益累計額 　1．その他有価証券評価差額金 　2．繰延ヘッジ損益 　3．為替換算調整勘定 　4．退職給付に係る調整累計額	時価と簿価の評価差額や為替換算調整勘定をここに示す	親会社の既存株主
新株予約権	一定期間，あらかじめ定めた価格で会社に対して新株発行を請求できる権利	将来の株主
非支配株主持分	子会社の資本勘定のうち親会社以外の株主が保有している部分	子会社の非支配株主

（株主資本＋その他の包括利益累計額＝自己資本）

い場合，評価差額がここに記載されます。新株予約権は，一定期間あらかじめ定められた金額で会社に対して新株を請求できる権利であり，新株予約権付社債や転換社債を発行した場合，ストックオプションを導入している場合に記載があります。非支配株主持分は子会社の資本勘定のうち，親会社の株主以外が保有している部分です。

　純資産の4つの区分のうち株主資本とその他の包括利益累計額は親会社の既存株主に帰属する部分であり，両者の合計は「自己資本」と呼ばれます。これに対して新株予約権は将来の株主に帰属する部分であり，非支配株主持分は子会社の非支配株主に帰属する部分と理解できます。

　なお，純資産に関しては2006年5月1日以降に適用された企業会計基準第5号「貸借対照表の純資産の部の表示に関する会計基準」により表記が変更され現在の表記となりました。2006年5月1日以前の貸借対照表では記載されている区分が異なりますが，項目名は同じなので同様の分析が可能です。

　図表2-3で良品計画の2018年2月期（当連結会計年度）の純資産について

みると，株主資本，その他の包括利益累計額，新株予約権，非支配株主持分の4つがあります。新株予約権は発行していないと記載はありませんが，ここでは記載があるので良品計画は新株予約権を発行していることがわかります。純資産の中では一般的に株主資本の金額が高く，良品計画も株主資本の金額が高くなっています。なかでも，利益剰余金の金額が高く，過去から順調に利益を積み上げていることがわかります。

　近年，企業が稼いだ利益を企業内にため込んでいることがしばしば話題に上りますが，こうした議論では，企業が稼いだお金を現金で金庫に寝かせていると勘違いしている人も多いようです。企業が利益を稼ぐと利益剰余金に稼いだ利益が計上されますが，企業はそれを全て現金で保有しているわけではありません。通常，次期以降の利益成長のために土地や建物，製造設備などに投資が行われるので，何らかの資産に投資されて現金はなくなっています。
　なかには魅力的な投資先がなく現金のまま保有している企業がありますが，現金のまま保有していても何ら利益は創出できませんので，投資家からすればそれなら投資家へ還元してくれ，もしくは今後成長が見込まれる分野に投資してくれということになります。そのため，投資家からすれば現金の過剰な保有は「けしからん」となるわけです。
　一方，政府が問題視しているのは，企業は十分な利益を稼いでいるのに，従業員に給与として十分に還元していない点です。従業員に昇給や賞与で給与を払えばその金額だけ企業の利益は減少し，利益剰余金に組み込まれる利益も減少します。企業が利益剰余金として利益を企業内に蓄積する代わりに従業員に十分な給与が支払われれば，それが消費に回り経済の活性化につながります。企業は株主だけのものではないので，企業活動の成果は全てのステークホルダーにバランス良く配分されることが求められいます。
　なお，多額の現金を現金のまま保有していると利子を生まないことから，有価証券に換えて保有する企業もあります。しかし，企業の本業は有価証券投資ではありませんから，本来は事業に投資すべきです。企業に資金を提供した投資家も本業で利益成長をすることを前提に投資を行っています。有価証券投資であれば，投資家自身が銘柄を選択して投資できるので，有価証券投資のプロ

でない企業に投資をしてもらう必要はありません。

第2節　貸借対照表の分析の方法

1　まずは貸借対照表の大まかな特徴を押さえる

　貸借対照表の分析を行うにあたり，分析に必要な知識について確認できました。しかし，貸借対照表の数字は規模の大きな企業になるほど桁数が増加し，これをそのまま眺めていても目がチカチカするだけで企業について何もわかりません。そこで，まずは貸借対照表の大まかな特徴を押さえることで分析対象企業の貸借対照表の全体像を把握してみましょう。

　たとえば，**図表2-13**のAのように貸借対照表の左側に着目した場合，流動資産のウエイトが高い会社と固定資産のウエイトが高い会社があります。前者は大きな設備を不要とするサービス業によく見られる形であり，後者は大きな製造設備を保有する製造業や鉄道，通信設備を持つ企業，社会インフラに多い形です。

　ただし，例外もあります。製造業でも製紙業や製鉄業のように巨大な設備を保有する企業に対し，薬や口紅などの化粧品を製造する企業の設備は相対的に小さく済みます。また，ある程度の規模の製造設備を持っていたとしても，棚卸資産が過剰になっていたり，過剰に現金を保有していたりすれば，流動資産の比率は相対的に高くなります。このように通常のパターンと違う形が現れた場合，貸借対照表の各項目をブレークダウンして分析することでその理由が見えてきます。

　次に**図表2-13**のBのパターンです。流動資産の内訳で最近特に注目されるのが現金及び預金（以下，現金）です。企業の中には現金が多い会社もあれば，現金が少ない会社もあります。一般的に規模の大きな企業では現金の金額も大きくなる傾向がありますが，ここで見たいのは現金の金額そのものではなく，総資産に占める比率です。ビジネス上，ある程度の現金を保有しておく必要がある場合もあれば，ほとんど現金を必要としない場合もありますが，大企業で現金の比率が20％を超えるようであれば，資金の使途について投資家から説

明を求められるかもしれません。これとは逆に，現金が必要なビジネスなのに，現金の比率が異常に低い，もしくは低下傾向にあれば資金繰りが悪化している可能性があるので要注意です。

また，**図表2-13**のCのパターンでは固定資産ののれんに注目しています。のれんが計上されているということは，過去にM&Aを実施したことがわかります。M&Aを実施した場合，その規模にもよりますが，今後の成長が加速するかもしれません。一方で，M&Aが失敗だった場合は減損を行い，利益が減少する可能性もあります。なお，新たなM&Aを行わず，毎期ののれんの償却を行っていれば，のれんの金額は徐々に低下し，最後にはゼロになります。

最後に，**図表2-13**のDで貸借対照表の右側にも着目しておきましょう。ここで最も重要となるのは純資産と負債の比率です。純資産の比率が高い会社は財務の安全性が高く，倒産のリスクが低いといえます。一方，負債の比率が高い会社は財務の安全性が低く，場合によっては倒産のリスクも高まります。この場合，新たに資金調達を行えば倒産する可能性は低くなりますが，念のため資金返済の目途やキャッシュフローについても追加的な分析を行ったほうが良いと考えます。

良品計画の2018年2月期（当連結会計年度）の資産は**図表2-2**より，流動資産が約6割，固定資産が約4割であり，流動資産の比率が高いことがわかります。建物などの有形固定資産もありますが，現金や棚卸資産が多いことから流動資産の比率が高くなっています。また，**図表2-3**より負債・純資産の内訳は，負債が4分の1，純資産が4分の3程度であり，純資産の比率が高く，財務の安全性は高いといえます。加えて，流動資産・固定資産の区分で確認したように現金及び預金は総資産の約5分の1と多く，のれんがあることから過去にM&Aを実施していることもわかります。

第 2 章　貸借対照表の分析　41

図表 2 -13　貸借対照表の大まかな特徴を押さえる

Ⓐ　流動資産が多い会社 vs 固定資産が多い会社

　　　㋑ サービス業　　　　　　　㋑ メーカー／社会インフラ

Ⓑ　現金が多い会社 vs 現金が少ない会社

　現金が過剰／現金の　　　　現金を必要としないビジネス？
　使い道がない？　　　　　　／現金が枯渇？

Ⓒ　のれんがある会社 vs のれんがない会社

　過去に大規模な M&A　　　M&A はしていない／かなり昔に実施
　／複数の M&A を実施

Ⓓ　純資産が多い会社 vs 負債が多い会社

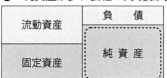

　財務の安全性高い　　　　　財務の安全性低い
　株主資本の効率的利用は？　ファイナンスは大丈夫？

2　構成比と前年比の分析

　貸借対照表の大まかな特徴を押さえたら，さらに詳細な分析を行います。貸借対照表は金額のままでは分析しづらいため，**図表2-14**に示すように比率にしてその特徴を押さえていきます。1つ目の比率は「構成比」です。これは資産合計，もしくは負債純資産合計に占める各項目の比率を計算したものです。2つ目の比率は，「前年比」です。前年比は当該資産が前年からどの程度伸びているかを示しています。なお，前年比に関しては1をマイナスしてパーセントで示すのが一般的な表記方法となっています。

図表2-14　貸借対照表の比率の分析

	分析の内容	計　算　例
構成比	資産合計，もしくは負債純資産合計に占める当該項目の比率	$\dfrac{現金及び預金}{資産合計} \times 100$ （％）
前年比	当該資産が前年からどの程度伸びているかを分析するもの	$\left(\dfrac{当年の現金及び預金}{前年の現金及び預金} - 1\right) \times 100$ （％）

　図表2-15，**図表2-16**は良品計画の貸借対照表の主要な項目について，金額と構成比，前年比を示しています。2018年2月期について，はじめに貸借対照表の左側の構成比を見てみましょう。**図表2-15**より，構成比は流動資産が62.7％，固定資産が37.3％となっています。なお，2018年2月期の流動資産の構成比は以下のとおり計算しています。

$$流動資産の構成比 = \dfrac{流動資産}{総資産} = \dfrac{149,329}{238,313} = 62.7\%$$

　さらに，流動資産の中では棚卸資産が31.2％と最も比率が高く，次いで現金及び預金が21.3％と高くなっていることもわかります。大まかな特徴を押さえる分析では「約6割」のように大体の数字を押さえましたが，構成比を計算することで，より詳細に数字を把握できます。

　固定資産の構成比については，有形固定資産が17.3％，無形固定資産が6.0％，

第2章 貸借対照表の分析

図表2-15 良品計画の貸借対照表（借方／左側）

	金額		構成比		前年比
決算期	2017年2月期	2018年2月期	2017年2月期	2018年2月期	2018年2月期
流動資産	131,435	149,329	61.2%	62.7%	13.6%
現金及び預金	38,555	50,875	18.0%	21.3%	32.0%
受取手形及び売掛金	7,929	9,128	3.7%	3.8%	15.1%
棚卸資産	72,670	74,472	33.8%	31.2%	2.5%
その他	12,281	14,854	5.7%	6.2%	21.0%
固定資産	83,270	88,983	38.8%	37.3%	6.9%
有形固定資産	38,613	41,225	18.0%	17.3%	6.8%
無形固定資産	13,528	14,200	6.3%	6.0%	5.0%
（うち，のれん）	5,907	5,348	2.8%	2.2%	-9.5%
投資その他資産	31,128	33,558	14.5%	14.1%	7.8%
資産合計	214,705	238,313	100.0%	100.0%	11.0%

［出所］　良品計画決算短信（2018年2月期）より作成。単位：百万円。

図表2-16 良品計画の貸借対照表（貸方／右側）

	金額		構成比		前年比
決算期	2017年2月期	2018年2月期	2017年2月期	2018年2月期	2018年2月期
流動負債	50,699	49,843	23.6%	20.9%	-1.7%
買掛金	19,096	20,172	8.9%	8.5%	5.6%
短期有利子負債	10,887	477	5.1%	0.2%	-95.6%
その他	20,716	29,194	9.6%	12.3%	40.9%
固定負債	6,987	14,043	3.3%	5.9%	101.0%
長期有利子負債	0	1,614	0.0%	0.7%	―
その他	6,987	12,429	3.3%	5.2%	77.9%
負債合計	57,686	63,886	26.9%	26.8%	10.7%
純資産	157,018	174,426	73.1%	73.2%	11.1%
株主資本	147,522	164,599	68.7%	69.1%	11.6%
その他の包括利益累計額	5,507	5,345	2.6%	2.2%	-2.9%
新株予約権	344	377	0.2%	0.2%	9.6%
非支配株主持分	3,645	4,103	1.7%	1.7%	12.6%
負債純資産合計	214,705	238,313	100.0%	100.0%	11.0%

［出所］　良品計画決算短信（2018年2月期）より作成。単位：百万円。

投資その他資産が14.1％であり，有形固定資産の比率が最も高いです。なお，有形固定資産にどのようなものがあるかは，有価証券報告書の「設備の状況」の「主要な設備の状況」で確認できます。良品計画の場合，店舗や物流センターが主な設備です。また，のれんがありますが総資産に占める比率は2.2％であり，棚卸資産や現金などの他の主要な資産に比べてそれほど大きなウエイトではありません。

さらに，2018年2月期について，前年比の分析からは総資産が11.0％の伸びであったのに対して，現金及び預金が32.0％と大幅に増加していることが確認できます。なお，現金の前年比は以下のとおり計算しています。

$$現金の前年比 = \frac{2018年2月期の現金及び預金}{2017年2月期の現金及び預金} - 1 = \frac{50,875}{38,555} - 1 = 32.0\%$$

構成比の分析から，現金及び預金は比較的ウエイトの高い重要な項目であることを確認していました。このように，ウエイトの高い重要な項目が大きく変化している際には，財務諸表全体に与える影響も大きくなることから，特に注意して分析します。なお，現金及び預金に関しては第4章のキャッシュフロー計算書も合わせて分析することで，その増減の理由が明らかになります。

次に，2018年2月期について貸借対照表の右側の分析をします。**図表2-16**より，良品計画の負債・純資産の構成比は，負債が26.8％，純資産が73.2％であり，負債に対して純資産の比率が非常に高く，財務の安全性が非常に高いことが比率からも明確にわかります。また，有利子負債の比率は短期負債の0.2％と長期負債の0.7％の合計0.9％でありとても低いです。

前年比を見ると，流動負債と固定負債のその他の項目がそれぞれ40.9％，77.9％と負債純資産合計の前年比11.0％に対して大きく伸びています。主要な項目以外をその他としてまとめたためこのようになっていますが，さらに詳細に見れば流動負債の未払法人税等やその他の項目が大きく増加していることがわかります。また，固定負債に関してもその他の項目が大きく増加しています。なお，その他の項目に関してはこれ以上の開示がないため増加の要因は会社に取材をしないとわかりません。

第1項で貸借対照表の特徴は見てきましたが，このように比率でみると何が

どれくらいのウエイトを占めているか，どれくらい伸びているかが，より具体的な数値でわかるようになります。そのため，多少面倒でも構成比や前年比の値を貸借対照表の金額の隣に記入したり，エクセルにデータを入力したりしてみるとよいでしょう。

第3節　貸借対照表の数字を用いた株式・企業価値評価

1　PBRの計算

　貸借対照表の基本的な分析ができたため，ここからは貸借対照表の数値を用いた株式の評価手法について説明します。企業は貸借対照表上の資産を使って将来利益を生み出すため，株式市場では利益創出能力のある企業は簿価以上の価値で取引されています。この企業の資産や企業が生み出す利益などを株式市場が評価したものが株式時価総額です。株式時価総額は以下の式で計算されます。

　　　株式市場時価総額＝株価×発行済株式数

　発行済株式数にはいくつかのパターンが存在します。「期末発行済株式数」はその名のとおり期末時点での発行済株式数です。一方，「期中平均発行済株式数」は期初（前期末）と期末（当期末）の値を足して2で割ったものであり，利益を用いた計算には期中平均発行済株式数を用います。また，株式発行後にその企業が自社で取得し保有している株式の数は「自己株式数」といわれ，自己株式を償却すると発行済株式数が減少します。

　株式数は有価証券報告書や決算短信で調べることができ，有価証券報告書では「第4　提出会社の状況」で期末の発行済株式数が確認できます。決算短信では「期末発行済株式数（自己株式を含む）」，「期末自己株式数」，「期中平均株式数」が記載されています。なお，株価や株式時価総額は，Yahoo Financeや日経電子版などの株価情報を提供するサイトで入手できます。

　このようにして計算された株式時価総額（時価）と貸借対照表の純資産の額（簿価）の比率を見たものがPBR（price book-value ratio；株価純資産倍率）です。

これは，純資産を基準に株価が純資産の何倍で評価されているかを表しており，PBR が高いほど株価が割高に評価されていることを意味します。PBR は以下の式により計算されます。

$$PBR = \frac{株式時価総額}{純資産} = \frac{株式時価総額 \div 発行済株式数}{純資産 \div 発行済株式数}$$

$$= \frac{株価}{BPS（1株当たり純資産）}$$

株式時価総額と純資産はそれぞれ発行済株式数で割ると，株価と BPS（book-value per share；1株当たり純資産）になるので，株価を BPS で割っても PBR を計算できます。なお，BPS は以下の式により計算されます。

$$BPS（1株当たり純資産）= \frac{純資産}{期末発行済株式数（自己株式除く）}$$

PBR を計算する場合の純資産もしくは1株当たり純資産には，親会社の既存株主に帰属する純資産，すなわち株主資本とその他の包括利益累計額の合計である自己資本を使います。日本語の表記では1株当たり純資産とありますが，PBR の計算では自己資本を使うと覚えるとよいでしょう。なお，決算短信の表紙には BPS が記載されているので，それを用いることもできます。また，BPS に関しては Yahoo Finance や日本経済新聞社のホームページなどでも入手できます。

良品計画は2018年2月期の決算を2018年4月に公表しているので，以下では2018年4月末時点の情報を用いて株式時価総額と BPS，PBR の計算を行います。良品計画の2018年4月末の株価は37,550円，期末発行済株式数（自己株式除く）は26,239千株です。よって，株式時価総額は以下のとおり求められます。

株式時価総額 = 37,550（円）× 26,239（千株）= 985,274（百万円）

次に BPS を計算します。良品計画の2018年2月期の自己資本は，株主資本（164,599百万円）とその他の包括利益累計額（5,345百万円）の合計より169,944

百万円と求められます。期末の普通株式数（自己株式除く）は 26,239 千株なので，これをもとに BPS を計算すると，以下のとおりです。

$$\text{BPS} = \frac{169,944}{26,239 \div 1,000} = 6,476.77 \text{（円）}$$

良品計画の 2018 年 4 月末の株価は 37,550 円，BPS は 6,476.77 円なので，これをもとに PBR を計算すると以下のとおりです。

$$\text{PBR} = \frac{37,550}{6,476.77} = 5.80 \text{（倍）}$$

2　PBR の分析

PBR は同業他社や業界の平均値と比較することで，評価対象企業の株価が平均に対して割安か割高かを判断します。業界の平均値については，日本取引所グループがホームページで公表している「規模別・業種別 PER・PBR（連結・単体）一覧」により，月次で確認することができます。

図表 2-17 は「規模別・業種別 PER・PBR（連結・単体）一覧」の抜粋であり，市場一部に上場する連結決算企業の単純平均の値について示しています。これによると，良品計画が所属する小売の PBR は 2.2 倍です。良品計画の PBR は 5.80 倍なので，良品計画は PBR で見た場合，小売業平均に比べて高い評価を受けていることがわかります。ただし，こうした指標を用いる際は，1 つの指標をみているだけでは評価を誤ることがあるため，通常複数の指標を使って評価します。なお，表中に記載されいる 1 株当たり当期純利益と PER は損益計算書の利益を用いた指標であり，第 3 章で説明します。

図表2-17 規模別・業種別PER・PBR（連結・単体）一覧（2018年4月末）

種別		単純株価平均（円）	会社数（社）	単純 PER（倍）	単純 PBR（倍）	単純 1株当たり当期純利益（円）	単純 1株当たり純資産（円）
総合		—	2,078	20.7	1.4	13.44	196.15
	大型株	—	100	22.2	2.1	32.76	338.66
	中型株	—	401	22.4	1.6	17.36	240.49
	小型株	—	1,575	19.8	1.3	11.22	175.98
総合（金融業を除く）		218.7	1,938	21.5	1.5	13.09	182.36
	製造業	—	911	21.4	1.4	14.55	216.13
	非製造業	275.0	1,027	21.7	1.7	11.79	152.41
1	水産・農林業	282.9	7	15.8	1.5	15.23	158.43
2	鉱業	420.0	7	—	0.5	-1.86	429.81
3	建設業	135.6	103	12.2	1.2	21.29	212.34
4	食料品	633.1	81	22.2	1.7	15.50	203.50
5	繊維製品	232.2	40	18.9	1.0	10.22	196.98
6	パルプ・紙	—	12	18.3	0.9	13.50	280.55
7	化学	210.2	144	19.2	1.5	16.29	209.94
8	医薬品	201.7	39	25.5	2.0	15.71	203.91
9	石油・石炭製品	232.2	10	9.1	1.2	19.11	141.71
10	ゴム製品	244.8	11	13.1	1.3	29.81	299.28
11	ガラス・土石製品	251.5	33	15.3	1.1	19.82	264.51
12	鉄鋼	195.9	32	18.1	0.7	12.20	302.85
13	非鉄金属	186.9	24	15.5	1.2	15.94	210.94
14	金属製品	170.2	41	13.5	0.9	16.85	249.62
15	機械	234.2	138	21.6	1.5	14.57	212.05
16	電気機器	163.4	160	27.9	1.8	13.52	210.80
17	輸送用機器	—	62	22.7	1.1	11.15	236.63
18	精密機器	161.9	31	30.4	2.4	10.72	134.55
19	その他製品	52.6	53	25.1	1.5	12.08	202.32
20	電気・ガス業	—	22	17.1	1.0	10.69	178.43
21	陸運業	88.0	43	17.0	1.5	23.33	270.65
22	海運業	156.7	8	—	0.7	-34.88	246.38
23	空運業	226.0	3	17.6	1.6	22.56	245.55
24	倉庫・運輸関連業	194.3	23	71.0	1.0	3.04	217.05
25	情報・通信業	—	190	25.3	2.4	9.16	95.84
26	卸売業	77.7	171	17.3	1.2	12.91	193.12
27	小売業	242.1	196	29.9	2.2	11.07	152.59
28	銀行業	60.7	82	11.3	0.5	21.24	519.96
29	証券，商品先物取引業	121.1	23	16.8	0.9	10.17	187.20
30	保険業	142.6	10	15.8	1.2	18.51	238.68
31	その他金融業	—	25	12.8	1.1	16.28	193.55
32	不動産業	—	66	14.8	1.6	15.90	143.21
33	サービス業	—	188	26.9	2.5	8.29	88.76

[出所] 日本取引所グループホームページより作成。市場一部に上場する連結決算企業の単純平均について示す。

3 実際のPBRのデータ

株価の下限を判断する際にPBR1倍が用いられることがあります。通常，成功企業のPBRは1倍以上であり，将来価値を生むと考えられている場合，株式時価総額は自己資本の金額以上となっています。一方，業績が低迷している企業ではPBRが1倍以下となることもあります。こうした企業は，投資家から将来価値を生まないと考えられています。

図表2-18はPBRが1倍以上の企業と1倍以下の企業について示しています。成功企業の一例に，米国のIT企業FANGが挙げられます。FはFacebook，AはApple，Nは動画配信のNetflix，GはAlphabet（Googleの持ち株会社）を表しています。これを見ると最もPBRの低いAlphabetでも4倍を超えており，Netflixにおいては39.66倍と非常に高い値となっています。

これに対して，Citigroupや米国に上場されているホンダのPBRはそれぞれ0.98倍，0.80倍と1倍を下回っています。株式市場はCitigroupやホンダの価値は簿価以下の価値しかないと評価しています。参考までに，米国に上場され

図表2-18　PBRが1倍以上の企業と1倍以下の企業

①＜②の時（PBR1.0倍以上の時）⇒将来，価値を生むと考えられている企業

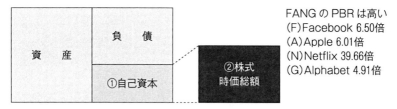

FANGのPBRは高い
(F)Facebook 6.50倍
(A)Apple 6.01倍
(N)Netflix 39.66倍
(G)Alphabet 4.91倍

①＞②の時（PBR1.0倍以下の時）⇒将来，価値を生まないと考えられている企業

Citigroup 0.98倍
Honda(US) 0.80倍
*Toyota(US) 1.07倍
*Ford 1.23倍
*GM 1.50倍（*は参考）

株式市場はCitigroupやHondaの価値は簿価以下と評価

[出所] PBRはYahoo finance (US) より取得（2018年4月20日時点）。

ているトヨタは1.07倍，フォードは1.23倍，GMは1.50倍と，1倍は超えているもののFANGに比べるとはるかに低い値です。

　PBRの高い企業は成長株（グロース株），低い企業は割安株（バリュー株）といわれており，Citigroupやホンダは割安株に該当することがわかります。こうしたPBRが1倍を割る状況はどの程度起こりうるものなのでしょうか。

　図表2-19は2018年3月時点の日本企業のPBRの分布を示しています。PBRが1倍となるところに境界線を入れていますが，これによるとPBRが1倍を割る企業が多く存在していることがわかります。

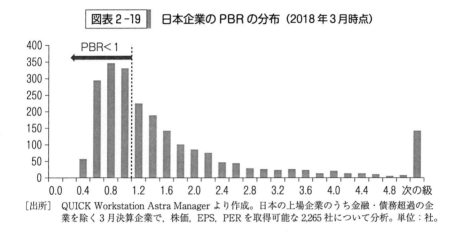

図表2-19　日本企業のPBRの分布（2018年3月時点）

［出所］　QUICK Workstation Astra Managerより作成。日本の上場企業のうち金融・債務超過の企業を除く3月決算企業で，株価，EPS，PERを取得可能な2,265社について分析。単位：社。

　さらに，**図表2-20**は日本企業のPBRの推移を示しています。この図より，過去を見るとPBRは中央値で1倍を下回る年がかなりあることがわかります。「PBRが1倍を割っている株は割安なのでお買い得」といわれることがありますが，そもそも日本ではPBRが1倍を割る企業が多いのです。これは，株式市場が将来の価値を生まないだろうと評価している企業が多いということを意味します。価値を生まない企業に投資をしてもリターンは期待できないため，PBRの高低とは別にその企業が価値を生み出す実力があるのかについてはきちんと分析を行わなければなりません。

　なお，世界各国の2018年3月末のPBR（BPSは実績値を利用）は，米国が2.98倍，英国が1.77倍，フランスが1.74倍，ドイツが1.77倍，カナダが1.62倍，

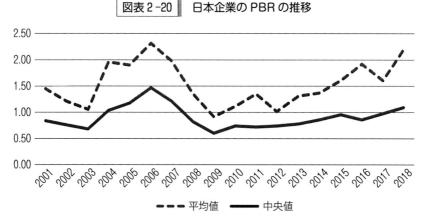

図表2-20　日本企業のPBRの推移

[出所] QUICK Workstation Astra Manager より作成。日本の上場企業のうち金融・債務超過の企業を除く3月決算企業（44,256企業年）について分析。PBRは各年の3月末時点の値を参照。単位：倍。

中国が2.50倍，日本が1.39倍です（出所：FACTSET。集計方法などの違いから日本に関しては**図表2-20**の結果とは一致しない）。世界の主要国と比較すると日本企業の評価は低いことがわかります。

4　貸借対照表の数値を用いた企業価値の計算

　貸借対照表の数値を用いて簡易的に企業価値を求める手法があります。ここで求める企業価値は，エンタープライズバリュー（Enterprise Value）と呼ばれており，これにより求められる価値は企業を買収する際に必要な金額と解釈できます。

　図表2-21で，株主資本の簿価が40，負債が60のA社を買収する事例について考えます。株式市場で全ての株式を時価で買い取ることができれば，A社の株式部分を自社のものとすることができます。今，A社の株式時価総額が60だったとすると，60の資金があれば株式の取得は可能です。

　しかし，A社には銀行からの借入れ60もあります。借りてきた資金はいずれ返済しなければならないため，A社を買収するには借入金を返済するための資金も必要となります。よって，株式時価総額60と有利子負債60の合計120がA社を買収する際に必要な費用となります。

| 図表2-21 | エンタープライズバリューの計算 |

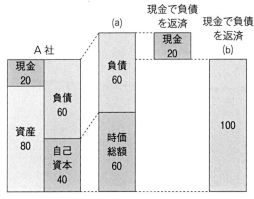

- A社の全ての株式を購入して負債を返済するのに必要な金額
  (a): 60+60=120
- 買収者はA社の買収と同時にA社の現金を入手できる
- 正味の買収費用(b): 120-20=100

ところが，A社を買収すると，A社が保有している現金20を入手できるので，この現金20をA社の有利子負債の返済に充当することができます。よって，買収費用は株式時価総額に有利子負債を合計した金額から現金を引いた金額[60+60-20=100]だけあればよいということになります。そして，これを表した式が以下になります。

企業価値(エンタープライズバリュー)＝株式時価総額＋有利子負債－現金

良品計画について，エンタープライズバリューを計算してみましょう。2018年4月末の株式時価総額は985,274百万円，2018年2月期の有利子負債の金額は2,091百万円でした。2018年2月期の現金の金額は**図表2-2**の現金及び預金より50,875百万円です。これをもとに，良品計画のエンタープライズバリューを計算すると以下のとおりです。

エンタープライズバリュー＝985,274＋2,091－50,875＝936,490（百万円）

5　企業買収と企業の買収価格

企業買収における買い手をその目的により分類すると，ストラテジック・バイヤーとフィナンシャル・バイヤーに分けられます。ストラテジック・バイヤーはその事業を買収することで自社のビジネスを拡大させることを目的に企

業買収を行います。一方，フィナンシャル・バイヤーは株式を取得するなどして企業を買収するものの，何年後かに売却してリターンを得ることを目的に企業買収を行います。複数の投資家から資金を集め，それを用いて投資を行いリターンを得る投資ファンドなどは典型的なフィナンシャル・バイヤーにあたります。

ストラテジック・バイヤーもフィナンシャル・バイヤーも，企業をなるべく安く買いたいと考えます。そのため，PBRが1倍を割っているなど割安に評価されている企業や買収金額が少なくて済む比較的小規模な企業が買収のターゲットとなる傾向があります。というのも，PBRが1倍を割っている企業では，資産の簿価以下の金額でしか株式市場で評価されていないため，株式市場で株を全て買い占めて自分のものにした後に資産を切り売りすれば，理論的にはリターンが得られることになります。また，株式時価総額が小さければ買収のための資金もそれほどかからずに済みます。

また，エンタープライズバリューを求める際，企業価値は［株式時価総額＋有利子負債－現金］で計算されました。ここからわかるのは，現金をたくさん持っている上場企業は買収価格が低くなり買収されやすくなるということです。一方，有利子負債を増やすと買収に必要な金額が増えるので，買収されづらくなります。一般的には現金を多く保有していると財務の安全性が高まり良いとされますが，上場企業に関して言えば現金保有がデメリットになることもあるという事実はあまり知られていません。

ここでは株式時価総額が低いもしくは株価が割安で，負債が少なく現金が豊富な企業が買収のターゲットとなりやすいことがわかりました。よって，買収の対象とならないためには，①時価総額を上げる（企業規模を拡大する，もしくは株価を割高にする）②有利子負債を増やす，③現金保有を必要最低限にすることが必要だとわかります。負債を増やしつつ現金を減らすという一見企業経営には良くないように見えることが，買収防衛策に役立つというのは不思議な話に聞こえるかもしれません。

良品計画の例では，エンタープライズバリューは約1兆円と計算されました。良品計画の場合，負債が少なく現金が多いのでこの点はエンタープライズバリューを低下させます。しかし，PBRが5.80倍と株価が割高に評価されてい

るので，これにより買収金額は上昇します。約1兆円の会社を買収できる企業はそれほど多くありません。このように，企業価値を高め株式市場から高い評価を得ることは買収されにくくなるというメリットがあります。

■練習問題：ニトリホールディングスの貸借対照表分析

ニトリホールディングス（以下，ニトリ）について，以下の問いに答えましょう。
1．貸借対照表の分析
　① 2018年2月期について流動資産と固定資産の資産合計に対する比率（構成比）を計算しましょう。
　② 2018年2月期について負債合計と純資産合計の負債純資産合計に対する比率（構成比）を計算しましょう。
　③ 良品計画との違いや特徴について気づいたことを挙げましょう。
2．PBRによる株価評価
　① ニトリの2018年4月末のPBRを計算しましょう。なお，ニトリの2018年4月末の株価は18,480円です。
　② 株式市場からより高く評価されているのはニトリと良品計画のどちらですか。理由とともに考えてみましょう。
3．ニトリのエンタープライズバリューを計算しましょう。なお，ニトリの発行済株式数（自己株式を除く期末発行済株式数）は111,958,138株です。

第3章

損益計算書の分析

> **本章の内容**
>
> 第3章では，企業の分析・評価に必要となる損益計算書の基礎についてコーセーの損益計算書を用いながら説明します。その上で，損益計算書の値を用いた評価指標として，PERの計算について説明します。
>
> **本章のゴール**
>
> ① 損益計算書から企業の大まかな特徴を把握できるようになる。
> ② PERを用いた評価ができるようになる。

第1節　損益計算書の分析に必要な知識

1　損益計算書の基本構造

損益計算書は，一定期間の売上と費用を示し，利益を計算する財務諸表です。利益はどれだけ儲かったかを示す指標で，売上から費用を控除することで求められます。**図表3-1**は，損益計算書の主要な項目について示しています。利益を計算する区分は営業損益計算，経常損益計算，純損益計算に分けられます。

営業損益計算は主たる営業活動（本業）から発生する利益を計算する区分で営業利益までを計算します。経常損益計算は営業利益に対して付随する投資活動（本業以外）から経常的に発生する利益や費用を加味し，経常利益までを計算します。純損益計算では，臨時的に発生した費用や利益も含め，税金などを控除して企業の最終利益である親会社株主に帰属する当期純利益を計算します。

図表3-1 損益計算書概要の基本構造

損益計算書（PL）

項目	区分	説明
売上高 売上原価 売上総利益 販売費及び一般管理費合計 営業利益	**営業損益計算**	主たる営業活動（本業）から発生する利益を計算
営業外収益合計 営業外費用合計 経常利益	**経常損益計算**	営業利益に対して本業以外の経常的に発生する収益や費用を加味した利益を計算
特別利益合計 特別損失合計 税金等調整前当期純利益 法人税等合計 当期純利益 非支配株主に帰属する当期純利益 親会社株主に帰属する当期純利益	**純損益計算**	臨時的に発生した費用や利益も含め，税金などを控除した企業の最終利益を計算

利益はどれだけ儲かったかを示す指標
「利益＝収益－費用」により計算

この利益と費用を分析することで，利益が出ているか，利益がどのように生じたかを把握できます。

第3章では，コーセーの損益計算書を用いて損益計算書の概要と分析のポイントについて説明します。コーセーは化粧品の製造および販売を行っており，東証33業種分類では化学に分類されます。日本の化粧品の市場規模はそれほど伸びているわけではありませんが，インバウンド需要や海外企業のM&Aの恩恵もあり，コーセーは近年順調に業績を拡大させています。**図表3-2**にコーセーの損益計算書を示します。

コーセーの損益計算書を見ると，はじめに売上高があります。次に売上原価，売上総利益，販売費及び一般管理費，営業利益があり，ここまでが営業損益計算の区分になります。営業利益の次には営業外収益と営業外費用があり，経常利益があります。ここまでが経常損益計算の区分です。そして経常利益以下，親会社株主に帰属する当期純利益までが純損益計算の区分になります。

第3章 損益計算書の分析　57

図表3-2　コーセーの損益計算書

(2) 連結損益計算書及び連結包括利益計算書
(連結損益計算書)

(単位：百万円)

	前連結会計年度 (自　平成28年4月1日 至　平成29年3月31日)	当連結会計年度 (自　平成29年4月1日 至　平成30年3月31日)
売上高	266,762	303,399
売上原価	67,027	81,547
売上総利益	199,735	221,852
販売費及び一般管理費		
広告宣伝費	18,684	20,008
販売促進費	51,208	55,374
運賃及び荷造費	9,621	11,731
給料及び手当	43,830	45,420
退職給付費用	1,813	1,922
法定福利費	6,621	7,041
減価償却費	2,945	3,188
その他	25,849	28,755
販売費及び一般管理費合計	160,574	173,443
営業利益	39,160	48,408
営業外収益		
受取利息	220	196
受取配当金	73	74
特許実施許諾料	30	34
有価証券償還益	－	4
還付消費税等	47	382
雑収入	325	328
営業外収益合計	696	1,020
営業外費用		
支払利息	7	5
有価証券償還損	5	－
不動産賃貸費用	4	4
支払手数料	30	10
為替差損	217	774
雑損失	27	127
営業外費用合計	292	920
経常利益	39,564	48,508
特別利益		
固定資産売却益	168	32
投資有価証券売却益	－	0
特別利益合計	168	32
特別損失		
固定資産処分損	272	213
投資有価証券評価損	14	4
減損損失	21	79
その他	－	1
特別損失合計	308	299
税金等調整前当期純利益	39,425	48,242
法人税、住民税及び事業税	14,276	15,961
法人税等調整額	1,208	△1,246
法人税等合計	15,485	14,715
当期純利益	23,939	33,526
非支配株主に帰属する当期純利益	2,282	2,914
親会社株主に帰属する当期純利益	21,657	30,611

［出所］　コーセー決算短信（2018年3月期）より。

2　営業損益計算の区分

　営業損益計算では，本業からの儲けを示す営業利益を求めます。損益計算書の最初に記載されている売上高は企業の主たる営業活動から生じた収益であり，製品の販売やサービスの提供からの収入が計上されます。次の売上原価は企業の主たる営業活動から発生した費用のうち製品の製造に用いた費用など売上と密接に関連する費用です。イメージとしては，製造業の工場で発生する費用と考えるとわかりやすく，具体的には製品の製造に必要な原材料や工場で働く従業員の人件費，建物や設備の減価償却費，工場で機械などを動かすための水道光熱費などが該当します。そして，売上高から売上原価を控除したものが売上総利益です。

　売上総利益の次に記載されている販売費及び一般管理費は販売費とも呼ばれ，製品の製造やサービスを提供する活動とは直接関係しないものの，事業活動を行う上で必要となる費用です。売上原価が工場で発生する費用であるのに対して，販売費及び一般管理費は本社でかかる費用と理解するとわかりやすいかもしれません。具体的には，本社で働く本部部門の従業員の給与や広告費や販売促進費などのマーケティング費用が該当します。そして，売上総利益から販売費及び一般管理費を控除したものが営業利益です。営業利益は，主たる営業活動の成果を示すものであり，これが減少傾向にある場合もしくはマイナスが継続している場合は本業が不調であることを示しています。

　図表3-2の損益計算書で，コーセーの2018年3月期（当連結会計年度）について，営業損益計算の区分を見ていきましょう。最初に記載されているのは売上高（303,399百万円）で，次に記載されているのが売上原価（81,547百万円）です。そして，売上高から売上原価をマイナスしたものが売上総利益（221,852百万円）です。

　売上総利益の次にあるのは販売費及び一般管理費ですが，コーセーの損益計算書ではさらにこの内訳が表示されています。金額の大きなものには，販売促進費，給料及び手当，広告宣伝費，運賃及び荷造費などがあります。四捨五入で多少ずれることがありますが，広告宣伝費からその他までの金額の合計が販売費及び一般管理費合計の金額（173,443百万円）と一致します。そして，売上

総利益から販売費及び一般管理費を控除したものが営業利益（48,408百万円）です。

売上原価は多くの企業で高いウエイトを占めるため，その内容については詳細な分析が必要ですが，連結財務諸表では売上原価の内訳についてこれ以上の開示はありません。参考となる情報として，以前は個別財務諸表で製造原価明細書と呼ばれる売上原価の内訳が開示されていました。しかし，現在では製造原価明細書の開示は任意であり，コーセーも現在は開示を行っていません。コーセーが製造原価明細書を開示したのは2013年3月期が最後なので，**図表3-3**に示した2013年3月期の製造原価明細書から製造原価の内訳について大まかなイメージをつかみます。

図表3-3より，2013年3月期（当事業年度）の製造原価の内訳は，原材料費が67.5％，労務費が12.5％，経費が20.0％であり，原材料費が7割弱を占めていることがわかります。このようなことから，ウエイトの高い原材料費で資材の高騰などがあるとコストが嵩み，利益が減ることが予想されます。また，（注）の※1より経費6,636百万円の内訳は外注加工費が4,170百万円と約6割を占め，減価償却費は625百万円と1割程度であることもわかります。

なお，コーセーは化粧品の製造を行っているので，主な原材料は化粧品の容器に使うプラスチックや油，香料，着色料，包装に用いられる紙やフィルムであると推測できます。油や香料，着色料は化学品であり，このような理由から化粧品が化学の業界に含まれています。また，これらは原油に由来するものも多く，原油価格が上昇すると少し遅れて原料価格が上昇しはじめます。そのため，原料価格の動向を予測する上では原油価格の動向を確認しておく必要があります。コーセーに限らず，ウエイトの大きな項目と，それがどの様な要因で動くかを確認しておくことは財務分析でとても重要になります。

図表3-3　コーセーの製造原価明細書（2013年3月期，単体）

【製造原価明細書】

区分	注記番号	前事業年度（自 平成23年4月1日 至 平成24年3月31日）		当事業年度（自 平成24年4月1日 至 平成25年3月31日）	
		金額（百万円）	構成比（%）	金額（百万円）	構成比（%）
Ⅰ　原材料費		22,507	68.6	22,410	67.5
Ⅱ　労務費		4,214	12.9	4,144	12.5
Ⅲ　経費	※1	6,073	18.5	6,636	20.0
当期総製造費用		32,795	100.0	33,190	100.0
期首仕掛品たな卸高		453		429	
他勘定振替高	※2	3,016		3,016	
期末仕掛品たな卸高		429		494	
当期製品製造原価		29,803		30,110	

原価計算の方法
　単純総合原価計算を採用しております。

（注）※1．経費の主な内訳は次のとおりであります。

項目	前事業年度（自 平成23年4月1日 至 平成24年3月31日）	当事業年度（自 平成24年4月1日 至 平成25年3月31日）
外注加工費	3,854百万円	4,170百万円
減価償却費	656	625

※2．他勘定振替高の内訳は次のとおりであります。

項目	前事業年度（自 平成23年4月1日 至 平成24年3月31日）	当事業年度（自 平成24年4月1日 至 平成25年3月31日）
販売費及び一般管理費へ振替	3,016百万円	3,016百万円

［出所］　コーセー有価証券報告書（2013年3月期）より。

3　経常損益計算の区分

　営業利益の次に記載されているのは，営業外収益と営業外費用です。営業外収益と営業外費用をまとめて営業外損益と呼びます。営業外収益は主に会社の財務活動に付随して生じる収入で，受取利息や受取配当金などがあります。余剰現金で有価証券投資や貸付けを行っている場合，配当や受取利息が得られることがあり，こうした本業とは関係ない収入が営業外収益に計上されます。一方，営業外費用は会社の財務活動に伴って発生する費用が計上されており，具体的には支払利息などがあります。この支払利息は銀行借入れや社債の発行を

行っている場合に計上されます。

　また，為替の差損益も営業外収益と営業外費用に計上されます。為替で益が出ている場合は営業外収益に為替差益という項目があり，損失が発生している場合は営業外費用に為替差損という項目があります。そして，営業利益に営業外収益合計の金額を加え，営業外費用合計の金額を差し引いたものが経常利益です。経常利益は企業の本業からの儲けのみならず，経常的に発生する費用や収益を加味した利益です。

　図表3-2の損益計算書で，コーセーの2018年3月期（当連結会計年度）について，経常損益計算の区分を見ていきましょう。営業利益の次に営業外収益があり，受取利息や受取配当金などの内訳が示されています。この受取利息から雑収入までの合計が営業外収益合計の金額（1,020百万円）となっています。2018年3月期の営業外収益の内訳では，雑収入や還付消費税等の金額が大きくなっていますが，営業損益計算の区分に記載されている項目の金額に比べると，その金額ははるかに小さくなっています。

　営業外費用には，支払利息などが計上されており，支払利息から雑損失までの合計が営業外費用合計（920百万円）となっています。金額の大きなものに為替差損がありますが，こちらも営業損益計算の区分に記載されている項目の金額に比べると，大きくありません。

　そして，営業利益（48,408百万円）に営業外収益合計の金額（1,020百万円）を足し，営業外費用合計の金額（920百万円）を控除したものが経常利益（48,508百万円）です。コーセーの場合，営業外損益の区分に際立って大きな金額がなく，さらに営業外収益と営業外費用の金額も同程度であるため，営業利益（48,408百万円）と経常利益（48,508百万円）の金額が近い値になっています。しかし，営業利益と経常利益の差が大きな企業については内容の精査が必要な場合もあります。

4　純損益計算の区分

　経常利益の次に記載されているのは臨時損益で，これには特別利益（特益）と特別損失（特損）があります。特別利益は，臨時的に発生した収益が計上されます。たとえば，子会社を売却した時の売却益や事業提携のために保有して

いた投資有価証券を売却し利益が出たときの有価証券売却益などです。

特別損失は，臨時的に発生した費用を計上しています。具体的には，のれんの減損にかかる費用や事業提携の解消などに伴い投資有価証券を売却し損失が出たときの投資有価証券売却損，数年に一度しかないような大規模な震災で工場が被害を被った際の費用などが該当します。また，業績不振企業では構造改革費用といった大規模なリストラクチャリングに伴う費用が特別損失に計上されることもあります。そして，経常利益の金額に特別利益合計の金額を加え，特別損失合計の金額を控除したものが税金等調整前当期純利益です。

税金等調整前当期純利益の次に計上される費用は税金関連の費用です。法人税，住民税及び事業税と法人税等調整額の合計が法人税等合計として記載されています。日本企業の実効税率（実質的な税負担率）は近年低下しており35％程度と考えられますが，海外の税金の低い国に子会社がある企業などではこれより低くなることもあります。また，税制改正の影響もありこの比率は常に一定ではありません。そして，税金等調整前当期純利益の金額から法人税等合計の金額を控除して算出されるのが当期純利益です。

当期純利益は非支配株主に帰属する当期純利益と親会社株主に帰属する当期純利益の2つに分かれます。非支配株主に帰属する当期純利益は，子会社の当期純利益のうち非支配株主の持ち株比率に相当する金額です。たとえば，A社という会社がB社という子会社を持っていたとします。しかし，A社はB社株式の70％しか保有しておらず，残り30％はC社が保有しています。すると，B社の当期純利益が100億円であったとしても，30％に当たる30億円はC社の株主の持ち分になります。この30億円が非支配株主に帰属する当期純利益に該当する金額であり，当期純利益の金額からこれを控除したものが親会社株主に帰属する当期純利益となります。

親会社株主に帰属する当期純利益は，企業の営業活動によって生み出された利益に経常的・臨時的に発生した損益も加味し，税金を控除した企業の最終利益です。株主に配当が行われる場合はこの親会社株主に帰属する当期純利益から配当が行われます。

なお，**図表3-4**に示すように，2015年4月以前は親会社株主に帰属する当期純利益は「当期純利益」，非支配株主に帰属する当期純利益は「少数株主利益」

図表3-4　非支配株主に帰属する当期純利益の記載の変更

【2015年4月以前】　　　　　　　　　　　【2015年4月以降】
① 税金等調整前当期純利益　　　　　→　① 税金等調整前当期純利益
② 法人税等合計　　　　　　　　　　→　② 法人税等合計
③ 少数株主損益調整前当期純利益（①－②）→　③ 当期純利益（①－②）
④ 少数株主利益　　　　　　　　　　→　④ 非支配株主に帰属する当期純利益
⑤ 当期純利益（③－④）　　　　　　→　⑤ 親会社株主に帰属する当期純利益（③－④）

と呼ばれていました。2015年4月以降も損益計算書上に当期純利益は記載されていますが，これは非支配株主に帰属する当期純利益を控除する前の利益であり，2015年4月以前の当期純利益とは異なるものです。また，親会社株主に帰属する当期純利益は様々な指標の計算に使われますが，スペースの関係などもあり単に「当期純利益」と記載されることもあります。

損益計算書の後には包括利益計算書といわれる有価証券などの評価差額や為替換算調整勘定などが記載されていますが，これらは未実現の損益であり企業評価で参照する機会は多くないため説明は省略します。

図表3-2の損益計算書で，コーセーの純損益計算について確認します。経常利益の次には特別利益と特別損失が記載されており，それぞれ内訳が記載されています。なお，内訳の合計はそれぞれ特別利益合計，特別損失合計に一致します。コーセーの2018年3月期（当連結会計年度）では，固定資産売却益，固定資産売却損が主要な臨時損益となっていますが，いずれの金額も売上の1％に満たない金額となっています。

経常利益（48,508百万円）に特別利益合計の金額（32百万円）を加え，特別損失の金額（299百万円）を控除したものが税金等調整前当期純利益（48,242百万円）です。ここから，法人税，住民税及び事業税と法人税等調整額の合計である法人税等合計（14,715百万円）を控除したものが，当期純利益（33,526百万円）です。さらに，非支配株主に帰属する当期純利益（2,914百万円）を除いた額が親会社株主に帰属する当期純利益（30,611百万円）です。これより，コーセーの2018年3月期（当連結会計年度）最終利益は黒字，すなわち利益がしっかり出ていることがわかります。

以上見てきたように，損益計算書には売上総利益，営業利益，経常利益，税金等調整前当期純利益，非支配株主に帰属する当期純利益，親会社株主に帰属する当期純利益など複数の利益が記載されていますが，どの利益が最も重要かは分析で明らかにしたい内容に依存します。

たとえば，株主であれば株主に帰属する利益が赤字であれば配当が行われない，業績低迷から株価が下落するなどのリスクがあるため，親会社株主に帰属する当期純利益に着目します。しかし，その利益が投資有価証券売却益や一時的な子会社の売却益でかさ上げされているだけだとすると，次期以降の利益成長は見込めません。そのため，本業の利益が好調か否かを判断するために，本業の利益を示す営業利益についても合わせて確認します。

さらに，経営者であれば本業の業績の成果を表す利益は営業利益なので，本業の成果を見極めるには営業利益に着目します。しかし，株主に帰属する最終利益が赤字の場合，投資家への配当ができなくなる恐れもあります。このようなことから，経営者の場合，企業全体の成果を各段階で把握するために全ての利益に着目する必要がありそうです。なお，日本では昔から経常利益が重視される傾向がありましたが，経常利益は米国基準やIFRSにはない概念であり，近年ではその重要性は低下しています。このように，時代の変遷とともに重視される利益も多少変化しています。

5 損益計算書をもとに計算される利益指標

損益計算書の数値から計算される利益指標に，事業利益，EBIT，EBITDA，NOPATがあります。事業利益は営業利益に金融収益を加えたもので，企業全体で生み出した利益を示します。事業利益は以下の式で求められます。

事業利益＝営業利益＋受取利息＋受取配当金＋持分法による投資利益

EBIT（earnings before interest and tax；支払利息・税金控除前利益）は，営業活動から生み出される利益を示します。この指標は，税引前当期純利益に支払利息を加算して求められますが，営業利益と同様の概念で使われることもあります。EBITは以下の式で求められます。

EBIT＝税引前当期純利益＋支払利息

EBITDA（earnings before interest, taxes, depreciation, and amortization；支払利息・税金・減価償却・その他償却控除前の利益）は，支払利息，税金，減価償却費やのれんの償却費などを控除する前の利益を指します。税制や金利水準，減価償却方法は国ごとに異なりますが，EBITDAはこうした違いを排除できるため国際比較にも利用できます。EBITDAは以下の式で求められます。

EBITDA＝営業利益＋減価償却費（無形資産の償却費を含む）

NOPAT（net oerating pofit ater tax；税引後営業利益）は，後述する企業評価モデルに投入するフリーキャッシュフローの計算などで用いられる利益です。NOPATは以下の式で求められます。

NOPAT＝$EBIT$×（1－実効税率）

これらの指標はいずれも同業他社との比較や比率分析，企業評価モデルなどで使われますが，複数の計算方法があるため分析では定義を確認した上で使用します。

第2節　損益計算書の分析の方法

1　まずは損益計算書の大まかな特徴を押さえる

損益計算書も金額だけを眺めていても，あまり有益な情報はあまり得られません。そこで，まずは貸借対照表同様，損益計算書の大まかな特徴をとらえていきます。たとえば，**図表3-5**のAでは，本業の収益性を確認しています。営業利益を売上高で割った指標を営業利益率といいますが，営業利益率は高い会社と低い会社があります。営業利益率が高いほど，売上に対して利益を上げていることになるので儲かっていることを示します。

たとえば，機械の業種に所属するキーエンスという企業がありますが，この企業は自社で工場を持たないファブレス経営を特徴としており，高付加価値製

品の販売により2018年3月期の営業利益率は55.6％と非常に高い値となっています。一方，ビールの製造・販売を行っているサッポロホールディングスの2017年12月期の営業利益率は3.1％です。この2社の場合，ビジネスモデルの違いなどもあるため単純に比較できませんが，営業利益率が同業他社と比較して高いか低いかを知ることは分析の第一歩になります。

また，**図表3-5**のBではコスト構造を確認しています。コスト構造の特徴を見た場合，売上原価の比率が高くなる企業と販売費及び一般管理費の比率が高くなる企業があります。一般的に製造業は売上原価の比率が高くなります。これは工場でかかる費用が本社経費に比べて相対的に高くなるからです。たとえば，鉄鋼業に所属するJFEホールディングスの2018年3月期の売上高原価率は84.2％です。鉄鋼業では巨大な設備があるので，その減価償却費や水道高熱費，原材料などで巨額の製造コストがかかります。一方，サービス業は工場で製品を作っているわけではないため，売上原価の比率は低めで販売費及び一般管理費の比率が高くなる傾向があります。

ただし，例外もあります。コーセーのような化粧品の会社や食品の会社などでは顧客が一般消費者になるため，大量のマーケティング費用（損益計算書の項目でいうと広告費や販売促進費）を投下する必要があります。**図表3-5**でもわかるように，コーセーの2018年3月期の販売費及び一般管理費の比率は57.2％と高く，売上原価の比率は相対的に低くなります。このように通常のパターンと違う形が現れた場合，損益計算書の各項目をブレークダウンして分析することでその理由が見えてきます。

また，**図表3-5**のCでは，本業の利益と最終利益のねじれに着目しています。本来は営業利益も最終利益も黒字であることが望ましい状態ですが，なかには営業利益が赤字なのに親会社株主に帰属する当期純利益が黒字の会社もあれば，営業利益が黒字なのに親会社株主に帰属する当期純利益が赤字の会社もあります。前者は本業が不振であるものの，本業以外で利益を捻出し親会社株主に帰属する当期純利益を黒字にしているパターンです。一方，後者は本業では利益が出ているものの，本業以外で損失を計上しているパターンで，どちらかといえば心配なのは前者のパターンです。

前者は，本業が不振であるため投資有価証券や子会社を売却することで利益

図表3-5　損益計算書の大まかな特徴を押さえる

Ⓐ 営業利益率が高い会社 vs 低い会社

高収益企業　　　　　低収益企業
例　キーエンス55.6%　例　サッポロホール
　（2018年3月期）　　　ディングス3.1%
　　　　　　　　　　　（2017年12月期）

Ⓑ 売上原価の比率が高い会社
　　　vs 販管費の比率が高い会社

製造業　　　　　　　サービス業・消費財
例　JFEホールディン　例　コーセー販管費率
　グス原価率84.2%　　　57.2%
　（2018年3月期）　　　（2018年3月期）

Ⓒ 営業利益が赤字なのに親会社株主に帰属する当期純利益が黒字の会社
　　vs 営業利益が黒字なのに親会社株主に帰属する当期純利益が赤字の会社

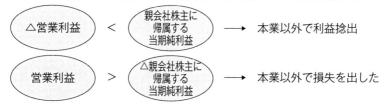

を捻出している場合が多く，売却する資産や事業があるうちはあまり大きな問題にはなりませんが，本業の赤字が続くと資産売却では切り抜けられず最終利益も赤字となります。一方，後者は本業が順調であり，一時的に臨時的な損失を計上しているだけなので，次期以降は臨時的な損失がなくなり，親会社株主に帰属する当期純利益が黒字に転換することもよくあります。

　コーセーについて確認すると，2018年3月期の営業利益率は16.0％であり，業種は異なりますがキーエンスほどは高くなく，サッポロホールディングスよりは高い水準です。さらに，先に確認したとおり売上原価より販売費及び一般管理費の比率が高い傾向があります。また，営業利益も当期利益も黒字で，本業は順調，イレギュラーな特損益もなく最終利益も黒字であることがわかります。

2 売上高比率と前年比の分析

大まかな特徴を把握したら,貸借対照表同様,損益計算書でも比率で分析していきます。損益計算書で使う比率は**図表3-6**に示すように「売上高比率」と「前年比」です。売上高比率は,各利益・費用項目の売上に対する比率です。前年比は貸借対照表でもありましたが,売上や費用,利益が前年からどの程度伸びたかを分析するものです。前年比に関しては1をマイナスしてパーセントで表記するのが一般的な表記方法です。

図表3-6 損益計算書の比率の分析

	分析の内容	計算例
売上高比率	各利益・費用項目の売上に対する比率	$\dfrac{営業利益}{売上} \times 100\ (\%)$
前年比	売上や費用,利益が前年からどの程度伸びたかを分析するもの	$\left(\dfrac{当年の営業利益}{前年の営業利益} - 1\right) \times 100\ (\%)$

図表3-7はコーセーの損益計算書の主要な項目について,2017年3月期と2018年3月期の金額,2017年3月期と2018年3月期の売上高比率,2018年3月期の前年比を示しています。営業利益を例にとると,2018年3月期の営業利益率(売上高比率)と前年比は以下のとおり計算しています。

$$営業利益率 = \frac{営業利益}{売上高} = \frac{48,108}{303,399} = 16.0\%$$

$$\frac{営業利益}{の前年比} = \frac{2018年3月期の営業利益}{2017年3月期の営業利益} - 1 = \frac{48,408}{39,160} - 1 = 23.6\%$$

売上高比率の分析からは,2018年3月期の売上原価の比率が26.9%,販売費及び一般管理費の比率が57.2%なので,大まかな分析でも確認したように販売費及び一般管理費のほうが高いことが確認できます。また,営業利益率は16.0%ですが,営業外損益にそれほど大きな費用がないため経常利益率も

図表3-7　コーセーの損益計算書（抜粋）

決算期	金額		売上高比率		前年比
	2017年3月期	2018年3月期	2017年3月期	2018年3月期	2018年3月期
売上高	266,762	303,399	100.0%	100.0%	13.7%
売上原価	67,027	81,547	25.1%	26.9%	21.7%
売上総利益	199,735	221,852	74.9%	73.1%	11.1%
販売費及び一般管理費合計	160,574	173,443	60.2%	57.2%	8.0%
営業利益	39,160	48,408	14.7%	16.0%	23.6%
営業外収益合計	696	1,020	0.3%	0.3%	46.6%
営業外費用合計	292	920	0.1%	0.3%	215.1%
経常利益	39,564	48,508	14.8%	16.0%	22.6%
特別利益合計	168	32	0.1%	0.0%	-81.0%
特別損失合計	308	299	0.1%	0.1%	-2.9%
税金等調整前当期純利益	39,425	48,242	14.8%	15.9%	22.4%
法人税等合計	15,485	14,715	5.8%	4.9%	-5.0%
当期純利益	23,939	33,526	9.0%	11.1%	40.0%
非支配株主に帰属する当期純利益	2,282	2,914	0.9%	1.0%	27.7%
親会社株主に帰属する当期純利益	21,657	30,611	8.1%	10.1%	41.3%

［出所］　コーセー決算短信（2018年3月期）より作成。単位：百万円。

16.0%となっています。特別損益も売上高比率で0.0%や0.1%程度なので大きなものはなく、ここから税金などを控除した親会社株主に帰属する当期純利益の売上高比率は10.1%です。

　前年比の分析からは売上高が13.7%であり、売上が好調に推移したことがわかります。日本ではGDPがほぼ横ばいなので、普通の企業が普通に事業を継続しているだけでは残念ながら成長は見込めません。ここで売上が13.7%も伸びたということは化粧品業界の市場が拡大したか、もしくは海外展開の加速など企業独自の努力があったのではないかと推測できます。さらに、売上の前年比が13.7%であるのに対して、営業利益は23.6%増加しています。これより、売上の伸び以上の利益成長があったことがわかります。

　経常利益と税金等調整前当期純利益はそれぞれ前年比22.6%、22.4%であり、営業利益の伸びと同程度です。しかし、法人税等合計が△5.0%と減少したので、結果として親会社株主に帰属する当期純利益は前年から41.3%伸びました。こ

れより，コーセーの好調な背景には，本業が好調であったことに加え，税金の減少もあったことがわかります。次では本業が好調に推移した理由についてさらに分析を深めていきます。

　本業の利益が伸びた要因を分析するには，営業利益段階までの詳細な分析を行います。**図表3-8**はコーセーの損益計算書について営業利益までをより詳しく見たものです。売上原価の売上高比率（原価率）は，2017年3月期に25.1％であったものが2018年3月期は26.9％に1.8％上昇しています。決算短信の説明によると，原価率悪化の要因には原価率の高い製品の構成比が高まったことがあるようです。しかし，販売費及び一般管理費の売上高比率（販管費率）は2017年3月期の60.2％から2018年3月期は57.2％に3.0％も改善しています。つまり，原価率は1.8％悪化したけれど，販管費率が3.0％改善してトータルでは1.2％改善し，営業利益率が14.7％から16.0％に改善したことわかります。なお，四捨五入の関係で数字には多少のずれがあります。

図表3-8　コーセーの損益計算書（詳細，営業利益まで）

	金額		売上高比率		前年比
決算期	2017年3月期	2018年3月期	2017年3月期	2018年3月期	2018年3月期
売上高	266,762	303,399	100.0％	100.0％	13.7％
売上原価	67,027	81,547	25.1％	26.9％	21.7％
売上総利益	199,735	221,852	74.9％	73.1％	11.1％
広告宣伝費	18,684	20,008	7.0％	6.6％	7.1％
販売促進費	51,208	55,374	19.2％	18.3％	8.1％
運賃及び荷造費	9,621	11,731	3.6％	3.9％	21.9％
給料及び手当	43,830	45,420	16.4％	15.0％	3.6％
退職給付費用	1,813	1,922	0.7％	0.6％	6.0％
法定福利費	6,621	7,041	2.5％	2.3％	6.3％
減価償却費	2,945	3,188	1.1％	1.1％	8.3％
その他	25,849	28,755	9.7％	9.5％	11.2％
販売費及び一般管理費合計	160,574	173,443	60.2％	57.2％	8.0％
営業利益	39,160	48,408	14.7％	16.0％	23.6％

［出所］　コーセー決算短信（2018年3月期）より作成。単位：百万円。

　販売費及び一般管理費の改善の理由がどこにあるかを知るには，販売費及び一般管理費の内訳をさらに分析します。全ての項目を見ても構いませんが，ウ

エイトの小さな項目は影響が小さいので，ウエイトの大きな項目から確認します。ここでウエイトの高い項目はマーケティング費用（販売促進費＋広告宣伝費）の24.9％と人件費（給料及び手当＋退職給付費用＋法定福利費）の17.9％です。いずれも2017年3月期の26.2％，19.6％から1.3％，1.7％改善しており，この費用だけで販売費及び一般管理費の改善理由が説明できてしまいました。他の項目でも増減はありますが，販売費及び一般管理費の売上高比率の改善はマーケティング費用と人件費によるものと考えることができます。

なお，こうした理由については会社の開示資料に説明があることもありますが，ない場合は分析者が実際のビジネスに結び付けて理由を推測しなければなりません。美容部員を増員せず既存の美容部員が頑張って売上を伸ばしたから人件費が抑制されたのかな？　広告宣伝費と販売促進費は金額では増加しているものの，効率の良い媒体・チャネルを選び売上につなげることができたのかな？　といった感じです。企業や株式の調査を専門に行うアナリストは，IRや財務の担当者に取材を行うことでこうした推測が正しいか確認し，企業業績への理解をより深めていきます。

以上見てきたように，分析のコツは主要な項目とウエイトの大きな項目，変化の大きな項目について重点的に分析する点にあります。特にウエイトの大きな項目が大きく変化するときは，利益への影響も大きくなります。経営者であればこうした項目のコントロールが重要であり，投資家もこうした項目の変化に着目しています。

3　業績予想の分析

損益計算書の主要な項目については，企業が次期の予想（業績予想・会社予想）を公表しています。開示項目は，売上・営業利益・経常利益・親会社株主に帰属する当期純利益・1株当たり当期純利益（EPS）が一般的であり，通常は中間（第2四半期）と通期の予想値があります。

日本取引所グループの調査（「平成30年3月期決算発表状況の集計結果について」2018年6月8日公表）によれば，2018年3月期は96.4％の企業が翌期の予想に関して何らかの開示を行っています。予想の開示は年次決算の発表時に決算短信上で行われ，必要に応じて四半期決算や適時開示で修正が行われます。

図表3-9　コーセーの決算短信の表紙（2018年3月期）

平成30年3月期　決算短信〔日本基準〕（連結）

平成30年4月27日

上場会社名	株式会社コーセー		上場取引所　東
コード番号	4922　ＵＲＬ　http://www.kose.co.jp/		
代表者	（役職名）代表取締役社長	（氏名）小林　一俊	
問合せ先責任者	（役職名）ＩＲ室長	（氏名）中田　仁典	ＴＥＬ　03-3273-1511
定時株主総会開催予定日	平成30年6月28日	配当支払開始予定日	平成30年6月29日
有価証券報告書提出予定日	平成30年6月28日		
決算補足説明資料作成の有無　：　有			
決算説明会開催の有無　　　　：　有（アナリスト向け）			

（百万円未満切捨て）

1．平成30年3月期の連結業績（平成29年4月1日～平成30年3月31日）
（1）連結経営成績　　　　　　　　　　　　　　　　　　　　　　　　　　（％表示は対前期増減率）

	売上高		営業利益		経常利益		親会社株主に帰属する当期純利益	
	百万円	％	百万円	％	百万円	％	百万円	％
30年3月期	303,399	13.7	48,408	23.6	48,508	22.6	30,611	41.3
29年3月期	266,762	9.6	39,160	13.1	39,564	14.5	21,657	16.1

（注）包括利益　30年3月期　36,908百万円（49.8％）　29年3月期　24,643百万円（86.7％）

	1株当たり当期純利益	潜在株式調整後1株当たり当期純利益	自己資本当期純利益率	総資産経常利益率	売上高営業利益率
	円　銭	円　銭	％	％	％
30年3月期	536.63	－	17.6	18.7	16.0
29年3月期	379.66	－	13.9	16.5	14.7

（参考）持分法投資損益　30年3月期　－百万円　29年3月期　－百万円

（2）連結財政状態

	総資産	純資産	自己資本比率	1株当たり純資産
	百万円	百万円	％	円　銭
30年3月期	271,545	198,607	67.8	3,227.07
29年3月期	247,191	177,130	66.3	2,871.60

（参考）自己資本　30年3月期　184,083百万円　29年3月期　163,807百万円

（3）連結キャッシュ・フローの状況

	営業活動によるキャッシュ・フロー	投資活動によるキャッシュ・フロー	財務活動によるキャッシュ・フロー	現金及び現金同等物期末残高
	百万円	百万円	百万円	百万円
30年3月期	34,918	△10,369	△16,400	63,883
29年3月期	17,327	△8,158	△6,250	55,622

2．配当の状況

	年間配当金					配当金総額（合計）	配当性向（連結）	純資産配当率（連結）
	第1四半期末	第2四半期末	第3四半期末	期末	合計			
	円　銭	円　銭	円　銭	円　銭	円　銭	百万円	％	％
29年3月期	－	47.00	－	63.00	110.00	6,274	29.0	4.0
30年3月期	－	63.00	－	85.00	148.00	8,442	27.6	4.9
31年3月期（予想）	－	85.00	－	85.00	170.00		30.0	

3．平成31年3月期の連結業績予想（平成30年4月1日～平成31年3月31日）
（％表示は、通期は対前期、四半期は対前年同四半期増減率）

	売上高		営業利益		経常利益		親会社株主に帰属する当期純利益		1株当たり当期純利益
	百万円	％	百万円	％	百万円	％	百万円	％	円　銭
第2四半期（累計）	154,500	6.8	25,000	6.5	25,300	5.7	14,600	△4.0	255.94
通期	323,000	6.5	52,000	7.4	52,400	8.0	32,300	5.5	566.23

第3章 損益計算書の分析　73

※ 注記事項
（1）期中における重要な子会社の異動（連結範囲の変更を伴う特定子会社の異動）： 無
　　　新規 －社　（社名）－，除外 －社　（社名）－
（2）会計方針の変更・会計上の見積りの変更・修正再表示
　　① 会計基準等の改正に伴う会計方針の変更　：無
　　② ①以外の会計方針の変更　　　　　　　　：無
　　③ 会計上の見積りの変更　　　　　　　　　：無
　　④ 修正再表示　　　　　　　　　　　　　　：無
（3）発行済株式数（普通株式）

	30年3月期		29年3月期	
① 期末発行済株式数（自己株式を含む）	30年3月期	60,592,541株	29年3月期	60,592,541株
② 期末自己株式数	30年3月期	3,548,828株	29年3月期	3,548,424株
③ 期中平均株式数	30年3月期	57,043,906株	29年3月期	57,044,226株

（参考）個別業績の概要
平成30年3月期の個別業績（平成29年4月1日～平成30年3月31日）
（1）個別経営成績　　　　　　　　　　　　　　　　　　　　　　　（％表示は対前期増減率）

	売上高		営業利益		経常利益		当期純利益	
	百万円	％	百万円	％	百万円	％	百万円	％
30年3月期	135,893	12.8	11,481	38.0	20,021	33.3	14,893	47.9
29年3月期	120,516	4.7	8,320	1.6	15,017	15.4	10,070	4.9

	1株当たり当期純利益	潜在株式調整後1株当たり当期純利益
	円 銭	円 銭
30年3月期	261.09	－
29年3月期	176.54	－

（2）個別財政状態

	総資産	純資産	自己資本比率	1株当たり純資産
	百万円	百万円	％	円 銭
30年3月期	148,351	103,522	69.8	1,814.80
29年3月期	132,775	93,676	70.6	1,642.17

（参考）自己資本　　30年3月期　103,522百万円　　29年3月期　93,676百万円

※ 決算短信は公認会計士又は監査法人の監査の対象外です

※ 業績予想の適切な利用に関する説明、その他特記事項
　　本資料に記載されている業績見通し等の将来に関する記述は、当社が発表日現在入手している情報及び合理的であると判断する一定の前提に基づいており、当社としてその実現を約束する趣旨のものではありません。実際の業績等は経済情勢の変動等に伴うリスクや様々な不確定要因により大きく異なる可能性があります。業績予想の前提となる仮定等については、「1．経営成績・財政状態に関する分析（1）経営成績に関する分析」をご覧ください。

［出所］　コーセー決算短信（2018年3月期）より。

　業績予想の分析では，実績値同様，売上高比率や前年比，赤字の有無などの他，修正前の予想との差などを確認します。**図表3-9**はコーセーの決算短信の表紙を示しています。1ページ目の一番下に記載されている「平成31年3月期の連結業績予想」が，会社が公表する業績予想です。これを見ると，通期の予想は売上高，営業利益，経常利益，親会社株主に帰属する当期純利益ともに前年比はプラスであり，引き続き業績が好調であることがわかります。しかし，前年比はそれぞれ6.5％，7.4％，8.0％，5.5％であり，2018年3月期の13.7％，23.6％，22.6％，41.3％と比べると成長が鈍化する予想になっています。

コーセーの好業績はストップするのでしょうか。

　こうした企業の業績に関する企業の予想では，楽観的な予想を公表する企業もあれば，控えめな予想を公表する企業もあります。このようなことから，会社の予想を鵜呑みにせず，独自に分析する能力を身に着けたいものです。

　なお，企業の業績予想の確からしさを確かめる一例として，過去の予想と実績の乖離を分析する方法があります。**図表3-10** に示すように，コーセーは2018年3月期について中間決算発表時（2Q決算時）に業績予想を上方に修正しています。そして，2018年3月期の実績は修正後の予想をさらに上回るものでありました。このことより，2018年3月期の業績は会社の予想を上回るものだったのかもしれません。あるいは，コーセーはもともと控えめに業績予想を公表する企業なのかもしれません。

　企業による業績予想の公表は投資家やアナリストの"期待"を左右します。そのため，大幅な修正は株式市場に少なからず影響し，大幅な予想の上方修正に対しては株価が大きく上昇し，大幅な予想の下方修正に対しては大きく株価は下落する可能性が高くなります。このようなことから，業績予想は過度に楽観的もしくは悲観的なバイアスがないほうが望ましく，大きな修正もないほうが良いといえます。

図表3-10　コーセーの会社予想推移

予想公表日	2017年3月期 (実績)	2018年3月期				
		2017/4/28 (期初予想)	2017/7/31 (1Q決算時)	2017/10/31 (2Q決算時)	2018/1/31 (3Q決算時)	2018/4/28 (実績)
売上高	266,762	282,000 (5.7%)	282,000 (5.7%)	300,000 (12.5%)	300,000 (12.5%)	303,399 (13.7%)
営業利益	39,160	41,500 (6.0%)	41,500 (6.0%)	46,000 (17.5%)	46,000 (17.5%)	48,408 (23.6%)
経常利益	39,564	41,900 (5.9%)	41,900 (5.9%)	46,700 (18.0%)	46,700 (18.0%)	48,508 (22.6%)
親会社株主に帰属する当期純利益	21,657	23,800 (9.9%)	23,800 (9.9%)	27,100 (25.1%)	27,100 (25.1%)	30,611 (41.3%)
1株当たり当期純利益	379.66	417.22 (9.9%)	417.22 (9.9%)	475.07 (25.1%)	475.07 (25.1%)	536.63 (41.3%)

［出所］　コーセー決算短信より作成。単位：1株当たり当期純利益は円，それ以外は百万円。（　）は前年比。1Q，2Q…は第1四半期，第2四半期を表す。

第3節　損益計算書の数値を用いた株式評価

1　PERの計算

　損益計算書について一通りの分析ができたので，ここからは損益計算書を用いた株式評価の手法について説明します。PER（price earnings ratio；株価収益率）は，株価が利益の何倍で評価されているかを表した指標です。PERの値が高いほど株価が割高に評価されていることを示します。PERは以下の式により計算されます。

$$\text{PER} = \frac{\text{株式時価総額}}{\text{親会社株主に帰属する当期純利益}}$$

$$= \frac{\text{株式時価総額} \div \text{発行済株式数}}{\text{親会社株主に帰属する当期純利益} \div \text{発行済株式数}}$$

$$= \frac{\text{株価}}{EPS\,（1\text{株当たり当期純利益}）}$$

　株式時価総額と親会社株主に帰属する当期純利益はそれぞれ発行済株式数で割ると，株価とEPS（earnings per share；1株当たり当期純利益）になるので，株価を1株当たり当期純利益で割ってもPERを計算できます。なお，EPSは1株当たり当期純利益といわれますが，分子の利益には親会社株主に帰属する当期純利益を使用します。また，分母の発行済株式数は期中平均株式数を使います。式は以下のとおりです。

$$\text{EPS（1株当たり当期純利益）} = \frac{\text{親会社株主に帰属する当期純利益}}{\text{期中平均発行済株式数（自己株式除く）}}$$

　PERによる評価では，親会社株主に帰属する当期純利益とEPSは予想値を用いるのが一般的です。**図表3-9**より，コーセーの2019年3月期の親会社株主に帰属する当期純利益の予想値は32,300百万円，期中平均株式数は57,043,906株なので，これをもとにEPSを計算すると以下のとおりです。

$$\mathrm{EPS} = \frac{32{,}300}{57{,}043{,}906 \div 1{,}000{,}000} = 566.23\ (円)$$

なお，決算短信の表紙にはEPSの予想値が記載されているので，これを用いることもできます。また，EPSは売上や利益と並んで重要な指標であることから，Yahoo Financeや日本経済新聞社のホームページなどでも入手が可能です。

このEPSをもとにコーセーのPERを計算します。決算を発表した2018年4月末の株価が20,250円，EPSの予想値が566.23円なので，PERは以下のとおりです。

$$\mathrm{PER} = \frac{20{,}250}{566.23} = 35.8\ (倍)$$

2　PERの分析手法

PERには理想値といったものはなく，同業他社や業界平均との比較により株価が割安に評価されているか割高に評価されているかを判断します。第2章の**図表2-17**に示した日本取引所グループのデータではコーセーが所属する化学業界の平均PERは2018年4月時点で19.2倍であり，これに対してコーセーのPERは35.8倍とかなり高く評価されています。この理由には，これまで見てきた収益性の改善や利益成長などに加え，今後の業績に対する投資家の期待があると考えられます。

また，**図表2-17**からもわかるように，PERは産業ごとに数値がかなり異なります。一般的に高い成長率が期待される産業では高い傾向がありますが，業種によっては常に低いところもあり，成長のみで決まるわけではありません。加えて，利益が十分に出ていない企業ではPERが異常に高くなっている場合もあり，これをもとに評価を行うと正しい判断ができなくなります。

なお，PERによる評価ではEPSには予想値を利用すると前述しましたが，**図表2-17**の日本取引所グループの集計は，EPSの実績値を用いています。もし，予想値に基づく業界ごとのPERの平均値が必要であれば，業界全部の企

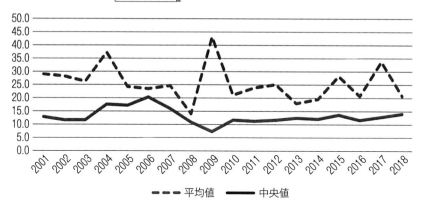

図表3-11 日本企業のPERの推移

[出所] QUICK Workstation Astra Manager より作成。日本の上場企業のうち金融・債務超過の企業を除く3月決算企業（44,256企業年）について分析。PER は各年の3月末時点の値を参照（実績ベース）。単位：倍。

業について予想値に基づく PER を求め，その平均を計算します。しかし，業種によっては所属する企業が100社を超えるため，その場合は事業内容や企業規模が近い会社を複数社抽出して PER を求め，その平均を用いることも可能です。

また，評価に用いられる業界平均や同業他社の平均はその時々で変化しているため，評価を行う際は最新の情報を用いて評価を行います。**図表3-11**は2001年から2018年までの日本企業の PER の推移です。これからも，PER は年によってかなりばらつきがあることがわかります。2009年のような不況期には企業の利益が大幅に低下することから評価に PER を適用できないこともあり，こうした時は中央値を使うなど状況に応じた判断が必要な場合もあります。

なお，世界各国の2018年3月末の PER（EPS は予想値を利用）は，米国が17.34倍，英国が13.65倍，フランスが15.84倍，ドイツが14.2倍，カナダが15.22倍，中国が16.51倍，日本が13.85倍です（出所：FACTSET。集計方法などの違いから日本に関しては**図表3-11**の結果とは完全に一致しない）。PBR による評価と同様，世界の主要国と比較すると日本企業の評価は低いことがわかります。

■練習問題：ライオンの損益計算書分析

ライオンについて，以下の問いに答えましょう。
1．損益計算書の分析
   ① 2017年12月期の営業利益の成長率（前年比）を計算しましょう。
   ② 2017年12月期の営業利益率（売上高比率）を計算しましょう。
   ③ 営業利益までの売上高比率（売上原価や販売費及び一般管理費の比率，営業利益率など）を見た場合，ライオンとコーセーではどのような違いがありますか。
2．PERによる株価評価
   ① ライオンの2018年4月末のPERを計算しましょう。なお，ライオンの2018年4月末の株価は2,362円です。
   ② 株式市場からより高く評価されているのはライオンとコーセーのどちらですか。理由とともに考えてみましょう。

第4章

キャッシュフロー計算書の分析

> **本章の内容**
> 第4章では，企業の分析・評価に必要となるキャッシュフロー計算書の基礎についてヤクルト本社のキャッシュフロー計算書を用いながら説明します。
>
> **本章のゴール**
> キャッシュフロー計算書から企業の大まかな特徴を把握できるようになる。

第1節　キャッシュフロー計算書の分析に必要な知識

1　キャッシュフロー計算書が扱う現金の範囲やその用途

　キャッシュフロー計算書（cash flow statement）は，一定期間の現金の出入りを示した財務諸表です。キャッシュフロー計算書が対象とする現金の範囲は，「現金」及び「現金同等物」です。現金は紙幣・硬貨，普通預金，当座預金を指し，現金同等物は容易に換金でき，期限が3か月以内で，価格変動がほとんどないリスクの小さい資産（3か月以内の定期預金，債券，コマーシャルペーパーなど）を指します。

　キャッシュフロー計算書の用途としては，主に以下3点が挙げられます。第1に資金繰りの評価に使われます。利益が計上されているにも関わらず，手元に現金がないことから借入金の返済ができず倒産する黒字倒産の可能性などを見極めることができます。第2に利益の質の評価に用いられます。ここでは，損益計算書上の利益とキャッシュフロー計算書上のキャッシュフローを突合す

ることにより，利益に現金の裏付けがあるかを確認します。第３に企業価値の評価に使われます。一部の企業評価モデルでは企業が生み出す将来のキャッシュフローの情報を利用することがあります。

2　キャッシュフロー計算書の基本構造

キャッシュフロー計算書は，**図表 4 - 1** に示すように企業活動に伴う現金などの「資金」の流れを「営業活動」，「投資活動」，「財務活動」の３つの区分に分けて表示します。第１の区分である営業活動によるキャッシュフローでは，本業に関わる現金の出入りを示しており，営業活動によるキャッシュフローの合計額は本業から生み出されたキャッシュを表します。営業活動によるキャッシュフローは多いほど良いとされ，減少傾向もしくはマイナス（赤字）の状態が続いているようであれば注意が必要です。

第２の区分である投資活動によるキャッシュフローは，企業の投資活動に関する現金の出入りを示しています。投資活動によるキャッシュフローは，企業が事業活動を継続するには毎期一定の投資が必要となるため通常マイナスとなります。投資規模が大きければ大きいほど投資活動によるキャッシュフローはマイナスになりますが，金額そのものよりも営業活動によるキャッシュフローとのバランスや過去からのトレンドが重要です。常に営業活動によるキャッシュフローよりも大きな金額を投資活動によるキャッシュフローで計上していると，資金不足となる恐れがあります。このようなことから，必要な投資を本業から得られたキャッシュフローの中から行っているか，借入れにより行っているかについても確認します。なお，資産リストラを行っている企業では投資活動によるキャッシュフローがプラスとなることもあります。

第３の区分である財務活動によるキャッシュフローは，企業の資金調達活動や株主還元に関する現金の出入りを示しています。財務活動によるキャッシュフローは，積極的に資金調達を行う企業ではプラスになります。一方，負債の返済など債務削減に取り組む企業や，資金調達を必要とせず配当や自社株買いで株主還元に注力している企業では財務活動によるキャッシュフローはマイナスとなります。

キャッシュフロー計算書では，営業・投資・財務の各段階で望ましい状態は

ありますが，各段階のバランスを確認することが大事です。一般的には営業キャッシュフロー内で必要な投資を行い，残ったキャッシュフローを配当や借入金返済に充てるのが理想的といわれています。また，単年度では一時的な資金調達や設備投資などの影響を受けるため，複数年度分析し傾向をとらえる必要もあります。

なお，営業活動によるキャッシュフローの表記法には直接法と間接法がありますが，直接法を採用する企業は少ないことから，ここでは間接法のキャッシュフロー計算書について説明を行います。

図表4-1 キャッシュフロー計算書の概要

	内容	分析のポイント
営業活動によるキャッシュフロー	本業に関わる現金の出入りを示す	多いほど良い 減少傾向もしくはマイナス（赤字）の傾向が続いている企業は危険な状態
投資活動によるキャッシュフロー	企業の投資活動に関する現金の出入りを示す	通常マイナス 投資が多い企業ほどマイナスになる金額より営業CFとのバランスが重要
財務活動によるキャッシュフロー	企業の資金調達活動や株主還元に関する現金の出入りを示す	積極的に資金調達を行う企業ではプラス，負債の返済など債務削減に取り組む企業ではマイナス

図表4-2はヤクルト本社のキャッシュフロー計算書です。ヤクルト本社は，ヤクルトをはじめとする飲料の製造販売を行っており，東証33業種分類では食品に分類されます。売上高の約4割が海外となっており，特にアジア・オセアニア地域での成長が顕著です。

2018年3月期（当連結会計年度）で項目と数字を確認すると，営業活動によるキャッシュフローは61,989百万円，投資活動によるキャッシュフローは△30,285百万円，財務活動によるキャッシュフローは△21,969百万円です。ちなみに，2017年3月期はそれぞれ59,998百万円，△44,986百万円，△13,749百万円です。営業活動によるキャッシュフローは2期連続黒字で，かつ増加していることから，本業に係るキャッシュフローは順調に推移しています。投資

図表4-2　ヤクルト本社のキャッシュフロー計算書

(4) 連結キャッシュ・フロー計算書

(単位：百万円)

	前連結会計年度 (自 平成28年4月1日 至 平成29年3月31日)	当連結会計年度 (自 平成29年4月1日 至 平成30年3月31日)
営業活動によるキャッシュ・フロー		
税金等調整前当期純利益	48,681	53,481
減価償却費	22,660	21,532
減損損失	176	12
引当金の増減額	296	101
退職給付に係る負債の増減額（△は減少）	△1,939	△1,706
受取利息及び受取配当金	△4,585	△5,812
支払利息	708	652
持分法による投資損益（△は益）	△4,442	△3,883
固定資産売却損益（△は益）	97	217
投資有価証券評価損益（△は益）	373	―
その他の損益（△は益）	2,033	1,939
売上債権の増減額（△は増加）	551	△1,499
たな卸資産の増減額（△は増加）	△958	389
仕入債務の増減額（△は減少）	813	4,679
その他の資産・負債の増減額	1,912	△746
小計	66,377	69,358
利息及び配当金の受取額	5,517	7,220
利息の支払額	△703	△648
法人税等の支払額	△11,856	△14,331
法人税等の還付額	663	391
営業活動によるキャッシュ・フロー	59,998	61,989
投資活動によるキャッシュ・フロー		
定期預金の預入による支出	△55,466	△63,711
定期預金の払戻による収入	36,976	55,970
固定資産の取得による支出	△24,772	△22,332
固定資産の売却による収入	605	269
投資有価証券の取得による支出	△1,635	△1,143
投資有価証券の売却による収入	62	1,800
その他	△756	△1,138
投資活動によるキャッシュ・フロー	△44,986	△30,285
財務活動によるキャッシュ・フロー		
短期借入金の純増減額（△は減少）	5,782	668
長期借入れによる収入	―	30,000
長期借入金の返済による支出	△8,465	△5,644
リース債務の返済による支出	△2,723	△2,421
自己株式の取得による支出	△2	△36,005
自己株式の売却による収入	549	
連結の範囲の変更を伴わない子会社株式の取得による支出	△62	△1,183
非支配株主からの払込みによる収入	176	
配当金の支払額	△6,766	△5,450
非支配株主への配当金の支払額	△2,235	△1,932
財務活動によるキャッシュ・フロー	△13,749	△21,969
現金及び現金同等物に係る換算差額	△7,931	1,070
現金及び現金同等物の増減額（△は減少）	△6,668	10,805
現金及び現金同等物の期首残高	101,799	95,130
現金及び現金同等物の期末残高	95,130	105,936

［出所］ヤクルト本社決算短信（2018年3月期）より。

活動によるキャッシュフローは2期連続でマイナスであり，何らかの投資を行っていることがわかります。財務活動によるキャッシュフローはマイナスであり，負債の返済や株主還元に取り組んでいると推測できます。

3　営業活動によるキャッシュフロー

　営業活動によるキャッシュフローの区分では，損益計算書の税引前当期純利益からスタートし，損益計算書では費用として認識しているものの，実際は現金の流出入を伴っていない項目について調整を加えていきます。

　図表4-3に示すように，キャッシュフロー計算書で最初に記載される項目は税金等調整前当期純利益です。ここに，①非支出の費用を加算し，②非収入の収益を控除し，③金融収益・費用を除去し，④運転資本の増減を調整し，小計を求めます。

　①非支出の費用の加算では，損益計算書上，費用として控除されているものの，実際に現金は支出していない項目を足し戻します。たとえば，有形固定資産は購入した時点で現金の支払いが行われますが，減価償却費を計上した時点で現金の支出はありません。そのため，減価償却費を税金等調整前当期純利益に足し戻します。

　これとは逆に，②非収入の収益の控除では，損益計算書上，収益として加算されているものの，現金の収入になっていない項目を控除します。固定資産売却益や持ち分法による投資利益などがこれに該当します。③の金融収益・費用の除去では，金融活動を含まない営業活動の成果を求めるため，受取利息・配当金，支払利息などをそれぞれ減算・加算します。損益計算書の利益額は発生主義によるものであるため，キャッシュフロー計算書では受取利息・配当金，支払利息を一度除去して小計を求め，小計の後で現金主義に基づいて受取利息・配当金や支払利息を計上します。

　さらに，④の運転資本の増減の調整では，運転資本の増減を加味します。売上債権や棚卸資産の増加は，運転資本へ資金が投下されたことを意味するのでキャッシュフローの減少につながります。一方，仕入債務が増加した場合，その分だけキャッシュフローは増加します。このように，税金等調整前当期純利益からはじまり，実際に現金が動いていない項目について調整を加えることで営業活動によるキャッシュフローの小計が求められます。

　小計の次にある⑤金融収支・支出の計上では，受取利息・受取配当金の収入額を加算し，支払利息の支出額を控除します。その上で，⑥税金支出の控除で

図表4-3　営業活動によるキャッシュフロー

	調整内容	具体的項目
損益計算書の税金等調整前当期純利益		
＋①非支出の費用の加算	PL上費用として減額されているものの、現金は流出していない項目を足し戻す	・減価償却費 ・引当金増減額
－②非収入の収益の控除	PL上収益として加算されたが、現金の収入にはなっていない項目の減算	・持分法による投資損益 ・固定資産売却損益
±③金融収益・費用の除去	金融費用を除去することで金融活動を含まない営業活動の収支を小計で算出する	・受取利息及び配当金 ・支払利息
±④運転資本の増減の調整	運転資本の増減を加味する	・売上債権／棚卸資産／仕入債務の増減額
小　計		
±⑤金融収支・支出の計上	受取利息・受取配当金の収入額を加算し、支払利息の支出額を控除	・利息及び配当金の受取額／利息の支払い額
－⑥税金支出の控除	法人税・住民税・事業税を控除する	・法人税等の支払額
営業活動によるキャッシュフロー		

法人税・住民税・事業税を控除し、営業活動によるキャッシュフローが求められます。なお、⑤の利息・配当金の受取額は投資活動、利息の支払額は財務活動によるキャッシュフローの区分に表示されることも認められています。

図表4-2に示したヤクルト本社の営業活動によるキャッシュフローも、税金等調整前当期利益からはじまっています。①の非支出の費用の加算では減価償却費、引当金の増加額などがあり、②の非収入の収益の控除では固定資産売却損益などがあります。③の金融収益・費用の除去では受取利息及び受取配当金などがあり、④の運転資本の増減の調整では仕入債務の増減額などの項目があります。これらの合計からなる小計に、⑤の金融収支・支出の計上に分類される利息及び配当金の受取額などを加味し、⑥の税金支出の控除にあたる法人税等の支払額などを考慮して営業活動によるキャッシュフローが求められます。

金額の大きなものには税金等調整前当期純利益があります。通常，事業が好調であれば利益を多く計上できるため，営業活動によるキャッシュフローも大きくなります。また，2018年3月期（当連結会計年度）に関しては仕入債務の増加も多くなっています。なお，受取利息及び受取配当金の金額は小計までの段階では大きいですが小計以下で足し戻されており，その差額も大きくないためここでは特に気にしなくてよいと考えます。

4　投資活動によるキャッシュフロー

投資活動によるキャッシュフローは，**図表4-4**に示すようにさらに「設備投資」，「証券投資」，「融資」の区分に分けられます。設備投資は多くの企業で見られる項目で，土地や建物，設備等の取得や売却を行った際に記載があります。土地や建物，設備等の取得を行った際は有形固定資産の取得，売却を行った際は有形固定資産の売却による収入と記載されます。

証券投資は，有価証券の売却や購入を行った場合に記載があります。新たに投資を行った際は，投資有価証券の取得による支出，売却を行った際は投資有価証券の売却による収入となります。融資は，定期預金の預け入れや解約に伴い記載されるもので，新たに定期預金を預け入れた場合は定期預金の預け入れによる支出，解約した場合は定期預金の払戻しによる収入となります。これらを合計したものが，投資活動によるキャッシュフローとなります。

図表4-4　投資活動によるキャッシュフロー

	調整内容	具体的項目
設備投資	－ 設備投資のための支出（支出） ＋ 設備等の売却（収入）	・有形固定資産の取得による支出／有形固定資産の売却による収入
証券投資	－ 有価証券の取得（支出） ＋ 有価証券の売却（収入）	・投資有価証券の取得による支出／投資有価証券の売却による収入
融資	－ 預金の預け入れ，貸付けの実施（支出） ＋ 預金の解約，貸付の回収（収入）	・定期預金の預入れによる支出／定期預金の払戻しによる収入
投資活動によるキャッシュフロー		

図表4-2でヤクルト本社の投資活動によるキャッシュフローを見ると，設備投資にあたるものとして，固定資産の取得による支出と売却による収入が記載されています。証券投資に該当するのが，投資有価証券の取得による支出と売却による収入です。融資にあたるものが定期預金の預入による支出と払戻による収入です。

投資活動によるキャッシュフローの金額が過去の水準に比べて大きくなっている場合，設備投資を積極的に行っていることから将来への成長の期待が高まります。しかし，ヤクルト本社の2018年3月期（当連結会計年度）について確認すると，定期預金の預入による支出が63,711百万円と大きく，事業への投資にあたる有形固定資産投資22,332百万円を上回っています。これより，投資活動によるキャッシュフローはマイナスで投資を行っていることが確認できるものの，その全てが事業への投資に向けられているわけではないことがわかります。

5　財務活動によるキャッシュフロー

財務活動によるキャッシュフローは，**図表4-5**に示すようにさらに「借入金」，「社債」，「株式」の区分に分けられます。借入金は銀行から借入れを行ったり返済をしたりした場合に記載があります。社債は，社債の発行や償還を行った際に記載があります。融資は，配当の支払いや自己株式の取得を行った場合に記載があります。また，借入金や社債に比べると頻度は低いですが，新株発行を行った際は株式の区分に株式発行による収入が記載されます。そして，これらを合計したものが財務活動によるキャッシュフローとなります。

図表4-2でヤクルト本社の財務活動によるキャッシュフローを見ると，借入金にあたるものとして，短期借入金の純増減額や長期借入れによる収入，長期借入金の返済による支出があります。社債はありません。株式では，自己株式の取得による支出や売却による収入，配当金の支払額などがあります。2018年3月期（当連結会計年度）の場合，金額の大きなものとしては，長期借入れによる収入30,000百万円，自己株式の取得による支出36,005百万円などがあります。前期は長期借入金による収入も，自己株式の取得による支出もなかったので，2018年3月期は長期借入金30,000百万円で自己株式の取得の資金を

図表4-5　財務活動によるキャッシュフロー

	調整内容	具体的項目
借入金	＋ 新規借入れの収入（収入） − 返済による支出（支出）	・長期借入れによる収入 ・長期借入金の返済による支出
社　債	＋ 新規発行による収入（収入） − 償還による支出（支出）	・社債の発行による収入 ・社債の償還による支出
株　式	＋ 新株発行による収入（収入） − 配当金の支払い，自己株式の取得（支出）	・自己株式の取得による支出 ・配当金の支払額

財務活動によるキャッシュフロー

調達したと考えられます。

　図表4-6に示すように，営業活動によるキャッシュフロー，投資活動によるキャッシュフロー，財務活動によるキャッシュフローを加えて，現金及び現金同等物に係る換算差額を加えたものが，当期の現金及び現金同等物の増減額です。これに現金及び現金同等物の期首残高を加えたものが，当期の現金及び現金同等物の期末残高となります。この金額は貸借対照表の現金及び預金に対応していますが，貸借対照表の現金及び預金とキャッシュフロー計算書の現金及び現金同等物には定義にずれがあるため完全には一致しません。

図表4-6　キャッシュフロー計算書の現金及び現金同等物の期末残高の計算

営業活動	①	±営業活動によるキャッシュフロー
投資活動	②	±投資活動によるキャッシュフロー
財務活動	③	±財務活動によるキャッシュフロー
	④	±現金及び現金同等物に係る換算差額
	⑤	±現金及び現金同等物の増減額（①＋②＋③＋④）
	⑥	＋現金及び現金同等物の期首残高
	⑦	現金及び現金同等物の期末残高（⑤＋⑥）

figure 4-2 のヤクルト本社のキャッシュフロー計算書で 2018 年 3 月期（当連結会計年度）の数字をもとに確認すると，営業活動によるキャッシュフローは 61,989 百万円，投資活動によるキャッシュフローは△30,285 百万円，財務活動によるキャッシュフローは△21,969 百万円であり，これに現金及び現金同等物に係る換算差額 1,070 百万円を加えたものが，現金及び現金同等物の増減額 10,805 百万円です。現金及び現金同等物の増減額がプラスであることから，2018 年 3 月期は現金が増加したことがわかります。

そして，これに現金及び現金同等物の期首残高 95,130 百万円を加えたものが，現金及び現金同等物の期末残高 105,936 百万円です。なお，2018 年 3 月期（当連結会計年度）の現金及び現金同等物の期首残高 95,130 百万円と 2017 年 3 月期（前連結会計年度）の現金及び現金同等物の期末残高 95,130 百万円は一致しています。

6　フリーキャッシュフロー

フリーキャッシュフロー（free cash flow）は，企業が売上収入から全ての必要な支出（投資を含む）を済ませた後に，自由に使える金額として手元に残る資金です。フリーキャッシュフローは，以下に示すようにキャッシュフロー計算書の営業活動によるキャッシュフローと投資活動によるキャッシュフローの合計により求められます。

フリーキャッシュフロー
＝営業活動によるキャッシュフロー＋投資活動によるキャッシュフロー

フリーキャッシュフローは，多いほど負債返済や株主還元への自由度が高まります。大規模な投資を行った際は一時的に赤字になることがありますが，継続的に赤字が続くようであれば注意が必要です。なお，フリーキャッシュフローには複数の計算式があり，キャッシュフローを用いた企業評価モデルを利用する際などはより精緻な計算が必要となります。

figure 4-2 のヤクルト本社のキャッシュフロー計算書をもとに，フリーキャッシュフローを計算してみましょう。2018 年 3 月期（当連結会計年度）の営業活動によるキャッシュフローは 61,989 百万円，投資活動によるキャッシュ

フローは△30,285百万円なので，この合計31,704百万円がフリーキャッシュフローです。2017年3月期（前連結会計年度）も同様に計算すると，フリーキャッシュフローは15,012百万円となります。前期からフリーキャッシュフローは倍になっているので，企業が負債返済や株主還元などに使えるキャッシュは大幅に増えていることがわかります。

第2節　キャッシュフロー計算書の分析の方法

1　まずはキャッシュフロー計算書の大まかな特徴を押さえる

　キャッシュフロー計算書に関しても，貸借対照表や損益計算書と同様，企業や業界によってその特長は異なります。そのため，まずはキャッシュフロー計算書の大まかな特徴をとらえます。以下では，営業活動によるキャッシュフローを営業CF，投資活動によるキャッシュフローを投資CF，財務活動によるキャッシュフローを財務CFと表記し説明を行います。

　図表4-7のAでは，営業CFに着目しています。先にも述べたように，営業CFは本業から生み出されたキャッシュを示すため，金額が大きいほど本業が好調であることを意味します。逆に，営業CFが少なかったりマイナスであったりする場合は，本業からキャッシュを創出できていないことを意味します。よって，左側のパターンは本業が好調な企業であり，右側のパターンは本業が不振な企業を表しています。

　図表4-7のBでは，投資CFに着目しています。左側は投資CFの金額が大きくなっており，これは積極的に設備投資を行っているパターンです。一方，右側は投資CFが小さく，設備投資はそれほど行っていないパターンです。

　図表4-7のCでは，財務CFに着目しています。左側のパターンは財務活動によるキャッシュフローの符号がプラスであり，資金調達を行っていると推測されます。一方，右側のパターンは財務CFの符号がマイナスであり，負債の返済もしくは株主還元に積極的に取り組んでいることがわかります。

　図表4-7のDでは，フリーキャッシュフローに着目しています。左側のパターンは投資CFが営業CFの範囲に収まっており，フリーキャッシュフロー

図表4-7　キャッシュフロー計算書の大まかな特長を押さえる

Ⓐ　営業活動によるキャッシュフローが多い会社と少ない会社

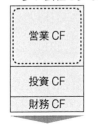

本業が儲かっている　　本業で稼げない

Ⓑ　設備投資が多い会社と少ない会社

設備投資が多い　　設備投資が少ない

Ⓒ　財務活動によるキャッシュフローがプラスの会社とマイナスの会社

資金調達を　　　　株主還元を行っている
行っている　　　　負債の返済を行っている

Ⓓ　フリーキャッシュフロー(FCF)がプラスの会社とマイナスの会社

FCFがプラス　　　　FCFがマイナス
自由に使えるお金が多い　自由に使えるお金がない

がプラスで負債返済や配当などに使える資金が多いことを意味します。一方，右側のパターンは投資CFが営業CFを上回っており，フリーキャッシュフローがマイナスで負債返済や株主還元を行う資金的余裕は小さいことがわかります。

　詳細を確認すると最初に行った大まかなイメージとは異なることもありますが，まずはこのように大まかなイメージを持ってから詳細な分析を行うと，全体像を見失わずにキャッシュフローの分析ができます。

　ちなみに，ヤクルト本社は営業CFがしっかり出ているので本業は順調です。また，投資CFも営業CFの半分くらいあり，将来に向けて投資を行っていると考えられます。しかし，投資CFについては前述したように定期預金への預け入れもあり，投資CFの全てが事業へ投資されているわけではない点には注意が必要です。財務CFについてはマイナスであることから負債の返済や株主還

元を行っていることがわかります。加えて、フリーキャッシュフローがプラスであることから負債返済や株主還元を行う資金的余裕があると考えられます。

2　キャッシュフローのパターンを分析する

　キャッシュフロー計算書の数字は金額の変動が激しいだけでなく、符号がプラスになったりマイナスになったりします。そのため、貸借対照表や損益計算書のように前年比や構成比を計算する分析手法はなじみません。そこで、まずは営業CF、投資CF、財務CFの符号がプラスかマイナスかを確認することで、キャッシュフローのパターンを特定します。

　キャッシュフローの符号は各段階でプラスかマイナスの2通りなので、2×2×2で8パターンの符号の組み合わせが考えられます。これを示したものが**図表4-8**です。営業CFがプラスの①〜④は、本業が順調に推移している企業で、営業CFがマイナスの⑤〜⑧は本業が不調な企業を表します。

　たとえば、③は営業CFがプラス、投資CFがマイナス、財務CFがプラスになっています。これは、本業が順調で、資金調達をしながら投資を行っているパターンです。本業の資金のみならず外部資金調達を交えながら投資をしているので投資に勢いがあり、投資が成功するならば今後の成長も期待できそうです。

　一方、④は営業CFがプラス、投資CFがマイナス、財務CFがマイナスとなっています。これは本業で稼ぎ、投資を行って、資金を返済しており、大規模な設備投資が一段落している安定成熟企業に多いパターンです。今後の成長は③のパターンよりも緩やかですが、その分安定したキャッシュフローが望めます。なお、このような安定成長企業では返済すべき負債もないこともあり、配当などの株主還元で財務CFがマイナスとなっていることも少なくありません。

　②は営業CFがプラス、投資CFがプラス、財務CFがマイナスとなっています。これは本業で稼ぎつつ、資産売却もしてキャッシュフローを得て、負債を返済もしくは株主還元をしているパターンです。すでに成長期を終え、不要な資産のリストラをし、負債を返済するという事業縮小の動きに入っていると考えられます。

図表4-8 キャッシュフロー計算書の大まかな分析

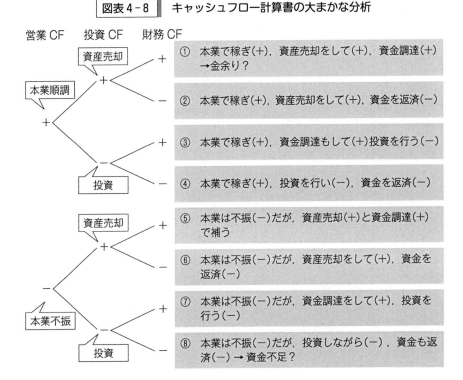

　①は営業CFがプラス，投資CFがプラス，財務CFがプラスとなっています。これは本業で稼ぎ，資産売却をして，資金調達をしているので，このままいくと金余りの状態になります。しかし，将来のM&Aに備えて現金を準備しているなどの事情もあるかもしれないので，イレギュラーなパターンが見られた際は注意して今後の動向を見守ります。なお，ここでは符号しか見ていないので，何かおかしいと思ったときは各キャッシュフローの内訳を確認します。

　本業が停滞している企業についても見てみましょう。⑤は営業CFがマイナス，投資CFがプラス，財務CFがプラスで，本業は不振であるものの，資産売却と資金調達で本業の不振を補っているパターンです。⑥は営業CFがマイナス，投資CFがプラス，財務CFがマイナスであり，本業は不振であるものの資産売却をして負債の返済もしくは株主還元を行っているパターンです。

　⑦は営業CFがマイナス，投資CFがマイナス，財務CFがプラスであり，

本業は不振であるものの投資が必要であることから，借入れをしながら投資をしていると推測されます。⑧は営業 CF がマイナス，投資 CF がマイナス，財務 CF がマイナスであり，本業が不振なのに投資もして負債も返済もしくは株主還元をしています。このような状態が続くと，資金不足になるため継続するようであれば注意が必要です。

キャッシュフロー計算書の内訳は企業により開示が異なるため，全体に大きな影響を与えない項目まできちんと分析しようとすると，かえって全体を見失うことにもなりかねません。そのため，こうした符号で大まかな特徴を知り，さらに金額の大きな項目や前年から大きく数字が動いた項目に着目するとよいでしょう。

図表 4-2 のヤクルト本社のキャッシュフロー計算書で，キャッシュフローのパターンを確認すると，営業 CF がプラス，投資 CF がマイナス，財務 CF がマイナスとなっています。本業は順調であり，投資をしながら，負債の返済もしくは株主還元を行っている④のパターンであることがわかります。これより，大規模な投資を必要とする時期を終え，安定成長期に入っていると推測できます。

3　キャッシュフローのパターンと企業の成熟度

米国ミシシッピ大学のヴィクトリア・ディキンソン教授は，2011 年に公表した論文（以下，Dickinson (2011)）の中で，営業・投資・財務活動によるキャッシュフローの符号をもとに，企業を Introduction, Growth, Mature, Shake-Out, Decline の 5 つのステージに分類しています。そして，1989 年から 2005 年までの NESE，AMEX，NASDAQ に上場する企業について調査したところ，各ステージの比率は Introduction が 11.89％，Growth が 33.95％，Mature が 41.18％，Shake-Out が 7.98％，Decline が 4.99％となりました。

日本企業について同様の分析を 2017 年のデータをもとに行ったものが**図表 4-9** です。日本の場合，導入期（Introduction）が 7.3％，成長期（Growth）が 19.2％，成熟期（Mature）が 56.8％，再編・淘汰（Shake-Out）が 13.0％，衰退期（Decline）が 3.8％となりました。前述の**図表 4-8** でいうと③の比率が最も高く，これより本業は順調で，投資も適度に行っているものの，資金需要がそ

れほどないため負債の返済や株主還元に充てているパターンが半数以上を占めることがわかります。

分析期間は異なりますが日米で比較すると，米国では導入期や成長期にある企業が46％程度であるのに対し，日本では26％程度となっています。また，成熟期にある企業は米国が41.18％であるのに対して日本は56.8％です。これより，日本では導入期や成長期の企業が少なく，成熟期の企業が多いことがわかります。グローバルに投資している投資家からすると，このように成熟企業が多く成長企業が少ない日本の市場は投資対象として魅力的に見えるのでしょうか。

図表4-2のヤクルト本社のキャッシュフロー計算書では，営業・投資・財務活動によるキャッシュフローの符号がそれぞれプラス，マイナス，マイナスとなっており，Dickinson（2011）の分類では成熟期（Mature）に該当します。

図表4-9　キャッシュフローのパターンと企業のライフサイクル

Dickinsonの分類	①導入期 Introduction	②成長期 Growth	③成熟期 Mature	④再編・淘汰 Shake-Out			⑦衰退期 Decline	
営業CF	−	＋	＋	−	＋	＋	−	−
投資CF	−	−	−	−	＋	＋	＋	＋
財務CF	＋	＋	−	−	＋	−	＋	−
日本企業の分布	248 (6.7%)	711 (19.2%)	2,192 (59.2%)	108 (2.9%)	28 (0.8%)	291 (7.9%)	59 (1.6%)	65 (1.8%)

導入期	成長期	成熟期	再編・淘汰	衰退期
・営業CFはまだ生じない ・設備投資により投資CFはマイナス ・財務CFは旺盛な資金需要でプラス	・利益・CFが増大し営業CFはプラス ・継続的な設備投資により投資CFはマイナス ・財務CFは旺盛な資金需要でプラス	・稼いだ営業CFから資金の返済が始まり，財務CFがマイナス	・利益が出づらくなり，営業CFがマイナスに転じる企業も ・資産売却が始まり，一部企業で投資CFがプラスに転じる	・収益は低下し営業CFはマイナスに ・設備が不要になり資産売却，投資CFはプラス ・負債返済など

[出所]　QUICK Workstation Astra Manager より作成。2017年度。金融を除く。営業・投資・財務キャッシュフローのデータが取得可能な3,646社について調査。日本企業の分布の単位：社。（　）内は全体に占める比率。

このまま再編・淘汰期に入るのか，まだ成熟企業としてキャッシュフローを生み出し続けるのかは，次に示す長期のキャッシュフロー分析で確認します。

4　長期のキャッシュフロー分析

キャッシュフローは，大きな投資があるときや大規模な資金調達をしたときなどに数字が大きく動くため，単年度だけではなく過去数年間のトレンドも確認する必要があります。**図表4-10**は，ヤクルト本社の過去5年間のキャッシュフローの推移を示しています。営業キャッシュフローはこの5年常に黒字であり，金額としては500～600億円程度で比較的安定しています。

投資キャッシュフローは多い年と少ない年がありますが，300～500億円程度で突出して高い年，低い年はありません。フリーキャッシュフローは2014年3月期と2013年3月期が赤字になっています。また，この期は財務活動によるキャッシュフローが黒字であり，フリーキャッシュフローの赤字を資金調達で補ったと推測されます。

この推測が正しいか否かを見極めるには，財務活動によるキャッシュフローの内訳を確認します。**図表4-11**は，2013年3月期から2015年3月期のヤクルト本社の財務活動によるキャッシュフローを示しています。これによると，2014年3月期は長期借入による収入が71,500百万円あり，資金調達を行っていることが確認できます。なお，この期は長期借入金の返済（40,710百万円）

図表4-10　ヤクルト本社のキャッシュフローの推移

決算期	2013年3月期	2014年3月期	2015年3月期	2016年3月期	2017年3月期	2018年3月期
①営業活動によるキャッシュフロー	42,887	48,579	55,407	62,149	59,998	61,989
②投資活動によるキャッシュフロー	△43,550	△49,945	△50,066	△37,438	△44,986	△30,285
フリーキャッシュフロー（①+②）	△663	△1,366	5,341	24,711	15,012	31,704
③財務活動によるキャッシュフロー	384	3,505	△1,634	△15,024	△13,749	△21,969

［出所］　ヤクルト本社決算短信より作成。単位：百万円。

図表4-11 ヤクルト本社の財務活動によるキャッシュフロー

	2013年3月期	2014年3月期	2015年3月期
短期借入金の純増減額（△は減少）	11,464	14,320	5,596
長期借入れによる収入	－	71,500	4,609
長期借入金の返済による支出	△660	△40,710	△2,938
リース債務の返済による支出	△3,722	△2,928	△2,804
自己株式の取得による支出	△6	△33,001	△8
自己株式の売却による収入	1,413	355	195
配当金の支払額	△3,873	△3,959	△4,042
少数株主への配当金の支払額	△4,229	△2,070	△2,242
財務活動によるキャッシュフロー	384	3,505	△1,634

［出所］ ヤクルト本社決算短信より作成。単位：百万円。

や自己株式の取得（33,001百万円）もあったため，他の期に比べて資金的な余裕がなかったと想像できます。一方，2015年3月期は2014年3月期ほど大きな借入金の返済や借入はなく，財務活動によるキャッシュフローがマイナスに転じています。

　ところで，**図表4-10**を見ると，過去2期連続でフリーキャッシュフローが赤字となっていることから，それ以前もキャッシュフローの状況は良くなかったのではないかという疑問がわいてきます。そこで，さらに過去までさかのぼってキャッシュフローの分析を行ったものが**図表4-12**です。まず着目すべき点は，営業活動によるキャッシュフローが一貫して黒字であり，近年増加傾向にある点です。また，投資活動によるキャッシュフローは一貫してマイナスであり，継続的に投資を行っていることがわかります。

　フリーキャッシュフローは18年中4年を除いて全て黒字です。これよりほとんどの期で稼いだ資金の中から投資を行えていることがわかります。先述した2013年3月期と2014年3月期のフリーキャッシュフローは赤字ですが，これには投資活動によるキャッシュフローが増加しはじめた時期にあたっているためです。それ以前は時々フリーキャッシュフローが赤字になることはあるものの，その悪い状況が続いたことはありません。

　近年は，本業から生み出されるキャッシュを示す営業活動によるキャッシュフローが増加する傾向にあり，投資活動によるキャッシュフローも増加から減

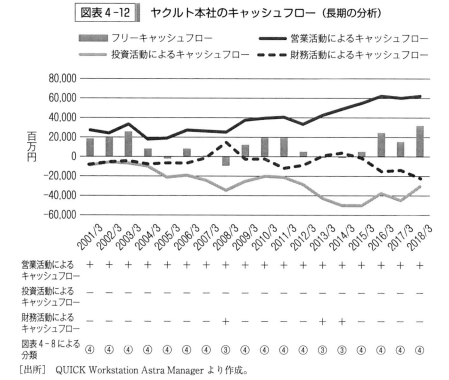

図表4-12 ヤクルト本社のキャッシュフロー（長期の分析）

[出所] QUICK Workstation Astra Manager より作成。

少に転じていることから，投資回収期に入っているように見えます。このような理由から，財務活動によるキャッシュフローで負債の返済や株主還元を増加させているのではないでしょうか。なお，ヤクルト本社の場合，過去に投資が増えフリーキャッシュフローが赤字になった期の後には営業活動によるキャッシュフローが増加する傾向があるのがわかります。これより，ヤクルト本社は投資を成功させキャッシュフローの創出につなげることができているといえます。

ちなみに，**図表4-8**の8つのパターンを当てはめると，ほとんどが④のパターンに分類されますが，まれに③のパターンが出てきます。Dickinson (2011) の分類でいうと，成熟期（Mature）に分類されながらも時々成長期（Growth）になることもあるという状況です。これより，時々成長期（Growth）のパターンで成長を加速させながら成熟期と成長期の間を行ったり来たりしていること

がわかります。

　このように，キャッシュフロー計算書の分析では営業・投資・財務の各キャッシュフローの符号やバランスを見るだけでも様々なことがわかります。さらに，過去からのトレンドを分析することで，投資や資金調達，株主還元の状況などにおける例年と異なる動きを発見することもできます。こうした動きがあった場合はその詳細を確認することで，例年と異なる動きを見せた理由なども明らかにすることができます。なお，長期の分析はキャッシュフロー計算書の章でのみ説明しましたが，貸借対照表や損益計算書でも必要に応じて行うとよいでしょう。

■**練習問題：キッコーマンのキャッシュフロー計算書分析**

　キッコーマンについて，以下の問いに答えましょう。
1．2017年3月期と2018年3月期の営業キャッシュフローからどのようなことがいえますか。
2．2017年3月期と2018年3月期の投資キャッシュフローからどのようなことがいえますか。さらに，2017年3月期は投資キャッシュフローがプラスになっています。投資キャッシュフローの内訳からこの理由について考えてみましょう。
3．フリーキャッシュフローの分析
　① 2017年3月期と2018年3月期のフリーキャッシュフローを計算しましょう。
　② 2017年3月期と2018年3月期のフリーキャッシュフローからどのようなことがいえますか。

第2部
財務比率の分析

第5章

財務比率の分析の概要

本章の内容

第5章では，財務比率の分析について，分析の視点や比較対象となる企業の選定方法について説明します。また，分析をはじめる前の注意点についても確認します。

本章のゴール

① 財務比率の分析を行うにあたり，適切な比較企業を選定できるようになる。
② 比較企業について，適切なデータを取得できるようになる。

第1節 財務比率の分析の視点

　第1部では，各財務諸表の概略と分析のポイントについて説明してきました。各財務諸表単体の分析だけでも様々なことがわかりますが，貸借対照表，損益計算書，キャッシュフロー計算書の数字を組み合わせた指標について分析することで，さらにいろいろな企業の特徴を明らかにすることができます。こうした財務諸表の様々な数字を組み合わせた指標の分析は財務比率の分析，レシオ分析など呼ばれています。

　財務比率の分析は**図表5-1**に示すように，収益性・効率性・安全性・成長性の4つの視点から行われます。収益性の分析は，企業が事業活動からどれくらい稼いでいるかを分析するもので，4つの視点の中でも重要度の高い分析です。この分析では，企業が投下した資本や稼いだ売上からどの程度の利益を稼いでいるかを明らかにします。効率性の分析では，資産をどの程度効率的に活

図表5-1　財務比率分析の4つの視点

分析の視点	分析の内容	該当する章
収益性の分析	・企業が事業活動からどれくらい稼いでいるかを分析 ・企業が投下した資本や稼いだ売上からどの程度の利益を稼いでいるかを明らかにする	第6章
効率性の分析	・資産をどの程度効率的に活用しているかを分析 ・企業が保有する資産に着目し，資産がどれくらい売上につながっているかなどを確認	第7章
安全性の分析	・財務の安全性が確保されているかを分析 ・倒産する可能性の有無を確認する分析と考えることができる	第8章
成長性の分析	・企業が過去からどの程度成長してきたかを分析 ・企業が今後どの程度成長しそうかを予想する分析の基礎になる分析	第9章

用しているかを分析します。この分析では企業が保有する資産に着目し，資産がどれくらい売上につながっているかなどについて分析します。

　安全性の分析では，財務の安全性が確保されているかを分析します。財務の安全性が低いと倒産するリスクが高まるので，安全性の分析は倒産する可能性の有無を確認する分析とも考えられます。成長性の分析は，企業が過去からどの程度成長してきたかを明らかにする分析です。また，この分析は企業が今後どの程度成長しそうかを予想する分析の基礎にもなります。

　分析者の目的により重視すべき視点は異なりますが，4つの視点はどれか1つが欠けると重要な事項を見逃す恐れがあるため，どれか1つの視点に興味がある場合でも4つの視点全てを分析するのが基本です。分析の視点を欠いたために起こりうる失敗例としては，収益性の高い企業に投資するために収益性の分析をしたものの成長性を分析せず，その結果売上が減少し利益が伸びなかった，成長戦略を策定するため成長性の分析はしたものの安全性の分析を怠り，結局資金繰りに行き詰まり倒産したなどが考えられます。

第2節　比較により企業の特徴を明らかにする

　財務比率の分析では，分析対象企業の財務比率を「目標値」や「過去のトレンド」，「同業他社の数値」と比較することで分析対象企業の特徴を明らかにしていきます。

1　目標値との比較

　目標値との比較では，分析対象企業の任意の指標について目標値や妥当とされる水準と比較を行います。たとえば，貸借対照表の自己資本と損益計算書の親会社株主に帰属する当期純利益率比率を組み合わせたROEという指標では，10％が優良企業の目安とされています。しかし，100年に一度の金融危機などで経済状況が悪く，企業の利益が出にくい環境においては，ROE10％というのはかなり高い目標となります。そのため，この10％という数字は絶対的なものではなく，その時々の経済状況などを踏まえて判断することになります。

　また，これから紹介する指標の中には目標となる水準が明確にない指標も多くあります。そのような場合は，次に述べる過去の実績値や同業他社の数値との比較によりその企業の特徴を明らかにします。

2　過去のトレンドとの比較

　過去のトレンドとの比較は，分析対象企業の過去数年の傾向を分析するものであり，時系列分析といわれます。何年分析するかは分析の目的によりますが，5年程度データを取るとデータの傾向が見えてきます。貸借対照表や損益計算書で確認した前年比も時系列分析の一部と考えることができます。前年比では1年分しか確認していませんが，これをもっと過去に遡って分析することで単年度ではわからなかった傾向が見えてきます。

3　同業他社の数値との比較

　同業他社の数値との比較は，ある一時点の同じ業種に所属する他社との比較を通して，分析対象企業の特徴や強み・弱みを明らかにします。この分析はク

ロスセクション分析と呼ばれています。時系列分析が景気変動の影響などを受けるのに対し，クロスセクション分析では外部環境の影響は無視できます。しかし，会社ごとの会計方針の違いなどの影響を受ける点は注意が必要です。

第3節　比較企業の選定

比較する企業には，できるかぎり分析対象企業に近い特性を持つ企業を選択します。比較企業は，所属する国，所属する業種，企業規模，会計基準の4つのポイントを考慮して選定します。

1　所属する国

1つ目のポイントは，比較企業には同じ国に所属する企業を選びます。国が異なれば，金利水準，税制，会計基準などが異なります。税率が低い国の企業と税率が高い国の企業を比較する場合，他の条件を同じとするならば，税率が低い国のほうが最終利益は多く計上されます。同様に，他の条件が同じならば，金利の低い国の企業では金利の高い国の企業より利益が多く計上されます。

企業の真の実力を的確に把握するためには，税制や金利で有利不利があってはいけません。そのため，こうした差が生じないように同じ国に所属する企業を比較企業として選定します。なお，所属する国が異なる企業同士を比較する場合，国による違いの影響を受けづらい指標で比較するか，厳密に分析を行うならば税率や金利水準などを可能な範囲で調整した上で比較します。

2　所属する業種

2つ目のポイントは，同じ業種に所属する企業を選びます。これは，業種によって財務構造や収益性が異なるためです。収益性の高い業界に所属するA社と収益性の低い業界のB社を比較しA社の収益性が高いという結論が得られても，その理由がA社の企業努力なのか，業界の特徴によるものか要因がはっきりしません。しかし，A社と同じ業界に所属するC社と比較すれば，A社の収益性の高さが業界によるものなのか，企業固有の努力によるものなのかを明らかにできます。

日本で一般的に用いられる業種分類には，東証33業種分類，日経業種分類などがあります。東証33業種分類は，総務省が定める日本標準産業分類に準拠して証券コード協議会が定めた分類であり，大分類は10業種，中分類は33業種に分類されます。一般的に中分類が使われており，上場企業は33業種のいずれかの業種に分類されています。一方，日経業種分類は日本経済新聞社が定めた業種分類で，大分類は製造業と非製造業の2業種，中分類は36業種に分類され，中分類が東証33業種分類に近い区分になります。なお，東証33業種分類と日経業種分類は，分類する業種の数や名称が異なることから，どちらを使うかにより分類される業種が異なることがあります。

業種分類はYahoo Financeや日本経済新聞社のホームページなど，ファイナンス系の情報が取得できるサイトで調べることができます。また，米国ではSICコード（standard industrial classification code）などが使われます。

3　企業規模

3つ目のポイントは，なるべく企業規模の近い企業を選びます。トヨタのような大企業と上場したばかりの小規模な企業では，同じ業種であっても成長ステージが異なり，貸借対照表や損益計算書の構造が大きく違います。そうした違いを無視して単純に比較すると正しい結論を得られなくなることがあるため，できるかぎり企業規模の近い企業を比較企業に選択する必要があります。

企業規模を計る指標には，株式時価総額，総資産，売上高などが使われます。これらのうち株式時価総額は変動が大きいため，安定した数値を使用したい場合は総資産や売上を用います。一方，株式市場の視点を織り込みたい場合は株式時価総額を用います。

4　会計基準

4つめのポイントは，同じ会計基準を採用している企業を選びます。第1章でも述べたように，会計基準は日本の場合，日本基準，米国基準，IFRSが一般的に使われています。しかし，会計基準が異なると費用計上の方法などが異なり，利益額も変わってくるので単純に比較できなくなります。

たとえば，日本基準では特別損益は経常利益の後に計上されますが，米国基

準では営業利益段階で特別損益が計上されています。このため，他の条件が同じであれば，巨額の特別損失がある場合，日本基準より米国基準の営業利益が小さくなります。

本来であれば会計基準の違いで生じた差異を調整して同一の会計基準のもとで比較することが望ましいですが，調整のための情報も限定的であり，十分な調整はできないケースも多くあります。そのため，調整できない部分に関しては，会計基準に違いがあることを念頭に結果の解釈を行うことになります。

5　トヨタの比較企業はどれか

実際に比較企業を特定しようとすると，適当な比較企業が見当たらない場合も多くあります。その一例として，**図表5-2**では日本の自動車大手3社（トヨタ自動車・日産自動車・ホンダ）について，所属する国，業種，企業規模，会計基準を示しています。企業規模の尺度には，2018年3月期の売上を用いました。

まず，所属する国については3社とも日本に所属しています。業種は3社とも東証33業種分類で輸送用機器に分類され，自動車の製造販売を行っています。しかし，企業規模についてはトヨタが29兆円，日産自動車が12兆円，ホンダが15兆円であり，2位のホンダと3位の日産自動車を足しても1位のトヨタに及びません。しかし，この業種でこれ以上近い規模の企業は存在しないので，この場合はこれで分析することになります。

図表5-2　自動車大手3社の所属する国・業種・規模・会計基準（2018年3月期）

	トヨタ	日産	ホンダ
所属する国	日本	日本	日本
所属する業種	輸送用機器	輸送用機器	輸送用機器
企業規模（売上）	29,379,510	11,951,169	15,361,146
会計基準	米国基準	日本基準	IFRS

［出所］　各社決算短信等から作成。企業規模の単位は百万円。

さらに，会計基準はトヨタが米国基準，日産が日本基準，ホンダがIFRSであり，3社とも異なります。そのため，厳密な分析を必要とする場合は，会計基準の差異を調整した上で比較する必要があります。

このように適当な比較企業が見当たらない場合は，なるべく4つのポイントに近い企業を選択します。比較企業が1社であると，選んだ企業が極端に良かったり悪かったりした場合に正しい分析結果を得ることができないため，2社以上を選択します。同業他社の選択を見誤ると正しい分析結果を得られなくなるため，場合によっては比較企業を選びなおして分析しなおす必要もあります。

第4節　分析に入る前の確認事項

こうして分析対象企業と比較企業が決まれば財務諸表を入手して分析に着手できますが，実際に分析に入る前に確認事項が3点あります。それは，会計期間，財務諸表の種別，会計基準です。

会計期間に関しては，分析は同一年度で比較するのが一般的です。決算月が異なる場合もありますが，同一年度で比較すれば問題はありません。比較企業に決算月数が12か月でない企業がある場合，簡便な方法として全て12か月にして分析する方法があります。一方，分析対象企業の決算月数が9か月であれば，比較企業も同じ期間をとって9か月で分析できますが，時系列分析を行う際は12か月に換算する必要があります。

財務諸表の種別に関しては，四半期，半期，年次など，同じ決算月数の財務諸表同士で分析を行います。複数の企業を年次で比較しようとした際に，間違えて半期財務諸表を利用すると，売上などが半期分になっており，正しい分析結果が得られなくなります。また，基本的には連結財務諸表で分析しますが，子会社がない企業では単体の財務諸表を利用します。

会計基準は比較企業選定の際にも確認していますが，過去に会計基準の変更を行っている場合もあるため，過去に遡って会計基準を確認します。日本基準からIFRSへ移行するなど，会計基準の変更がある場合はクロスセクション分析だけでなく，時系列分析もできなくなります。会計基準の変更が行われてい

た場合，必要に応じて調整した上で分析します。

　こうした分析では，分析対象となる企業や決算期が多くなるほど，データの取得に時間がかかります。そうすると第1章で紹介したように個別企業のホームページにアクセスし，2年分ずつ有価証券報告書からデータを取得するのは非効率です。そのため，多くのデータを必要とする場合は有料になりますがデータベンダーが提供するデータベースからデータをダウンロードすると効率的です。

　日本企業であれば，日経NEEDS，QUICK Workstation Astra Managerで財務データや株価データをダウンロードすることができます。海外企業も含むデータベースではFACTSET，Capital IQ，SPEEDAなどがあります。いずれも契約料が高額となりますので，大学の図書館などで契約していれば，そちらを利用するとよいでしょう。

第5節　異なる会計基準への応用

　ここまでの分析では，日本基準を中心に説明を行ってきました。しかし，最近はグローバル企業を中心にIFRSの任意適用が進んでいます。また，古くから米国の証券取引所に上場している企業の間では米国基準も採用されています。会計基準が異なると，財務諸表に表示される項目や項目名が異なるため，財務比率の計算で戸惑うことがあるかもしれません。しかし，分析に必要な項目は名前や定義が若干異なってもデータを取得できることが多く，多くの場合，項目名を読み替えることで同様の分析が可能です。

　図表5-3は，日本基準と米国基準，IFRSについて，主要な項目名の比較を行っています。たとえば，貸借対照表について，日本基準の固定資産は米国基準では「有形固定資産」と「投資及びその他の資産」のように分けて表記されることがあり，IFRSでは「非流動資産」と表記されます。また，損益計算書の日本基準の売上高は，米国基準では「売上高」や「営業収益」，IFRSでは「売上収益」などと表記されます。

　さらに，IFRSでは損益計算書に現れる項目は日本基準よりも少ないなどの特徴があります。しかし，財務諸表の後に添付されている注記事項で補足の情

報が記載されているので，財務諸表上に目的の項目や数値がない場合は注記事項を確認します。なお，米国基準やIFRSに関しては企業により表記が異なることも多く，**図表5-3**とは異なる名前で開示している場合もあります。

図表5-3 日本基準と米国基準とIFRSの差異（一例）

貸借対照表

【日本基準】	【米国基準】	【IFRS】
流動資産	流動資産	流動資産
固定資産	有形固定資産＋投資その他の資産合計	非流動資産
総資産	**資産合計**	**資産合計**
流動負債	流動負債	流動負債
固定負債	固定負債	非流動負債
純資産	純資産	資本
自己資本	株主資本	親会社の所有者に帰属する持分
少数株主持分	非支配持分	非支配持分
負債純資産合計	**負債純資産合計**	**負債および資本合計**

損益計算書

【日本基準】	【米国基準】	【IFRS】
売上高	売上高／営業収益／売上高及び営業収入	売上収益
営業利益	営業利益	営業利益
経常利益	─	─
税金等調整前当期純利益	税金等調整前当期純利益	税引前利益
親会社株主に帰属する当期純利益	当社株主に帰属する当期純利益	親会社の所有者に帰属する当期利益
1株当たり当期純利益	1株当たり当期株主に帰属する当期純利益	基本的1株当たり当期利益

第6節　財務比率の分析で用いる業界と企業

　第2部では，自動車業界の大手3社（以下，自動車大手3社）に着目し，トヨタ自動車（以下，トヨタ），日産自動車（以下，日産），ホンダの財務諸表を使って財務比率の計算と分析を行います。

　日本において自動車産業は非常に重要な産業となっています。**図表5-4**は，2018年8月時点の日米中の株式時価総額ランキングを示しています。各国の株式時価総額の上位企業を見ると，その国の主要な産業が見えてくるといわれますが，日本の場合，情報・通信業が4社と最も多く，次いで輸送用機器，電気機器，銀行業が2社ずつあります。ちなみに，米国はIT・通信が半分を占めており，中国は銀行業や保険業など金融が多くなっています。

　日本のランキングでは，輸送用機器業界からは1位にトヨタ，10位にホンダがランクインしており，日産は24位となっています。さらに，1位のトヨタと2位のソフトバンクの間には株式時価総額で倍近い差があり，このことからも日本における自動車産業の存在感の高さがわかります。

　業界最大手のトヨタは，自動車販売台数は世界トップクラスであり，トヨタ全体の生み出す付加価値は日本のGDPの約1割を占めるともいわれています。また，自動車の製造販売以外にも金融や住宅事業などを行っています。日産は，

図表5-4　日米中の株式時価総額ランキング

	日本				米国				中国		
順位	企業名	時価総額	業種	順位	企業名	時価総額	業種	順位	企業名	時価総額	業種
1	トヨタ	204	輸送用機器	1	アップル	1,099	IT・通信	1	騰訊控股	412	情報通信業
2	ソフトバンク	102	情報通信業	2	アマゾン・ドット・コム	982	サービス	2	中国工商銀行	279	銀行業
3	NTTドコモ	98	情報通信業	3	マイクロソフト	861	IT・通信	3	中国建設銀行	223	銀行業
4	NTT	94	情報通信業	4	グーグル	852	IT・通信	4	中国石油天然気	206	石油
5	三菱UFJ	84	銀行業	5	バークシャー・ハサウェイ	517	金融	5	中国移動通信	193	情報通信業
6	ソニー	73	電気機器	6	フェイスブック	508	IT・通信	6	中国農業銀行	185	銀行業
7	キーエンス	69	電気機器	7	アリババ	454	IT・通信	7	中国平安保険	172	保険業
8	KDDI	67	情報通信業	8	JPモルガン・チェース	385	金融	8	中国銀行	147	銀行業
9	三井住友FG	55	銀行業	9	ジョンソン&ジョンソン	361	医療関連	9	中国石油化工	121	石油
10	ホンダ	54	輸送用機器	10	エクソン・モービル	339	エネルギー	10	貴州茅臺酒	121	飲料

［出所］FACTSET（2018年8月末），単位：10億ドル。

三菱自動車へ資本参加，フランスのルノーとの資本提携を行っており，日産，ルノー，三菱自動車の3社合計ではフォルクスワーゲンに次ぐ世界第2位の規模（販売台数ベース）となっています。ホンダは，日系自動車メーカーの中ではトヨタ，日産に次ぐ第3位の規模ですが，二輪事業だけを見ると世界最大手です。

図表5-5　日産の貸借対照表（借方／左側）

3．連結財務諸表等
(1) 連結貸借対照表

(単位：百万円)

	前連結会計年度 （平成29年3月31日）	当連結会計年度 （平成30年3月31日）
資産の部		
流動資産		
現金及び預金	1,122,484	1,134,838
受取手形及び売掛金	808,981	739,851
販売金融債権	7,340,636	7,634,756
有価証券	121,524	71,200
商品及び製品	911,553	880,518
仕掛品	73,409	91,813
原材料及び貯蔵品	288,199	318,218
繰延税金資産	156,457	152,452
その他	746,650	775,771
貸倒引当金	△107,344	△116,572
流動資産合計	11,462,549	11,682,845
固定資産		
有形固定資産		
建物及び構築物（純額）	609,769	600,675
機械装置及び運搬具（純額）	3,342,305	3,392,134
土地	599,626	598,780
建設仮勘定	177,394	209,237
その他（純額）	546,127	464,808
有形固定資産合計	5,275,221	5,265,634
無形固定資産	127,807	128,782
投資その他の資産		
投資有価証券	1,158,676	1,264,532
長期貸付金	16,036	12,654
退職給付に係る資産	8,456	10,552
繰延税金資産	176,354	175,940
その他	197,757	207,764
貸倒引当金	△1,848	△1,802
投資その他の資産合計	1,555,431	1,669,640
固定資産合計	6,958,459	7,064,056
資産合計	18,421,008	18,746,901

［出所］日産自動車決算短信（2018年3月期）より。

図表5-6　日産の貸借対照表（貸方／右側）

(単位：百万円)

	前連結会計年度 （平成29年3月31日）	当連結会計年度 （平成30年3月31日）
負債の部		
流動負債		
支払手形及び買掛金	1,578,594	1,646,638
短期借入金	980,654	802,952
1年内返済予定の長期借入金	1,339,982	1,152,719
コマーシャル・ペーパー	430,019	402,918
1年内償還予定の社債	368,101	396,637
リース債務	31,565	25,766
未払費用	1,112,591	1,114,053
繰延税金負債	2	2
製品保証引当金	110,086	115,568
その他	1,102,626	1,087,133
流動負債合計	7,054,220	6,744,386
固定負債		
社債	1,493,159	1,887,404
長期借入金	3,103,803	3,053,712
リース債務	20,398	16,248
繰延税金負債	601,398	395,026
製品保証引当金	128,394	120,210
退職給付に係る負債	369,346	352,861
その他	483,154	488,319
固定負債合計	6,199,652	6,313,780
負債合計	13,253,872	13,058,166
純資産の部		
株主資本		
資本金	605,814	605,814
資本剰余金	817,464	815,913
利益剰余金	4,349,136	4,908,747
自己株式	△140,697	△139,970
株主資本合計	5,631,717	6,190,504
その他の包括利益累計額		
その他有価証券評価差額金	57,778	68,179
繰延ヘッジ損益	7,154	9,537
連結子会社の貨幣価値変動会計に基づく再評価積立金	△13,945	△13,945
為替換算調整勘定	△687,841	△733,571
退職給付に係る調整累計額	△133,016	△135,967
その他の包括利益累計額合計	△769,870	△805,767
新株予約権	391	84
非支配株主持分	304,898	303,914
純資産合計	5,167,136	5,688,735
負債純資産合計	18,421,008	18,746,901

［出所］　日産自動車決算短信（2018年3月期）より。

会計基準はトヨタが米国基準，日産が日本基準，ホンダが IFRS なので，本来であれば会計基準の差異を可能な範囲で修正して比較すべきですが，ここでは修正せずに会社が公表した数字をそのまま使っています。また，計算例は日本基準を採用している日産について示します。**図表 5 - 5**，**図表 5 - 6**，**図表 5 - 7** に日産の貸借対照表と損益計算書を示します。

図表 5 - 7　日産の損益計算書

（2）連結損益計算書及び連結包括利益計算書
（連結損益計算書）

（単位：百万円）

	前連結会計年度 (自　平成28年4月1日 至　平成29年3月31日)	当連結会計年度 (自　平成29年4月1日 至　平成30年3月31日)
売上高	11,720,041	11,951,169
売上原価	9,422,551	9,814,001
売上総利益	2,297,490	2,137,168
販売費及び一般管理費		
広告宣伝費	313,406	304,328
サービス保証料	79,125	74,569
製品保証引当金繰入額	131,059	122,135
販売諸費	251,378	251,593
給料及び手当	402,202	410,156
退職給付費用	20,809	17,883
消耗品費	4,083	4,413
減価償却費	50,773	53,928
貸倒引当金繰入額	88,550	90,461
のれん償却額	1,818	1,057
その他	212,059	231,885
販売費及び一般管理費合計	1,555,262	1,562,408
営業利益	742,228	574,760
営業外収益		
受取利息	15,868	21,092
受取配当金	9,416	6,663
持分法による投資利益	148,178	205,645
デリバティブ収益	33,419	―
雑収入	20,914	15,938
営業外収益合計	227,795	249,338
営業外費用		
支払利息	14,128	12,670
デリバティブ損失	―	5,001
為替差損	65,289	26,772
債権流動化費用	10,906	13,854
雑支出	14,967	15,499
営業外費用合計	105,290	73,796
経常利益	864,733	750,302

(図表5-7の続き)

(単位：百万円)

	前連結会計年度 (自 平成28年4月1日 至 平成29年3月31日)	当連結会計年度 (自 平成29年4月1日 至 平成30年3月31日)
特別利益		
固定資産売却益	7,114	10,408
関係会社株式売却益	111,502	―
事業譲渡益	9,788	―
その他	8,663	2,184
特別利益合計	137,067	12,592
特別損失		
固定資産売却損	9,256	4,149
固定資産廃棄損	11,253	10,644
投資有価証券売却損	3,865	259
減損損失	5,532	16,166
支払補償費	―	13,612
その他	6,737	7,321
特別損失合計	36,643	52,151
税金等調整前当期純利益	965,157	710,743
法人税、住民税及び事業税	275,818	140,571
法人税等調整額	△11,179	△193,485
法人税等合計	264,639	△52,914
当期純利益	700,518	763,657
非支配株主に帰属する当期純利益	37,019	16,765
親会社株主に帰属する当期純利益	663,499	746,892

［出所］　日産自動車決算短信（2018年3月期）より。

■練習問題：JR3社の業種・企業規模・会計基準の調査

JR東日本，JR東海，JR西日本について，以下の問いに答えましょう。
1．インターネットなどで各社の業種（東証33業種分類，日経業種分類）を調べましょう。
2．各社の企業規模（売上・総資産・時価総額など）を比較しましょう。
3．各社の会計基準について確認しましょう。
4．この3社は比較対象として適当かについて考えてみましょう。

第6章

収益性の分析

本章の内容

第6章では，収益性の分析に利用される主要な指標について説明します。なかでもROEは非常に注目度の高い指標です。そこで，自動車大手3社を例にROEの分析を行っていきます。

本章のゴール

① ROEとその3分解から企業の財務的特徴を明らかにする。
② 損益計算書から企業により収益性に差が生じる理由について明らかにする。

第1節　収益性の分析とは

収益性の分析は，企業が事業活動からどれくらい稼いでいるかを分析するもので，4つの視点の中でも重要度の高い分析です。この分析では，**図表6-1**に示すように，企業が投下した資本からどの程度の利益を稼いでいるかを明ら

図表6-1　収益性の分析

	分析の内容	財務比率の計算	対応する節
資本利益率の分析	企業が投下した資本からどの程度の利益を稼いでいるかを明らかにする分析	利益÷資本	第1節～第4節
売上高利益率の分析	企業が稼いだ売上からどの程度の利益が生み出されたかを明らかにする分析	利益÷売上	第5節

かにする分析（資本利益率の分析）と企業が稼いだ売上からどの程度の利益が生み出されたかを明らかにする分析（売上高利益率の分析）があります。財務比率の計算では，前者は［利益÷資本］，後者は［利益÷売上］について計算します。

はじめに，前者の企業が投下した資本からどの程度の利益を稼いでいるかを明らかにする分析について説明します。利益と資本を組み合わせた財務比率の指標は複数ありますが，分析の目的を考慮するとともに，この分析では分析したい利益に対応した資本を適切に選択する必要があります。

たとえば，**図表6-2**の左側に示す企業全体の収益性を見るためには，企業全体で使用している資本と企業全体で生み出した利益を利用します。前者が総資産であり，後者が事業利益という概念になります。この指標はROAと呼ばれています。

一方，**図表6-2**の右側に示した株主の観点から見た収益性の指標としては株主が拠出した資本と株主に帰属する利益を対応させなければなりません。前者が自己資本で，後者が親会社株主に帰属する当期純利益です。この指標はROEと呼ばれています。

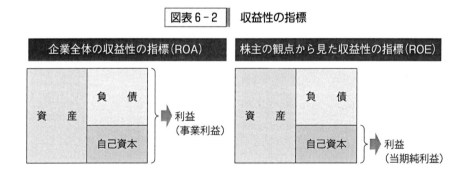

図表6-2　収益性の指標

1　ROAの計算

ROA（rate of return on asset；総資本(事業)利益率）は，企業の総合的な収益性を示す指標です。事業利益は第3章でも説明したように営業利益に金融収益

を加えたもので，企業全体で生み出した利益を示します。具体的には，営業利益に受取利息・配当金と持分法による投資利益を加えて求められます。ROAは以下の式で計算されます。

$$\text{ROA} = \frac{\text{事業利益}}{\text{総資産}} \times 100 \, (\%)$$

ここで，日産について2018年3月期のROAを計算します。**図表5-7**より，2018年3月期の営業利益は574,760百万円，受取利息は21,092百万円，受取配当金は6,663円，持分法による投資利益は205,645百万円で，この合計が事業利益となります。

分母となる2018年3月期の総資産は18,746,901百万円ですが，分子が損益計算書，分母が貸借対照表の値をとる際，分母は期首と期末の平均値（期中平均）を利用します。期首の総資産は前期末の総資産と読み替えることができるので，ここでは2017年3月期の総資産18,421,008百万円と2018年3月期の総資産18,746,901百万円の平均値を分母に用います。以上をもとに，日産のROAを計算すると以下のとおりです。

$$\text{ROA} = \frac{574{,}760 + 21{,}092 + 6{,}663 + 205{,}645}{(18{,}421{,}008 + 18{,}746{,}901) \div 2} \times 100 = 4.35\%$$

実務では簡便的に期中平均を使わずに計算することもありますが，ここでは正式な方法である期中平均により計算しています。また，事業利益の代わりに簡便的に経常利益が使われることがあります。

2　ROEの計算

ROE（rate of return on equity；自己資本利益率）は，株主が拠出した資本に対して，どれくらいの利益を生み出したかを示す指標であり，以下の式で求められます。

$$\text{ROE} = \frac{\text{親会社株主に帰属する当期純利益}}{\text{自己資本}} \times 100 \, (\%)$$

優良企業のROEの目安は10％程度と先述しましたが，現在日本企業の目標とされる値は経済産業省が2014年にまとめたプロジェクトの最終報告書「持続的成長への競争力とインセンティブ――企業と投資家の望ましい関係構築」（通称，伊藤リポート）で掲げられている8％です。これまで日本企業のROEの平均値は8％を切っていましたが，ここ数年の業績回復と企業努力により2017年度の東京証券取引所第一部に上場する企業のROEの平均値は10％を超え，2018年度も10％前後となる見通しです（日本経済新聞 電子版（2018年3月13日），朝刊（2018年8月28日）より）。

　ここで，日産について2018年3月期のROEを計算します。**図表5-7**より，親会社株主に帰属する当期純利益は746,892百万円です。自己資本は株主資本とその他の包括利益累計額の合計ですが，ここでも分子が損益計算書の数字で分母が貸借対照表の値を用いているので分母は期中平均の値を利用します。**図表5-6**より，2017年3月期の株主資本は5,631,717百万円，その他の包括利益累計額は△769,870百万円，2018年3月期の株主資本は6,190,504百万円，その他の包括利益累計額は△805,767百万円なので，これらを足して2で割ったものが分母になります。以上をもとに，日産のROEを求めると以下のとおりです。

$$\text{ROE} = \frac{746{,}892}{(5{,}631{,}717 - 769{,}870 + 6{,}190{,}504 - 805{,}767) \div 2} \times 100 = 14.58\%$$

　日産のROEは10％を超えており，ROEの値からは優良企業と評価することができます。これは日産固有の努力によるものでしょうか，それとも業界全体のROEが高いことに起因するものでしょうか。この問いに答えるためにトヨタとホンダのROEについても確認しましょう。

　図表6-3は自動車大手3社について，2007年3月期から2018年3月期のROEの推移を示しています。2018年3月期に関しては，ROEの水準は3社ともそれほど変わりません。よって，日産のROEの高さは日産固有の事情というより，業界の特性や事業環境を反映しているものと考えられます。しかし，ここでは自動車業界の大手3社しか確認していないため，業界全体についていえることなのかは別途検討の余地があります。

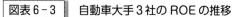

| 図表6-3 | 自動車大手3社のROEの推移 |

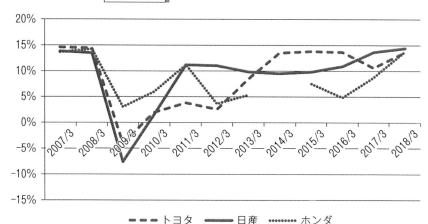

[出所] QUICK Workstation Astra Manager より作成。ホンダの会計基準は2013年3月期までは米国基準、2014年3月期からIFRSであるため2014年3月期の前年比は計算していない。

さらに，2018年3月期以前の状況についても確認すると，日産は2011年3月期以降安定して10％程度もしくはそれ以上の水準を維持しています。一方，トヨタは近年急激にROEが改善しています。また，金融危機があった2009年3月期を見ると，3社ともにROEが大幅に悪化しています。ここでは，日産の落ち込みが目立ち，さらに日産とトヨタはマイナスの値となっているので，親会社株主に帰属する当期純利益は赤字であったこともわかります。前年までは優良企業の目安となる10％を超えていた3社ですが，経済環境が急激に悪化する中にあっては10％を維持することはかなり難しいことがわかります。

第2節　ROEブームの到来

1　注目を集めるROEという指標

投資家や企業経営で重視される指標は時代により変化しますが，近年の日本において注目を集めている指標はROEです。**図表6-4**は，企業が経営目標として重視すべき指標について投資家にアンケートを行った結果を示していま

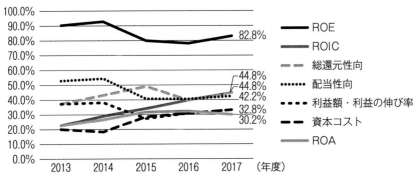

図表6-4　企業が経営目標として重視すべき指標（投資家に行ったアンケートの結果）

[出所]　生命保険業界調査「株式価値向上に向けた取り組みについて」（平成25～29年度）より作成。

す。これを見ると，投資家が重視する経営目標の1位はROEであり，82.8%の投資家がROEを重視すると回答しています。ROAについてはROEほど高くありませんが，それでも30.2%の投資家がROAを重視すると回答しています。さらに，最近では資本コストやROICを重視する傾向が強まっていることもわかります。

　これに対し**図表6-5**は，企業が中期経営計画で公表している経営指標について，企業に行ったアンケートの結果です。これによると，企業は従来，売上や利益の金額や伸び率，利益率などを重視する傾向にありましたが，近年は

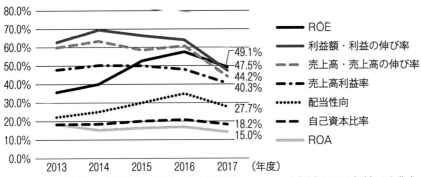

図表6-5　中期経営計画で公表している経営指標（企業に行ったアンケートの結果）

[出所]　生命保険業界調査「株式価値向上に向けた取り組みについて」（平成25～29年度）より作成。

ROEを重視する傾向が急激に強まっていることがわかります。さらに，ROEだけでなく配当性向など株主を意識した指標が上昇している点も特徴的です。

2 なぜROEが注目されるのか

ROEが投資家や経営者に注目される理由は，ROEは株価に密接に関連しており，ROEを上げることで株価（≒企業価値）を上昇させることができる点にあります。第3章のPERの計算では，PERは株価を予想EPSで割ることで求められました。この式を株価について書き換えると以下のように表せます。

$$株価 = 予想 EPS \times PER$$

この式より，株価を上げるためには予想EPS，すなわち将来のEPSを上昇させればよいことがわかります。なお，PERは市場で取引されている株式の株価をもとに計算されるものであり，企業の努力が及ばないことからここでは所与とします。EPSは親会社株主に帰属する当期純利益を発行済株式数で割ることにより求められましたが，EPSの分子と分母に自己資本を掛けると，以下に示すようにROEとBPSに分解することができます。

$$\underbrace{\frac{親会社株主に帰属する当期純利益}{発行済株式数}}_{(EPS)} = \underbrace{\frac{親会社株主に帰属する当期純利益}{自己資本}}_{(ROE)} \times \underbrace{\frac{自己資本}{発行済株式数}}_{(BPS)}$$

これより，ROEを上昇させるとEPSが上昇し，EPSが上昇すると株価が上昇するという関係が成り立つことがわかります。それでは，ROEを上昇させるにはどうすればよいでしょうか。1つは，ROEの分子である親会社株主に帰属する当期純利益を上昇させればROEは上昇します。もう1つは，自社株の償却を行うことで分母である自己資本を減らしてもROEは上昇します。

本来であれば本業の利益を拡大させることで親会社株主に帰属する当期純利益を向上させるのが望ましいですが，成熟した産業における利益拡大は容易なことではありません。こうしたことから，一部では積極的に自社株買いを行うことでROEを高めていこうとする取り組みも見られます。

図表6-6は，自己株式取得額の推移を示したものです。図表より自己株式の取得額は増加していることがわかります。しかし，自社株買いでROEは上昇しますが，合わせて本業の利益を拡大させる取り組みも必要です。本業の成長を差し置いて，むやみやたらとROEのために自社株買いをすればよいというものではありません。

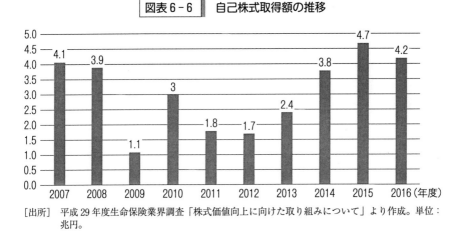

図表6-6　自己株式取得額の推移

[出所]　平成29年度生命保険業界調査「株式価値向上に向けた取り組みについて」より作成。単位：兆円。

ROEは高いほど株主が拠出した資金から高いリターンを上げていることを示しており，この値は高いほうが望ましいといえます。しかし，業種や事業内容によってROEが高い業種とそうでない業種があります。そのため，ROEランキングのように業種に関係なく単に数字を並べた表はあまり意味がありません。大事なのは，そのROEがなぜ高いのかを知ることです。この点を明らかにするために，次節ではROEの要因分析について説明します。

第3節　ROAとROEの要因分析

1　ROAの2分解

ROAは分子・分母に売上高を掛けることで，事業利益率と総資産回転率（もしくは総資本回転率）の2つの指標に分解できます。**図表6-7**はROAの要因

図表6-7　ROAの要因分析

$$\underset{\text{総資産}}{\text{ROA}\atop\text{事業利益}} = \underset{\text{（収益性）}}{\text{事業利益率}\atop\text{事業利益}\over\text{売上高}} \times \underset{\text{（効率性）}}{\text{総資産回転率}\atop\text{売上高}\over\text{総資産}}$$

分析について示しています。事業利益率は収益性，総資産回転率は効率性を分析する指標なので，ROAを2分解することで，ROAについて収益性と効率性の観点から要因分析を行うことができます。この2分解により，ROAが低い企業について収益性に問題があるのか，効率性に問題があるのか，あるいは両方に問題があるのかを明らかにできます。

第1節で計算した日産の2018年3月期のROAについて，2分解すると以下のとおりです。

$$\text{ROA} = \frac{574{,}760 + 21{,}092 + 6{,}663 + 205{,}645}{11{,}951{,}169} \times \frac{11{,}951{,}169}{(18{,}421{,}008 + 18{,}746{,}901) \div 2}$$

$$= 6.762\% \times 0.643$$

$$= 4.35\%$$

2　ROEの3分解

こうした要因分析はROEについても行うことができます。ROEの場合，**図表6-8**に示すように当期純利益率，総資産回転率（もしくは総資本回転率），財務レバレッジの3つの要素に分解できます。当期純利益率は企業全体として

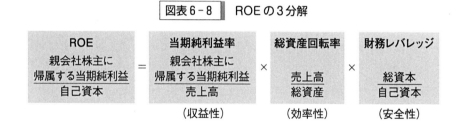

図表6-8　ROEの3分解

どれだけの利益を上げているか、総資産回転率は売上を上げるためどれだけ資産を効率的に利用しているかを評価しており、財務レバレッジはどれほど負債に依存しているかを示しています。当期純利益率は収益性、総資産回転率は効率性、財務レバレッジは安全性を分析する指標なので、ROE を 3 分解することで収益性、効率性、安全性の 3 つの観点から ROE の要因分析をすることができます。この分析は、米国の化学会社デュポンが最初に導入したといわれており、デュポン分解とも呼ばれます。

第 1 節で計算した日産の 2018 年 3 月期の ROE について、3 分解すると以下のとおりです。なお、自己資本と総資本は期中平均により計算しています。

$$\text{ROE} = \frac{746{,}892}{11{,}951{,}169} \times \frac{11{,}951{,}169}{((18{,}421{,}008 + 18{,}746{,}901) \div 2)}$$

$$\times \frac{((18{,}421{,}008 + 18{,}746{,}901) \div 2))}{(5{,}631{,}717 + 6{,}190{,}504 - 769{,}870 - 805{,}767) \div 2}$$

$$= 6.250\% \times 0.643 \times 3.627$$

$$= 14.58\%$$

3 実例——自動車大手 3 社の ROE の 3 分解

ROE や ROA の要因分析では、分析企業の数字を同業他社や業界平均の値と比較することで、その長所や短所を明らかにします。**図表 6 - 9** は、自動車大手 3 社について 2018 年 3 月期の ROE を計算し、ROE の 3 分解を行った結果です。最も ROE が高いのが日産の 14.58％、最も低いのがトヨタの 13.76％ですが、3 社の間であまり大きな差はありません。

しかし、収益性の指標である当期純利益率はトヨタが 8.46％と最も高く、一方で日産は 6.25％と最も低くなっています。効率性の指標である総資産回転率ではホンダが 0.802 回と最も高く、トヨタが 0.593 回と最も低いです。さらに安全性の指標である財務レバレッジでは日産が 3.627 倍と最も高く、ホンダが 2.515 倍と最も低くなっています。財務レバレッジは高ければ高いほど安全性が低下するので、安全性は日産が最も低く、ホンダが最も高いといえます。

ここまで見ると、日産の ROE は 14.58％と最も高くなっていますが、これ

図表6-9　自動車大手3社のROEの3分解（2018年3月期）

	ROE	=	当期純利益率 （収益性）	×	総資産回転率 （効率性）	×	財務レバレッジ （安全性）
トヨタ	13.76%		8.46%		0.593		2.733
日産	14.58%		6.25%		0.643		3.627
ホンダ	13.91%		6.90%		0.802		2.515

［出所］　各社短信より作成。3社の間で最も高い値に○，最も低い値に△を付けている。

は財務レバレッジを高めていることに起因しており，肝心の収益性は3社の中で最も低いことがわかります。一方で，トヨタのROEは3社の中で最も低いですが，収益性の指標を示す売上高純利益率は最も高く，利益はしっかりと出していることがわかります。このようにROEを3分解することで，表面的なROEの分析ではわからなかったことも見えてきます。

この分析はシンプルですが，様々な場面で使うことができます。たとえば，経営者はROEの3分解で問題のある指標が特定できれば，そこを改善するというアクションを取ることができます。効率性に問題があることがわかれば，遊休資産を売却したり在庫を削減したりして資産効率を高めることを考えます。また，投資家であれば，ROEが高い企業が複数あった場合，その内容をROEの3分解で精査し，より収益性の高い企業を選別するということもできます。

なお，財務レバレッジが高く，財務の安全性が低下するほどROEが上昇するというのは一見矛盾するように感じるかもしれません。これについては，追加的な財務リスクを取ることで，ROEを高めていると考えれば理解しやすいでしょう。リターンを得るにはそれに見合ったリスクを取る必要があり，日産は財務リスクを取ることにより，リターンを高める財務戦略を取っていると考えられます。

4　日米のROE比較

自動車企業3社のROEの3分解では，個別企業について分析をしてきましたが，ここでは視点を変えて日本企業の平均と米国企業の平均についてみてみ

ましょう。

図表6-10はROEについて日米比較をしたものです。折れ線グラフは日米企業のROEの推移，表はROEの3分解について示しています。グラフから，2016年度のROEは日本が8.0％であるのに対して米国が13.5％と，日本は米国に比べてROEがかなり低いことがわかります。この傾向は過去から変わらず，日本企業は常に米国企業よりROEの水準が低くなっています。

その要因を明らかにすべくROEの3分解を行ったものが下段の表です。これを見ると，日本企業と米国企業では財務レバレッジはほとんど変わらず，総資産回転率は日本のほうが若干高いことがわかります。それにもかかわらず日本企業のROEが低いのは売上高純利益率に問題があり，日本企業が4.4％に対して米国企業は8.7％と高くなっています。

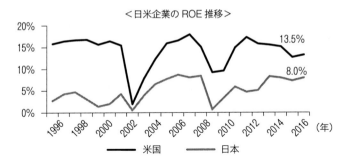

図表6-10　ROEの日米比較

＜日米企業のROE推移＞

＜日米企業のROEの3分解＞

			日本	米国
ROE			8.0%	13.5%
	ROA		3.4%	5.5%
		売上高純利益率	4.4%	8.7%
		総資産回転率	0.8	0.6
	財務レバレッジ		2.4	2.4

［出所］　平成29年度生命保険業界調査「株式価値向上に向けた取り組みについて」より。日本については生命保険業界調べ，対象は赤字企業と金融を除く上場企業（3～4月）。米国については商務省「Quarterly Financial Report」（米国：1～12月）。

これより，日本企業のROEが低い理由には，収益性の低さがあることがわかります。これは，日本企業はコスト削減の推進や付加価値の高い製品やサービスの提供などによって収益性を高める必要があることを示唆しています。さらには，海外の投資家がグローバルで投資先企業を選定しようとしたとき，このようなデータを見て日本企業に投資しようと思うでしょうか。日本企業の経営者は，このようなグローバルな視点で投資家から自社が選別されているということを忘れてはならないと考えます。

以上見てきたように，ROAとROEの要因分解を行うことで，ROAやROEが高いもしくは低い理由がより具体的になります。ここで，収益性が高いということがわかれば，損益計算書を分析することで，どういったところから利益が生み出されているかについて明らかにすることができます。また，財務レバレッジが高く財務の安全性に不安があるならば，貸借対照表の分析や後に示す安全性の指標についてさらに分析を行う必要があります。

第4節　ROICの計算

図表6-4では，ROICという指標が近年投資家の注目を集めていることについて触れました。これまで説明してきたROEは，財務レバレッジを高めれば見せかけの数値は上昇しますが，それが企業本来の実力を示すものかについては疑問が残ります。また，ROEは投資家と企業の間で共通の目標を持てるという意味ではとても優れた指標ですが，「当社の経営目標はROE10％です。ROE向上のために日々努力してください！」と従業員に言ったところで，恐らく彼らの心には全く響かず，経営と現場で目標を共有することは難しいように思います。

そこで，こうしたROEの弱点を改善した指標にROIC（return on invested capital；投下資本事業利益率）があります。ROICは株主資本のみならず，負債も含め事業活動に投下した全ての資本に対してどれくらいの利益を稼いでいるかを示す指標で，以下の式で計算されます。

$$\text{ROIC} = \frac{NOPAT}{\text{投下資本}} \times 100 \ (\%)$$

ROICは高いほど収益性が良いことを示します。事業部ごとに投下した資本と稼いだ利益がわかれば，事業部門ごとにROICを求めることもできます。全社で達成すべきROICを設定した上で事業部ごとの目標値を設定し，事業部でROICを改善するための施策について議論するなど，社内の管理指標として用いることも可能です。

また，ROICの目標値を投資家に公表することで，投資家もその達成の度合いを確認することができます。この指標は，オムロンや川崎重工などが経営目標として取り入れており，投資家にも目標値を公表しています。なお，投下資本は株主資本と有利子負債の合計により求められますが，ROICを計算する際の具体的な利益や投下資本は企業の特性や経営方針などを考慮して採用すべきです。そのため，ここでの計算例は割愛します。

図表6-4と**図表6-5**では，投資家がROEやROICなどの収益性を重視するのに対して，企業は利益や売上の金額や伸び率を重視する傾向があるなど，投資家が公表を求める経営目標と企業が公表する経営目標の間で隔たりがあることがわかります。ROEはここ数年で企業の間にもずいぶん浸透しましたが，今後はROICや第11章で説明する資本コストが企業と投資家にとって重要な指標となると考えられます。

第5節　売上高利益率の分析

損益計算書で示した売上高利益率も収益性の分析の1つです。売上高利益率の指標は，何らかの利益指標を売上で割ることで求められました。利益に関しては，営業利益や経常利益，親会社株主に帰属する当期純利益など任意の利益を使用します。計算式を以下に示します。

$$\text{売上高利益率} = \frac{\text{利益}}{\text{売上}} \times 100 \ (\%)$$

第6章 収益性の分析 129

　図表6-11は，自動車業界に所属する企業9社の主要な利益の売上高利益率を示しています。なお，会計基準はトヨタが米国基準，ホンダがIFRSですが，会計基準の違いは調整せず，損益計算書の数字をそのまま載せています。

　本業の収益性を確認するため営業利益率に着目すると，9社の平均は6.7％

図表6-11　自動車9社の主要な利益の売上高利益率（2017年度実績）

決算期 会計基準	トヨタ 2018年 3月期 米国基準	ホンダ 2018年 3月期 IFRS	日産 2018年 3月期 日本基準	スバル 2018年 3月期 日本基準	マツダ 2018年 3月期 日本基準
売上高	29,379,510	15,631,146	11,951,169	3,405,221	3,474,024
売上総利益	6,779,036	3,630,565	2,137,168	962,515	820,424
（売上高比率）	23.1%	23.2%	17.9%	28.3%	23.6%
営業利益	2,399,862	833,558	574,760	379,447	146,421
（売上高比率）	8.2%	5.3%	4.8%	11.1%	4.2%
経常利益	—	—	750,302	379,934	172,133
（売上高比率）	—	—	6.3%	11.2%	5.0%
親会社株主に帰属する 当期純利益	2,493,983	1,059,337	746,892	220,354	112,057
（売上高比率）	8.5%	6.8%	6.2%	6.5%	3.2%

決算期 会計基準	三菱自動車 2018年 3月期 日本基準	スズキ 2018年 3月期 日本基準	いすゞ 2018年 3月期 日本基準	日野自動車 2018年 3月期 日本基準	売上高比率 — 9社平均
売上高	2,192,389	3,757,219	2,070,359	1,837,982	—
売上総利益	462,111	1,105,746	369,633	295,543	—
（売上高比率）	21.1%	29.4%	17.9%	16.1%	22.3%
営業利益	98,201	374,182	166,765	80,331	—
（売上高比率）	4.5%	10.0%	8.1%	4.4%	6.7%
経常利益	110,127	382,787	173,616	80,422	—
（売上高比率）	5.0%	10.2%	8.4%	4.4%	7.2%
親会社株主に帰属する 当期純利益	107,619	215,730	105,663	51,361	—
（売上高比率）	4.9%	5.7%	5.1%	2.8%	5.5%

［出所］　各社短信より作成。単位：百万円。

です。これに対し，スバルが11.1％，スズキが10.0％と高い値となっています。一方，平均を下回る企業としては，マツダ4.2％，日野自動車4.4％，三菱自動車4.5％，日産4.8％，ホンダ5.3％が挙げられます。このうち，日産，日野自動車は売上総利益率も低いので，原価率が高いことが本業の利益を圧迫している一因と考えられます。

　なお，同じ業種内で収益性に差が出るのは販売価格の問題，プロダクトミックスの問題，原材料調達の問題など様々あり，財務分析だけでは結論が出ないことも多くあります。たとえば，同じコストで車を作ってもブランド力がない企業の車は高くは販売できず，販売奨励金を上乗せしないと車を売れないためその分収益性は低下します。また，プロダクトミックスの問題では，利益率の高い車が売れず利益率の低い車ばかりが売れると収益性は低下します。さらに，販売台数が少ない企業では原料調達時のボリュームディスカウントが効かないため，購買コストが高くなり収益性が低下します。業界内での収益性の違いが財務分析からわかれば，さらなる分析としてこうした点について検討するのも有益と考えられます。

■練習問題：JR 3 社の ROE とその 3 分解
1．JR 東日本，JR 東海，JR 西日本について，2018 年 3 月期の ROE を計算し，ROE を 3 分解してみましょう。
2．3 社の各指標の比較からどんなことが言えますか。
3．JR 東海の優れている点はどこですか。

第7章

効率性の分析

> **本章の内容**
> 第7章では，効率性の分析で利用される主要な指標について説明します。その上で，大手自動車3社のデータをもとに，効率性の分析について一例を示します。
>
> **本章のゴール**
> 効率性の指標について，主要な指標と分析の手法について理解する。

第1節 効率性の分析とは

効率性の分析では，資産をどの程度効率的に活用しているかを分析します。**図表7-1**に示すように，効率性の分析で用いる指標には資産の何倍の売上を稼いでいるかを分析する回転率の分析や，1日当たり売上の何倍の資産を持っているか（売上何日分の資産を持っているか）を分析する回転日数の分析があります。計算式を見ると，前者では分子に売上高，分母に任意の資産，後者では分子に任意の資産，分母に1日当たり売上がきます。

図表7-1 効率性の分析

	分析の内容	財務比率の計算
回転率の分析	資産の何倍の売上を稼いでいるかを分析	回転率 = 売上高 / 資産 （任意の資産）
回転日数の分析	1日当たり売上の何倍の資産を持っているかを分析	回転日数 = 資産 / 1日当たり売上高

回転率の分析では、少ない資産でより多くの売上を稼げると良いとされており、指標の値が高いほど効率的であるとされます。一方、回転日数の分析では、日数が短いほど効率的であると判断します。

第2節　総合的な評価指標

総資産回転率は、資産活用の効率性を見る総合的な指標であり、ROEの3分解で使われる3つの指標の1つにもなっています。計算式を以下に示します。

$$総資産回転率 = \frac{売上高}{総資産}（回）$$

総資産回転率が高いほど、資産を効率的に売上に結びつけていることを意味します。また、総資産回転率が低い理由を明らかにするには、さらに各資産について回転率を分析することで、どの資産が原因で効率が悪くなっているかを特定できます。

この指標は第6章ですでに計算していますが、再度日産について2018年3月期の総資産回転率の計算を以下に示します。

$$総資産回転率 = \frac{11{,}951{,}169}{(18{,}746{,}901 + 1{,}8421{,}008) \div 2} = 0.643（回）$$

第3節　個々の資産の評価指標

1　有形固定資産回転率

総資産回転率は資産全体の活用度を示す指標ですが、個々の資産の活用度も重要です。たとえば、有形固定資産回転率は有形資産がどの程度効率的に活用されているかを示す指標です。計算式を以下に示します。

$$\text{有形固定資産回転率} = \frac{\text{売上高}}{\text{有形固定資産}} \text{（回）}$$

製造業の場合，有形固定資産が総資産に占める比率が高くなる傾向があるため，主要資産の効率性を明らかにするためにもこの分析が重要になることがあります。日産について2018年3月期の有形固定資産回転率を計算すると以下のとおりです。

$$\text{有形固定資産回転率} = \frac{11{,}951{,}169}{(5{,}275{,}221 + 5{,}265{,}634) \div 2} = 2.268 \text{（回）}$$

2 棚卸資産回転率と棚卸資産回転日数

有形固定資産同様に棚卸資産について回転率を求めたものが棚卸資産回転率です。棚卸資産回転率は棚卸資産がどの程度効率的に活用されているかを示す指標あり，棚卸資産回転率の低下は在庫が過剰になっているサインとなります。

製造業や小売業では棚卸資産の管理が特に重要であり，棚卸資産は運転資本の1つであることから在庫が過剰になると資金繰りが悪化することがあります。計算式は以下のとおりです。

$$\text{棚卸資産回転率} = \frac{\text{売上高}}{\text{棚卸資産}} \text{（回）}$$

棚卸資産に関しては，1日当たりの売上高で棚卸資産を除すことで，棚卸資産回転日数を求められています。これは1日当たり売上の何日分の棚卸資産を保有しているかを示し，棚卸資産回転日数が短いほど，在庫が企業内にとどまる期間が短く効率的であることを意味します。また，棚卸資産回転日数が長くなっている場合は，物が売れずに在庫が蓄積されていたり仕入れが過剰になっていたりするサインなので注意が必要です。計算式は以下のとおりです。

$$\text{棚卸資産回転日数} = \frac{\text{棚卸資産}}{\text{売上高} \div 365} \text{（日）}$$

日産について，2018年3月期の棚卸資産回転率と棚卸資産回転日数を計算すると以下のとおりです。棚卸資産には商品及び製品，仕掛品，原材料及び貯蔵品の合計を用いています。

棚卸資産回転率
$$= \frac{11{,}951{,}169}{(911{,}553 + 73{,}409 + 288{,}199 + 880{,}518 + 91{,}813 + 318{,}218) \div 2}$$
$$= 9.323 \text{（回）}$$

$$\text{棚卸資産回転日数} = \frac{880{,}518 + 91{,}813 + 318{,}218}{11{,}951{,}169 \div 365} = 39.41 \text{（日）}$$

棚卸資産回転日数は棚卸資産回転期間と言われることもあり，[365÷棚卸資産回転率]により求めるとするテキストもあります。また，回転率の分析では様々な効率性の指標について売上高を用いることで，分析の一貫性を保つことができますが，棚卸資産回転率と棚卸資産回転日数の分析では，売上高ではなく売上原価を用いることもあります。

3　売上債権回転率と売上債権回転日数

流動資産に含まれる売上債権についても同様に，売上債権回転率と売上債権回転日数が求められます。売上債権も運転資本を構成する1要素であり，売上債権回転率の低下は代金の回収が停滞していることを示します。

また，売上債権回転日数からは，売上債権の回収に何日間を要するかがわかります。これが長いと資金の回収が遅いことから，資金繰りが悪化する可能性があります。それぞれの計算式については以下に示します。

$$\text{売上債権回転率} = \frac{\text{売上高}}{\text{売上債権}} \text{（回）}$$

$$\text{売上債権回転日数} = \frac{\text{売上債権}}{\text{売上高} \div 365} \text{（日）}$$

日産について，2018年3月期の売上債権回転率と売上債権回転日数を計算

すると以下のとおりです。

売上債権回転率

$$= \frac{11,951,169}{(808,981 + 7,340,636 + 739,851 + 7,634,756) \div 2} = 1.447 \text{（回）}$$

$$売上債権回転日数 = \frac{739,851 + 7,634,756}{11,951,169 \div 365} = 255.77 \text{（日）}$$

なお，販売金融債権は自動車事業の販売活動を支援するための販売金融・リース事業を行っている販売金融事業に係る債権であると推測され，ここでは売掛金に含めて計算していますが，必要に応じて除外した値も確認します。

4　仕入債務回転率と仕入債務回転日数

仕入債務に関しても仕入債務回転率と仕入債務回転日数を計算できます。仕入債務回転率の低下は代金の支払いが滞っていることを意味します。仕入債務も運転資本を構成する1要素であり，仕入債務回転率が低下すると支払いが先送りされるため資金繰りは改善しますが，資金繰りの悪化から代金の支払いが遅れている場合は問題のある状況です。

仕入債務回転日数からは，仕入債務の支払いに何日間を要するかがわかります。これが長いと代金の支払いが遅いことから資金繰りは一時的に改善しますが，資金繰りの悪化から支払いが遅れている場合は注意が必要です。それぞれの計算式については以下に示します。

$$仕入債務回転率 = \frac{売上高}{仕入債務} \text{（回）}$$

$$仕入債務回転日数 = \frac{仕入債務}{売上高 \div 365} \text{（日）}$$

日産について，2018年3月期の仕入債務回転率と仕入債務回転日数を計算すると以下のとおりです。なお，仕入債務回転率と仕入債務回転日数の計算では，売上高ではなく売上原価を用いることもあります。

$$仕入債務回転率 = \frac{11,951,169}{(1,578,594 + 1,646,638) \div 2} = 7.411 \text{ (回)}$$

$$仕入債務回転日数 = \frac{1,646,638}{11,951,169 \div 365} = 50.29 \text{ (日)}$$

5　手元流動性回転率と手元流動性比率

　貸借対照表の流動資産の区分に記載されている現金及び預金と有価証券を合わせて手元流動性とよびます。有価証券は換金して現金にすることができるため，現金同様即座に代金の支払いや負債の返済に充てることができます。

　手元流動性についても手元流動性回転率と手元流動性回転日数が求められます。手元流動性回転率の低下は現金及び預金と有価証券の合計が過剰になっていることを意味します。一方，手元流動性比率は，1か月当たりの売上高（月商）の何倍の手元流動性があるかを示しています。手元流動性比率は安全性の分析にも用いられ，手元流動性比率が高いほど安全性が高いと判断されます。しかし，現金や有価証券が事業に投資されず企業内に蓄積されていると効率性が低下するため高すぎるのも問題です。

$$手元流動性回転率 = \frac{売上高}{現金及び預金 + 有価証券} \text{ (回)}$$

$$手元流動性比率 = \frac{現金及び預金 + 有価証券}{売上高 \div 12} \text{ (倍)}$$

　日産について2018年3月期の手元流動性回転率と手元流動性比率を計算すると以下のとおりです。

　手元流動性回転率

$$= \frac{11,951,169}{(1,122,484 + 121,524 + 1,134,838 + 71,200) \div 2} = 9.756 \text{ (回)}$$

手元流動性比率

$$= \frac{(1{,}122{,}484 + 121{,}524 + 1{,}134{,}838 + 71{,}200) \div 2}{11{,}951{,}169 \div 12} = 1.230 \text{ (倍)}$$

第4節　効率性の分析──分析例

　効率性の指標を用いた分析では，様々な効率性の指標についてトレンドや同業他社との比較から現状や問題点を把握します。**図表7-2**は自動車大手3社の総資産回転率を示しています。図表より，トヨタ，日産は総資産回転率が低下傾向にあることがわかります。これは保有する資産に対して十分な売上を稼げなくなっている，もしくは売上に対して資産が過剰になり効率性が悪化していることを示しています。一方，ホンダは2012年3月期までは総資産回転率が悪化したものの，ここ数年は改善しています。ただし，ホンダの会計基準は2013年3月期までは米国基準，2014年3月期以降はIFRSなので，会計基準の変更が影響している可能性があります。

　こうした非効率性がどこで生じているかを分析するために，有形固定資産回転率や棚卸資産回転率などを確認すると問題点がよりクリアになります。**図表7-3**は自動車大手3社の有形固定資産回転率を示しています。これを見ると，ホンダの値が若干悪化した時もありますが，トヨタと日産はほぼ横ばいで有形固定資産の効率性に大きな変化はないことがわかります。これより，総資産回転率の悪化の理由は有形固定資産回転率以外にあると考えられます。

　図表7-4では，自動車大手3社の棚卸資産回転率について示しています。これより，トヨタ，日産の棚卸資産回転率は悪化しており，総資産回転率と同じトレンドをたどっていることがわかります。これより，総資産回転率の悪化の背景には棚卸資産回転率の悪化が一因にあることがわかります。

　効率性の分析は，在庫や売上債権の管理などにも利用でき，経営者の側にとっては非常に有益な分析ツールとなります。また，トレンドが変化しているときは重要な経営の転換点となることもあるため，きちんと分析できるようになっておくとよいでしょう。

図表 7-2　自動車大手 3 社の総資産回転率

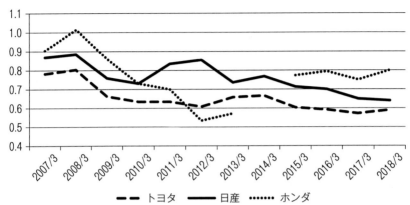

[出所]　QUICK Workstation Astra Manager より作成。ホンダの会計基準は 2013 年 3 月期までは米国基準，2014 年 3 月期から IFRS であるため 2014 年 3 月期の前年比は計算していない。単位：回。

図表 7-3　自動車大手 3 社の有形固定資産回転率

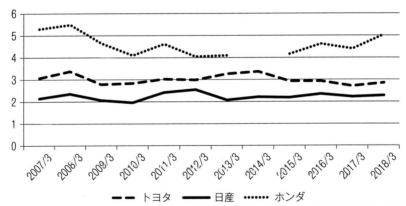

[出所]　QUICK Workstation Astra Manager より作成。ホンダの会計基準は 2013 年 3 月期までは米国基準，2014 年 3 月期から IFRS であるため 2014 年 3 月期の前年比は計算していない。単位：回。

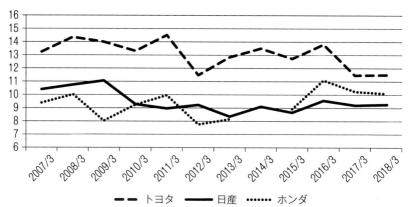

図表7-4　自動車大手3社の棚卸資産回転率

[出所] QUICK Workstation Astra Manager より作成。ホンダの会計基準は2013年3月期までは米国基準，2014年3月期からIFRSであるため2014年3月期の前年比は計算していない。単位：回。

■練習問題：JR3社の効率性の分析

1. JR東日本，JR東海，JR西日本について，2018年3月期の財務データを取得しテキストで紹介した指標を計算しましょう。
2. 3社の各指標の比較からどんなことが言えますか。
3. JR西日本の優れている点はどこですか。

第8章

安全性の分析

本章の内容

第8章では，安全性の分析で利用される主要な指標について説明します。その上で，企業規模別や業種別のデータをもとに，様々な企業の平均的な安全性の水準について示します。

本章のゴール

安全性の指標について，主要な指標と分析の手法について理解する。

第1節 安全性の分析とは

　安全性の分析とは，財務の安全性を分析することで，倒産の可能性の有無を判断します。企業が倒産すると，銀行や債権者は出資したお金の一部もしくは全部が回収できなくなります。また，株主は株式の価値が大幅に低下するかゼロになるため大きな損失を被ります。さらには，取引先が倒産した場合は，売掛金の回収ができなくなる可能性があります。こうした事態を避けるため，企業と取引を行う者は事前にその会社の倒産の可能性について分析する必要があります。

　安全性の分析では**図表8-1**に示すように，貸借対照表の負債の金額に着目し，使用資本や現金など負債返済に充当できる資産の金額との比較を行うことで，財務の安全性について検討します。使用資本と負債の比較を行う分析は**図表8-2**のaにあたる分析であり，企業の総合的な安全性を確認するものです。具体的な指標としては，自己資本比率や負債比率が挙げられます。

図表8-1　安全性の分析内容一覧

		分析内容	指標名
使用資本 ↔負債	a. 全体として の安全性	総資本の内訳として、他人資本と自己資本の関係	負債比率 自己資本比率
資産 ↔負債	b. 短期 支払能力	比較的短期で返済しないといけない負債とそれに充当可能な資産の関係	流動比率 当座比率
	c. 長期 支払能力	長期的に保有する資産の金額とその資金の調達源泉としての長期的な資本の関係	固定比率 固定長期適合率

図表8-2　安全性の分析で分析する負債と資産ないし資本の対応関係

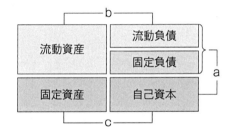

　負債返済に充当できる資産と負債の比較を行う分析は、さらに短期と長期の支払能力の分析に分けられます。短期支払能力の分析では、比較的短期で返済しないといけない負債とそれに充当可能な資産の関係を確認するもので、**図表8-2**のbがこれにあたります。具体的な指標には流動比率と当座比率があります。長期支払い能力の分析では、長期的に保有する資産の金額とそれに充てる長期的な資本の関係を分析するもので、**図表8-2**のcが該当します。具体的な指標は固定比率と固定長期適合率です。

第2節　総合的な安全性を評価する指標

　企業の総合的な安全性を分析する指標には自己資本比率と負債比率があります。自己資本比率は、総資本に占める自己資本の割合を示します。自己資本比

率が高いと返済を要する負債がそれだけ少ないことから，経営の安定度も高まります。安全性の観点からは自己資本比率は50％以上が望ましいとされています。式は以下のとおりです。

$$自己資本比率 = \frac{自己資本}{総資本} \times 100 \;(\%)$$

負債比率は，D/Eレシオ（debt equity ratio）とも呼ばれ，貸借対照表の自己資本と負債の比率を表す指標です。低いほど安全性が高いことを示し，安全性の観点からは100％以下が望ましいとされています。式は以下のとおりです。

$$負債比率 = \frac{負債（他人資本）}{自己資本} \times 100 \;(\%)$$

日産について，2018年3月期の数値をもとに自己資本比率と負債比率を求めると以下のとおりです。

$$自己資本比率 = \frac{6{,}190{,}504 + (-805{,}767)}{18{,}746{,}901} \times 100 = 28.72 \;(\%)$$

$$負債比率 = \frac{13{,}058{,}166 + 84 + 303{,}914}{6{,}190{,}504 + (-805{,}767)} \times 100 = 248.15 \;(\%)$$

なお，純資産に含まれる非支配持分と新株予約権は自己資本ではないため，負債の計算では負債合計に非支配株主持分と新株予約権を加えています。

日産の自己資本比率は28.72％と目安となる50％を下回っており，負債比率は248.15％と目安となる100％を超えているため，総合的な安全性はそれほど高くないことがわかります。

第3節　短期的な安全性を評価する指標

短期支払能力を分析する指標には流動比率と当座比率があります。短期支払能力が低いと買掛金や支払手形の返済ができず倒産に至る可能性があります。

このうち，流動比率（current ratio）は，支払期限が比較的短期で到来する流動負債に充てることができる流動資産がどの程度あるかを示す比率です。

流動負債は短期で返済を要する負債なので，有事に備えていつでも返済できるようにしておくのが望ましく，そのためには現金化しやすい資産を十分に保有していればよいと考えられます。

流動比率は高いほど近い将来に現金不足になるリスクは小さいと考えられます。200％以上が一応の目安とされてきましたが，現在では売上債権や棚卸資産の管理技法の改善により，流動負債と同程度の流動資産があれば問題ない，すなわち100％以上あればよいとされています。計算式は以下のとおりです。

$$流動比率 = \frac{流動資産}{流動負債} \times 100 \ (\%)$$

流動資産の見方をより厳しく評価したものが当座比率（quick ratio）です。流動資産のうち棚卸資産などは売却しないと現金化できませんが，資産によってはすぐに売却できない場合もあります。このようなすぐに現金化できない資産を流動資産から除外した指標が当座比率です。

当座比率では，流動資産の代わりに早期に換金可能な資産である当座資産を分子に使用します。当座資産は現金及び預金，受取手形，売掛金，有価証券の合計です。なお，当座比率は100％を超えていれば安全性は高いといえます。計算式は以下のとおりです。

$$当座比率 = \frac{当座資産}{流動負債} \times 100 \ (\%)$$

日産について2018年3月期の流動比率と当座比率を求めると以下のとおりです。

$$流動比率 = \frac{11{,}682{,}845}{6{,}744{,}386} \times 100 = 173.22 \ (\%)$$

$$当座比率 = \frac{1{,}134{,}838 + 739{,}851 + 7{,}634{,}756 + 71{,}200}{6{,}744{,}386} \times 100$$

$$= 142.05 \ (\%)$$

なお，当座資産には販売金融債権を含めて計算しています。また，当座比率の計算ではより厳密には貸倒引当金を控除することもあります。

計算結果より，日産の流動比率は173.22％，当座比率は142.05％であり，目安となる100％をそれぞれ超えているので，短期的な安全性には問題がないといえます。

第4節　長期的な安全性を評価する指標

長期支払能力を分析する指標には固定比率と固定長期適合率があります。有形固定資産の取得などの長期投資は短期で回収できないため長期的資金でカバーする必要があります。このうち，固定比率は長期的な投資である固定資産を長期間返済の必要のない自己資本でどの程度カバーしているかを示す指標です。小さい方が安全性は高く，100％以下が望ましいとされています。式は以下のとおりです。

$$固定比率 = \frac{固定資産}{自己資本} \times 100（％）$$

固定資産を自己資本だけでカバーできなくても，長期間返済が不要な固定負債と自己資本の合計で固定資産をカバーできればよいという考え方に基づいて利用されるのが固定長期適合率です。固定長期適合率は，長期的な投資である固定資産を長期間返済の必要のない自己資本と固定負債でどの程度賄っているかを評価する比率であり，小さいほど安全性は高いとされています。式は以下のとおりです。

$$固定長期適合率 = \frac{固定資産}{自己資本 + 固定負債} \times 100（％）$$

日産について，2018年3月期の数値をもとに固定比率と固定長期適合率を求めると以下のとおりです。

$$固定比率 = \frac{7,064,056}{6,190,504 + (-805,767)} \times 100 = 131.19 \, (\%)$$

固定長期適合率

$$= \frac{7,064,056}{6,190,504 + (-805,767) + 6,313,780 + 303,914} \times 100 = 58.86 \, (\%)$$

なお，固定長期適合率の分母には非支配株主持分も加えています。また，通常それほど大きな影響はありませんが，分母の固定資産には繰延資産も足すとするテキストもあります。

日産の固定比率は131.19％，固定長期適合率は58.86％であり，固定比率は目安となる100％を上回る水準です。これより長期的な安全性はあまり高くないと評価できます。

第5節　損益計算書の数値を用いた安全性を評価する指標

これまで紹介してきた安全性を評価する指標では，貸借対照表の数字を利用してきましたが，損益計算書の数字を利用した安全性の指標にインタレスト・カバレッジ・レシオ（interest coverage ratio）があります。

インタレスト・カバレッジ・レシオは，利息の支払いに充てる利益が十分に稼げているかを示す指標であり，これにより企業の支払利息の支払能力を判断します。式は以下のとおりです。

$$インタレスト・カバレッジ・レシオ = \frac{営業利益 + 受取利息 + 受取配当金}{支払利息} \, (倍)$$

インタレスト・カバレッジ・レシオは高いほうが望ましいとされており，1.0倍を割る企業では利息の支払いに充てる利益を事業全体から稼げていない状態を示します。この状況が続けば倒産の可能性が高まるので注意が必要です。なお，計算の際，分子の利益には持分法による投資利益を含めるとするテキストもあります。

日産について2018年3月期の数値をもとにインタレスト・カバレッジ・レ

シオを求めると以下のとおりです。

$$\text{インタレスト・カバレッジ・レシオ} = \frac{574{,}760 + 21{,}092 + 6{,}663}{12{,}670} = 47.55（倍）$$

日産のインタレスト・カバレッジ・レシオは1倍を超えており，倒産の可能性は低いといえます。

以上の計算結果をもとに日産の財務の安全性について評価すると全体的にはあまり高くなく，特に長期的な安全性に課題があることがわかります。しかし，短期的な安全性やインタレスト・カバレッジ・レシオには問題がないため，短期的に倒産の危機に陥るような問題はないと判断できます。

第6節 安全性の分析――分析例

1 企業規模別の自己資本比率

第5節までは個別企業について安全性の指標を見てきましたが，ここでは日本企業の平均的な水準について確認します。**図表8-3**は，企業規模別の自己

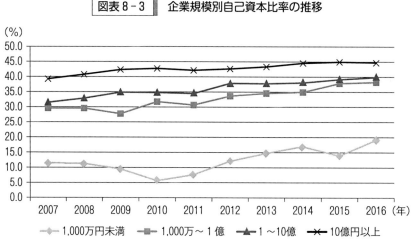

図表8-3 企業規模別自己資本比率の推移

［出所］ 財務省法人企業統計年報（規模別主要財務営業比率表，全産業）より作成。

資本比率の推移です。ここでは企業規模を計る尺度に資本金を利用しています。資本金10億円以上が大企業の目安となるので，本書で扱う上場企業はここに該当します。

　資本金が10億円以上の企業の自己資本比率を見ると，2007年には40％を切る水準でしたが，景気の回復もあり2016年には45％程度にまで上昇しています。自己資本比率が改善する傾向は資本金10億円以下の企業でも見られますが，企業規模が小さくなるに従って自己資本比率は低くなっています。たとえば，資本金1,000万円未満の企業では自己資本比率は2016年時点で20％弱と大企業の半分以下です。

　中小企業について判断を行う際に上場企業の水準を適用してしまうと，本当は良い企業だったのに融資や取引を断ってしまったということにもなりかねません。こうしたことから上場企業を分析する際は，自己資本比率の平均的水準として40〜45％程度を目安に考えることができそうですが，非上場企業への融資や取引を検討する際には企業規模に応じた自己資本比率を使う必要があるといえます。

2　業種別の自己資本比率

　図表8-4は，上場企業について業種別に自己資本比率の推移を示しています。平均値は外れ値の影響を受けるため，ここでは中央値について示しています。これによると，自己資本比率の水準は業種によりかなり異なり，医薬品や情報・通信業で60％を超える高い水準となっている一方，その他金融や電力・ガス業，海運業，石油・石炭製品では30％を下回る水準となっています。また，年度ごとの中央値は景気の回復に伴う企業業績の改善もあり，毎年少しずつ上昇する傾向があります。

　企業評価の初学者は，概ね妥当と考えられる水準がわからないために財務比率の解釈に悩むことがありますが，こうした業種別の数値を地図代わりに使うことで，企業の良し悪しが判断しやすくなります。

| 図表8-4 | 上場企業の業種別自己資本比率（中央値）の推移 |

	2013年度	2014年度	2015年度	2016年度	2017年度	5年間の中央値
医薬品	77.2	74.6	76.2	75.0	73.7	75.2
情報・通信業	63.7	64.3	63.6	63.7	63.9	63.8
鉱業	55.6	59.3	59.5	58.6	60.5	59.5
機械	56.0	57.7	58.1	58.7	58.7	57.8
化学	55.1	56.2	58.0	59.4	58.9	57.7
その他製品	56.7	56.5	57.8	58.5	58.1	57.5
精密機器	57.4	57.2	56.4	58.3	61.4	57.4
繊維製品	55.2	54.5	57.0	60.0	59.2	56.1
電気機器	55.8	55.2	56.5	54.3	56.7	55.9
金属製品	54.6	54.2	55.2	55.9	56.0	54.9
ガラス・土石製品	52.9	53.8	54.7	55.0	57.8	54.7
食料品	54.8	54.0	53.7	54.5	53.2	54.1
鉄鋼	50.2	54.1	55.6	53.3	54.5	53.7
サービス業	52.6	52.6	53.7	53.3	53.2	53.1
パルプ・紙	46.5	46.3	47.8	50.6	51.7	49.0
倉庫・運輸関連業	46.0	49.0	47.0	47.5	50.4	48.3
建設業	41.7	45.5	46.6	48.9	49.9	46.7
輸送用機器	44.7	46.5	47.0	46.6	47.0	46.2
非鉄金属	42.1	42.5	45.7	48.4	50.3	45.9
ゴム製品	44.5	44.1	47.7	47.8	47.8	45.9
小売業	44.2	44.1	45.3	46.5	47.5	45.2
卸売業	43.7	43.3	44.0	45.6	44.7	44.4
陸運業	34.2	36.6	38.5	39.7	40.5	37.9
空運業	42.9	42.9	35.4	39.7	38.6	37.0
水産・農林業	34.2	34.3	35.0	37.5	46.5	36.3
不動産業	36.5	38.3	34.5	34.9	34.0	35.2
石油・石炭製品	27.4	26.1	23.2	27.6	32.9	29.9
海運業	28.5	29.8	32.2	29.8	32.1	29.8
電気・ガス業	23.4	26.1	30.0	31.1	29.4	29.0
その他金融業	16.5	16.4	16.5	17.9	17.0	16.8
年度の中央値	50.4	51.4	51.9	52.2	53.0	51.6

[出所] QUICK Workstation Astra Manager より作成。業種分類は東証33業種分類を利用。集計の対象は金融（銀行・証券・保険）を除く全上場企業のうち、業種と自己資本比率を取得可能な17,325企業年。単位：％。

■練習問題：JR3社の安全性の分析

1．JR東日本，JR東海，JR西日本について，2018年3月期の財務データを取得しテキストで紹介した指標を計算しましょう。
2．3社の各指標の比較からどんなことが言えますか。
3．JR東日本の優れている点はどこですか。

第9章

成長性の分析

本章の内容

第9章では，成長性の分析で利用される主要な指標について説明します。その上で，日産，コーセー，オリエンタルランドのデータを用いて過去や将来の成長性について分析の一例を示します。

本章のゴール

成長性の指標について，主要な指標と分析の手法について理解する。

第1節　成長性の分析とは

　成長性の分析では，企業が過去からどの程度成長してきたかを明らかにする分析です。また，この分析は企業が今後どの程度成長しそうかを予想する分析の基礎にもなります。各指標の成長性が今後も高いと予想されるならば，株価・株式時価総額も上昇する可能性が高いと考えられるので，株式投資家にとっては特に重要な分析となります。

　さらに，企業評価モデルでは，将来の利益やキャッシュフローの成長性をモデルにインプットする変数として用います。将来の利益やキャッシュフローの見通しを立てるには，まず過去からの利益やキャッシュフローの特徴を確認しておかなければなりません。そのため，成長性の分析は企業評価においても非常に重要な分析であるといえます。

　成長性の分析では，任意の指標について一定期間の成長性を分析します。分析の手法としては，単年度の分析，複数年度の分析，複数年度の平均的な伸び

率の分析があります。

1 単年度の分析

すでに示した売上や利益などの前年比は，ある指標についての1年間の伸び率を示すことから成長性の分析の1つと考えることができます。この分析では，損益計算書の数値のみならず，総資産やキャッシュフローの金額など様々な数値について計算され，1年間でその金額がどの程度成長したかが明らかになります。式は以下のとおりです。

$$前年比 = \left(\frac{当年の売上・利益など}{前年の売上・利益など} - 1\right) \times 100 \ (\%)$$

2 複数年度の分析

短期的な業績は安定しないこともあるため，成長性の分析ではより長期についても分析を行います。分析の期間は明らかにしたい事柄にもよりますが，5年程度を見るとその指標の傾向が見えてきます。その際，具体的に数字が何パーセント伸びたかということも大事ですが，売上や利益のトレンドやボラティリティ（変動の度合い）についても確認します。

売上や利益のトレンドに関しては，過去，売上・利益ともに横ばいの傾向があるならば，今後もその傾向が強いと考えられます。また，売上や利益が下降トレンドにあるならば，今後も下降トレンドで推移する可能性が高くなります。下降トレンドにあったものが今後急激に改善すると予想するときには何らかの理由があるはずですが，その理由が説明できないのならその見通しの信頼性は低いといえます。

売上や利益のボラティリティに関しては，利益が乱高下する傾向がある企業では，今後の利益も同様の傾向をたどると考えられます。一方，利益が増える年，減る年があってもその振れ幅が少ない企業は，今後も利益の振れ幅は少なくなると考えられます。こうした売上や利益のトレンドには，企業の事業内容や業界環境，経営方針などが影響している場合も少なくありません。たとえば，電子部品などは数年に一度しかないような大型の新製品の発売に伴い大口の受

注が入れば売上・利益は伸びますが，その特需がなくなればその分，売上・利益は減少します。そのため，売上・利益のボラティリティは大きくなる傾向があります。

一方で，化粧品を扱う企業では，不況になったから化粧水を買い控えることはありませんし，好況だからファンデーションをたくさん使用するということもありません。そのため，売上や利益は比較的安定する傾向があります。業界環境の変化や経営戦略の変更により過去のトレンドが変化することもありますが，過去がどのような傾向であったかを知ることは，将来どのようになりそうかを考える上での出発点となります。

具体的に確認するため，日産について過去の損益計算書の主要な項目について分析してみましょう。**図表9-1**は日産の2012年3月期から2018年3月期までの過去7年間について，損益計算書の主要な項目の推移を示しています。売上に関しては7年中5年で増加しており，最も売上が伸びた2014年3月期は，売上は前年比20.0％増加しました。一方，売上が減少した年の前年比は，2013年3月期が－7.1％，2017年3月期が－3.9％であり，いずれも1桁程度のマイナス幅となっています。売上の前年比に関して言えば，プラスにもマイナスにも変化しており，毎年増加する，もしくは毎年減少するといった一定の傾向は見られません。

本業による生み出された利益を示す営業利益に着目すると7年中4年で増加していますが，残り3年は減少しています。利益が増加する年は2016年3月期のように前年比で34.6％も増加しますが，減少するときは2018年3月期の－22.6％や2013年3月期の－19.6％のように2割前後の減少となっており，利益のボラティリティが大きく，また，売上に対する利益のボラティリティも大きいことがわかります。

加えて，売上の伸びほど利益が伸びないことが多く，逆に売上が落ち込んだ年は売上の落ち込み以上に利益が減少する傾向があることもわかります。以上より，日産の過去の売上・営業利益は伸びたり減ったりする傾向があり，特に営業利益のボラティリティが大きいという特徴があることがわかります。

なお，自動車メーカーに関しては世界各国の自動車販売動向などの影響もありますが，為替も業績に大きく影響します。そのため，円安であれば円ベース

154　第 2 部　財務比率の分析

図表 9-1　日産の損益計算書（主要な項目の推移）

	2012 年3 月期	2013 年3 月期	2014 年3 月期	2015 年3 月期	2016 年3 月期	2017 年3 月期	2018 年3 月期
売上高	9,409,026	8,737,320	10,482,520	11,375,207	12,189,519	11,720,041	11,951,169
（前年比）	7.2%	-7.1%	20.0%	8.5%	7.2%	-3.9%	2.0%
営業利益	545,839	438,823	498,365	589,561	793,278	742,228	574,760
（前年比）	1.6%	-19.6%	13.6%	18.3%	34.6%	-6.4%	-22.6%
経常利益	535,090	504,421	527,189	694,232	862,272	864,733	750,302
（前年比）	-0.5%	-5.7%	4.5%	31.7%	24.2%	0.3%	-13.2%
親会社株主に帰属する当期純利益	341,433	341,117	389,034	457,574	523,841	663,499	746,892
（前年比）	7.0%	-0.1%	14.0%	17.6%	14.5%	26.7%	12.6%
為替レート							
（ドル／円）	79.1	82.9	100.2	109.8	120.2	108.3	110.9
（ユーロ／円）	109.0	106.8	134.2	138.7	132.6	118.7	129.7

[出所]　日産自動車決算短信より作成。単位：百万円。

の売上が増加するため，業績が改善します。2014 年 3 月期から 2016 年 3 月期は前年に比べて円安になったため業績も大幅に改善したと考えられます。

3　複数年度の平均的な伸び率の分析

毎年の変化率をとらえて分析をする以外に，過去数年で平均的にどれくらいの伸びを実現したかを表す指標に CAGR（compound average growth rate；年平均成長率）があります。CAGR の計算式は以下のとおりです。

$$\text{CAGR} = \left(\left(\frac{\text{分析初年度を 1 とした場合の } n \text{ 年度の売上}}{\text{分析初年度の売上}} \right)^{\frac{1}{n-1}} - 1 \right) \times 100\ (\%)$$

たとえば，日産の売上について 2012 年 3 月期から 2018 年 3 月期までの CAGR を計算すると，分析初年度（2012 年 3 月期）の売上が 9,409,026 百万円，n 年度目（2018 年 3 月期）の売上が 11,951,169 百万円，n = 7 となり，以下のとおり計算されます。

$$\text{CAGR} = \left\{ \left(\frac{11{,}951{,}169}{9{,}409{,}026} \right)^{\frac{1}{7-1}} - 1 \right\} \times 100 = 4.1\%$$

　これより，日産のこの7年間の売上のCAGRは4.1%であったことがわかります。同様に利益についてCAGRを計算すると，営業利益が0.9%，経常利益が5.8%，親会社株主に帰属する当期純利益が13.9%です。営業利益は0.9%なので，本業から生じた利益はほぼ横ばいといえます。また，親会社株主に帰属する当期純利益は13.9%増加していますが，これは特別損益や税金の影響を受けることから企業の本業の実力を示しているとはいえません。このようなことから，日産のここ7年間の業績は，売上は伸びたものの利益に関しては良い年・悪い年があり，ならすと横ばいだったという結論が得られます。

　日産とは異なる売上・利益のトレンドを示す企業の例として，第3章で分析したコーセーについても確認してみましょう。**図表9-2**はコーセーの2012年3月期から2018年3月期までの過去7年間について，損益計算書の主要な項目の推移を示しています。これによると，売上の前年比は分析初年度の2012年3月期を除いて全てプラスであり，2桁以上の成長を遂げた年も3回あります。営業利益に関しても，2012年3月期を除いて前年比は全てプラスで，うち2年は50%以上成長しています。

　また，売上・利益は2012年3月期を除いてここ6年間は一貫して上昇トレ

図表9-2　コーセーの損益計算書（主要な項目の推移）

	2012年3月期	2013年3月期	2014年3月期	2015年3月期	2016年3月期	2017年3月期	2018年3月期
売上高	166,508	170,685	190,049	207,821	243,390	266,762	303,399
（前年比）	-2.7%	2.5%	11.3%	9.4%	17.1%	9.6%	13.7%
営業利益	11,427	11,864	18,934	22,647	34,634	39,160	48,408
（前年比）	-17.4%	3.8%	59.6%	19.6%	52.9%	13.1%	23.6%
経常利益	11,783	14,420	21,501	25,106	34,566	39,564	48,508
（前年比）	-14.0%	22.4%	49.1%	16.8%	37.7%	14.5%	22.6%
親会社株主に帰属する当期純利益	5,021	6,720	11,132	12,057	18,655	21,657	30,611
（前年比）	-25.3%	33.8%	65.7%	8.3%	54.7%	16.1%	41.3%

［出所］　コーセー決算短信より作成。単位：百万円。

ンドにあり，前年比が高い年，低い年はあるものの減収・減益になることなく成長を維持しています。加えて売上の伸び以上に利益の伸びが高くなっていることもわかります。

　コーセーについて2012年3月期から2018年3月期までのCAGRを計算すると，売上が10.5％，営業利益が27.2％，経常利益が26.6％，親会社株主に帰属する当期純利益が35.2％です。本業から生み出された利益を示す営業利益はこの7年間で年平均27.2％成長しており，非常に好調であったことがわかります。

　コーセーは，ここ数年インバウンド需要の恩恵を受けて国内の化粧品売上が順調に推移したほか，M&Aにより獲得した米国タルト社の貢献などもありました。こうした環境が継続するとするならば，今後も業績の伸長は続くだろう，といったように過去の分析を将来の分析へとつなげていきます。

　日産とコーセーは事業内容やビジネスモデルが全く異なるため，これをもってどちらが良いという議論はできませんが，売上や利益の傾向が全く異なることについては確認ができました。売上・利益ともに前年比がプラスとマイナスを行ったり来たりする日産と売上・利益ともに増加基調にあるコーセーとでは，将来の売上・利益の見通しも全く異なると考えられます。

第2節　成長性の分析──分析例

　財務比率の分析では自動車大手3社について分析を行ってきましたが，自動車会社の業績は為替の影響を大きく受ける一方で為替の予想はできないため，ここでは比較的業績の見通しを立てやすいオリエンタルランドを例に過去と将来について成長性の分析を行います。オリエンタルランドは東京ディズニーランドや東京ディズニーシーを運営する企業であり，テーマパーク以外にもホテルや商業施設の運営を行っています。東証33業種分類ではサービス業に分類され，会計基準は日本基準を採用しています。

　図表9-3は，オリエンタルランドの年間入園者数を示したものです。これまでディズニーシーのオープンやディズニーランドの開業25周年，開業30周年などのイベントがあるとき，新規アトラクションが導入された際などに来場

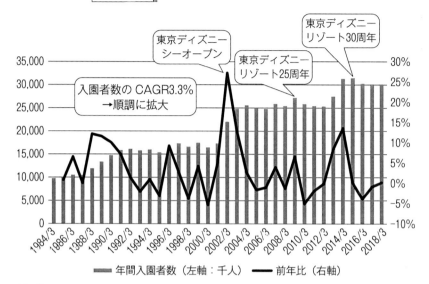

図表9-3　オリエンタルランドの年間入園者数

[出所]　オリエンタルランドFACT BOOK 2018より作成。

者が増加しています。来場者が増えれば、ホテルの利用や飲食・土産物の購入代金なども増加し、売上が拡大すると考えられます。加えて、天候やチケットの価格も入場者数を左右する要因となります。こうした事柄も含めて、過去の成長性について分析を行います。

図表9-4はオリエンタルランドの損益計算書の主要な項目について、過去7年間の金額と前年比を示しています。売上に着目すると、2014年3月期は19.7%と伸び率が高くなっていることがわかります。2014年3月期は開園30周年で記念のイベントが多く来場者が増え、売上が大幅に増加しました。しかし、2015年3月期と2016年3月期は、－1.5%、－0.2%と若干ではありますがマイナス成長です。これは、2014年3月期がかなり高い水準にあったため、その反動があったと考えられます。2017年3月期は2.7%とプラス成長に回帰したものの、2018年3月期は0.3%とほぼ横ばいであり、ここ数年は大きな売上の伸びは確認されません。

　同様に利益についても見ていきます。営業利益は売上が伸びた2013年3月

図表9-4　オリエンタルランドの過去の業績

	2012年3月期	2013年3月期	2014年3月期	2015年3月期	2016年3月期	2017年3月期	2018年3月期	CAGR（7年）
売上高	360,060	395,526	473,572	466,291	465,353	477,748	479,280	—
（前年比）	—	9.9%	19.7%	-1.5%	-0.2%	2.7%	0.3%	4.9%
営業利益	66,923	81,467	114,491	110,605	107,357	113,152	110,285	—
（前年比）	—	21.7%	40.5%	-3.4%	-2.9%	5.4%	-2.5%	8.7%
経常利益	66238	80,867	112,671	110,486	109,214	114,611	111,660	—
（前年比）	—	22.1%	39.3%	-1.9%	-1.2%	4.9%	-2.6%	9.1%
親会社株主に帰属する当期純利益	32,113	51,484	70,571	72,063	73,928	82,374	82,374	—
（前年比）	—	60.3%	37.1%	2.1%	2.6%	11.4%	-1.4%	16.7%

［出所］　オリエンタルランド決算短信より作成。単位：百万円。

期や2014年3月期，2017年3月期は増加しています。一方で，売上が減少した2015年3月期や2016年3月期に関しては利益が落ち込んでいます。売上が減少してもコストダウンなどで利益を捻出できる企業もありますが，オリエンタルランドの場合は大半が設備や人件費などの固定費であるため，入場者の減少はダイレクトに利益の減少につながるようです。

　経常利益や親会社株主に帰属する当期純利益については，特別損益などの影響もあるため営業利益の動向と全く一緒とはなりませんが，営業利益が好調なときは経常利益と親会社株主に帰属する当期純利益も好調に推移しています。また，興味深いのは利益は前年から減少したとしても，その幅が限定的である点です。少なくともこの7年間を見る限り10%を超えるような大幅な利益の減少はありません。

　7年間のCAGRについて見ると，売上が4.9%，営業利益が8.7%です。売上・利益ともにプラスで，営業利益は10%近い成長が見られることから，利益面では好調に推移していることがわかります。また，売上以上に利益が伸びている点も特徴的です。

　過去の成長性をもとに，将来の成長性についても確認します。通常，会社が公表する業績予想は1年ですが，証券会社のアナリストが作成する予想は3年以上あることが一般的です。そこで，ここでは証券会社各社のアナリスト予想

図表9-5　オリエンタルランドの将来の見通し（アナリスト予想）

	2018年3月期	2019年3月期	2020年3月期	2021年3月期	2022年3月期	2023年3月期	CAGR（6年）
売上高	479,280	516,877	524,559	575,078	617,972	655,937	—
（前年比）	0.3%	7.8%	1.5%	9.6%	7.5%	6.1%	6.5%
営業利益	110,285	126,964	132,582	158,422	183,632	197,832	—
（前年比）	-2.5%	15.1%	4.4%	19.5%	15.9%	7.7%	12.4%
経常利益	111,660	128,564	134,320	160,298	185,884	200,213	—
（前年比）	-2.6%	15.1%	4.5%	19.3%	16.0%	7.7%	12.4%
親会社株主に帰属する当期純利益	81,191	90,050	94,100	112,378	130,132	140,112	—
（前年比）	-1.4%	10.9%	4.5%	19.4%	15.8%	7.7%	11.5%

［出所］　IFISコンセンサス（2018年6月末時点）。2018年3月期は実績，2019年3月期以降は予想。
単位：百万円。

の平均値であるコンセンサスデータを用いて将来の成長性の分析を行います。

　図表9-5は，オリエンタルランドのアナリスト予想を示しています。これによると2021年3月期の売上は9.6％と高い値になっていますが，これは東京オリンピック開催に伴う訪日外国人の特需を期待していると推測できます。さらに，2023年3月期にはディズニーシーが拡張されることが発表されており，アナリスト予想は2021年3月期以降3年間，高い売上の伸びを予想しています。また，売上の伸びに伴い利益は売上以上に伸びる予想となっていますが，2023年3月期の利益がそれほど伸びないのはディズニーシー拡張に伴い減価償却費が増加することを織り込んでいるのかもしれません。

　今後のCAGRを見ると，売上が6.5％，営業利益は12.4％，経常利益は12.4％，親会社株主に帰属する当期純利益は11.5％です。売上・営業利益・経常利益の伸びは過去7年間と比較すると少し高くなります。これより，今後の成長は過去よりも若干高くなると予想されていることがわかります。

　過去の分析に関しては，会社の開示資料などを確認すればある程度理由なども明らかになりますが，予想に関しては「こうではないかな？」という推測に過ぎず，分析時点で正解はありません。仮に正解があるとすれば，実績が公表されたときの実績値が正解になります。しかし，将来のことは誰もわかりませんので，アナリストの予想も実績と大きくかけ離れることもあります。このテ

キストが出版されるころには決算も発表されているので，アナリストの予想が合っているか違っているか，興味があったら確認してみてください。

第3節　決算短信の表紙を用いた財務諸表と財務比率の分析の実践

　第2部で紹介した財務比率に関しては分析者自身で計算することもできますが，主要な比率については決算短信の表紙にも記載されています。**図表9-6**は日産の2018年3月期の決算短信の表紙です。たとえば，ROEは「自己資本当期純利益率」という名前で，上から2つ目のボックスの真ん中あたりに記載があります。ROAに関しては事業利益を用いた計算結果ではありませんが，近い概念である経常利益を用いた計算結果がROEの右側に「総資産経常利益率」という名前で記載されています。また，その右には本業から生み出された利益である営業利益の利益率が「売上高営業利益率」として記載されています。

　なお，一番上のボックスには売上から親会社株主に帰属する当期純利益まで損益計算書の主要な項目についての実績値が記載されています。金額の右側に記載されている％表示は各項目の前年比を示しており，これを用いれば成長性の分析ができます。さらにEPSに関しても「1株当たり当期純利益」として記載があります。

　貸借対照表に関しては，上から3段目のボックスにサマリーがあります。左から順番に，総資産の金額，純資産の金額，自己資本比率，1株当たり純資産（BPS）が記載されています。また，ボックスの下には自己資本の金額があります。加えて，キャッシュフロー計算書の情報としては，営業・投資・財務活動によるキャッシュフローの金額及び現金及び現金同等物の期末残高の記載があります。

　このように，決算短信の表紙にはここまで本書で説明を行ってきた重要な数値や指標が凝縮されています。そのため，決算短信の表紙だけで主要な分析ができ，企業の状況を把握することができます。そこで，以下では決算短信の表紙だけで日産の2018年3月期の状況についてどこまでわかるか分析してみます。

　まず，「(1)連結経営成績」で前年比に着目すると，売上が前年から2.0％伸び

第9章 成長性の分析 161

図表9-6 日産の決算短信の表紙（2018年3月期）

平成30年3月期 決算短信〔日本基準〕（連結）

平成30年5月14日

上場会社名　日産自動車株式会社　　　　　　　　　　　　　　　　　　上場取引所　東
コード番号　7201　URL https://www.nissan-global.com/JP/IR/
代表者　　　（役職名）取締役社長　　　　　　　　　（氏名）西川 廣人
問合せ先責任者（役職名）IR部 常務執行役員　　　　　（氏名）田川 丈二　　　TEL 045-523-5523
定時株主総会開催予定日　　　未定　　　　　　　配当支払開始予定日　　　未定
有価証券報告書提出予定日　　未定
決算補足説明資料作成の有無　：　有
決算説明会開催の有無　　　　：　有

（百万円未満四捨五入）

1. 平成30年3月期の連結業績（平成29年4月1日〜平成30年3月31日）

(1) 連結経営成績　　　　　　　　　　　　　　　　　　　　　　　　　　　　　　　　　　　　　（％表示は対前期増減率）

	売上高		営業利益		経常利益		親会社株主に帰属する当期純利益	
	百万円	%	百万円	%	百万円	%	百万円	%
30年3月期	11,951,169	2.0	574,760	△22.6	750,302	△13.2	746,892	12.6
29年3月期	11,720,041	△3.9	742,228	△6.4	864,733	0.3	663,499	26.7

（注）包括利益　30年3月期　740,338百万円（20.2％）　29年3月期　615,950百万円（720.1％）

	1株当たり当期純利益	潜在株式調整後1株当たり当期純利益	自己資本当期純利益率	総資産経常利益率	売上高営業利益率
	円 銭	円 銭	%	%	%
30年3月期	190.96	190.96	14.6	4.0	4.8
29年3月期	165.94	165.94	13.8	4.8	6.3

（参考）持分法投資損益　30年3月期　205,645百万円　29年3月期　148,178百万円

(2) 連結財政状態

	総資産	純資産	自己資本比率	1株当たり純資産
	百万円	百万円	%	円 銭
30年3月期	18,746,901	5,688,735	28.7	1,377.05
29年3月期	18,421,008	5,167,136	26.4	1,242.90

（参考）自己資本　30年3月期　5,384,737百万円　29年3月期　4,861,847百万円

(3) 連結キャッシュ・フローの状況

	営業活動によるキャッシュ・フロー	投資活動によるキャッシュ・フロー	財務活動によるキャッシュ・フロー	現金及び現金同等物期末残高
	百万円	百万円	百万円	百万円
30年3月期	1,071,250	△1,147,719	36,810	1,206,000
29年3月期	1,335,473	△1,377,626	320,610	1,241,124

2. 配当の状況

	年間配当金					配当金総額（合計）	配当性向（連結）	純資産配当率（連結）
	第1四半期末	第2四半期末	第3四半期末	期末	合計			
	円 銭	円 銭	円 銭	円 銭	円 銭	百万円	%	%
29年3月期	―	24.00	―	24.00	48.00	189,146	28.9	3.9
30年3月期	―	26.50	―	26.50	53.00	207,285	27.8	4.0
31年3月期(予想)	―	―	―	―	57.00		44.6	

（注）31年3月期の年間配当金（予想）における第2四半期末及び期末の配分は未定です。

3. 平成31年3月期の連結業績予想（平成30年4月1日〜平成31年3月31日）

（％表示は、通期は対前期、四半期は対前年同四半期増減率）

	売上高		営業利益		親会社株主に帰属する当期純利益		1株当たり当期純利益
	百万円	%	百万円	%	百万円	%	円 銭
第2四半期(累計)	―	―	―	―	―	―	―
通期	12,000,000	0.4	540,000	△6.0	500,000	△33.1	127.87

（注）第2四半期連結累計期間に係る連結業績予想は行っておりません。

［出所］　日産決算短信（2018年3月期）より。

たにもかかわらず，営業利益は△22.6％，経常利益は△13.2％と減益であり，業績はあまり良くなかったことがわかります。一方，親会社株主に帰属する当期純利益は12.6％とプラスになっているので，特別利益が計上されたか税金が減少した可能性が考えられます。この理由は，損益計算書で確認することができます。

また，自己資本当期純利益率は14.6％と優良企業の水準にあり，前年の13.8％から0.8％改善していることもわかります。一方，総資産経常利益率は4.0％であり，前年の4.8％から悪化しています。これはROEが親会社株主に帰属する当期純利益を用いているのに対して，総資産経常利益率では経常利益を用いており，経常利益は減益となっていることに起因します。また，売上高営業利益率は4.8％であり，前年の6.3％から大きく低下しています。このようなことから，本業の収益性は低下したことがわかります。

次に，「(2)連結財政状態」に着目すると，自己資本比率は28.7％と大企業の平均的水準である45％と比較するとかなり低いことがわかります。しかし，前年の26.4％からは改善しており，毎期悪化していて危機的な状況というわけではないようです。

さらに「(3)連結キャッシュ・フローの状況」からは，営業活動によるキャッシュフローは2期連続黒字であるものの，2018年3月期は若干減少したことがわかります。また，投資活動によるキャッシュフローはマイナスであり，資産売却ではなく投資を行っているパターンとなっています。営業活動によるキャッシュフローと投資活動によるキャッシュフローの合計によりフリーキャッシュフローを求めると，2017年3月期が△42,153百万円，2018年3月期が△76,469百万円であり，2年連続の赤字で赤字幅も拡大しています。よって，今後もこの状況が続くようであれば新たな資金調達が必要になります。

「3．平成31年3月期の連結業績予想」（2019年3月期）では，売上高の前年比は0.4％，営業利益の前年比は△6.0％であり，売上の見通しは横ばい，本業の利益は減益となるものの減益幅は縮小する見通しです。ただし，2018年3月期は経常利益段階以降で生じた税金などの恩恵がなくなることから親会社株主に帰属する当期純利益も大幅な減益と予想されています。なお，この見通しは2018年3月期決算発表時の予想なので，期中の動向次第では修正される

可能性もあります。

「2．配当の状況」も確認しておくと，2018年3月期は53円の配当を行っており，2019年3月期も57円の配当を行う予定で，増配を予想しています。また，利益のうちどの程度配当を行っているかを示す指標に配当性向がありますが，配当性向は27.8％から44.6％に上昇する見通しです。配当性向は現在の日本では30％が目安となっているため，2019年3月期は大幅に改善する見通しです。

以上の分析のように，決算短信の表紙では主要な数字や財務比率を網羅しており，これを見ただけでもかなりのことがわかります。まずは決算短信の表紙で企業の概況を把握し，気になる点があれば各財務諸表や財務比率を確認するといった使い方も可能です。このように決算短信の表紙は企業分析にかなり有用なので，分析の仕方をマスターしておくことをお勧めします。

■練習問題：JR3社の成長性の分析
1．JR東日本，JR東海，JR西日本について，2018年3月期までの過去5期分の売上高・営業利益・経常利益・親会社株主に帰属する当期純利益の前年比を計算しましょう。
2．各社の2019年3月期の会社予想（期初の予想を利用）について，前年比を計算しましょう。
3．3社の各指標の比較からどんなことが言えますか。
4．過去，最も成長した企業はどこですか。当期，最も成長が期待できる企業はどこですか。

第3部
企業価値の評価

第10章

企業価値評価の考え方

> **本章の内容**
> 第10章では，企業価値評価を行う際に確認すべき点について確認した上で，企業評価の3つのアプローチと評価に利用する予想の情報について説明します。
>
> **本章のゴール**
> ① 企業評価の3つのアプローチと評価に際し確認すべき事項を理解する。
> ② 利用可能な業績予想とそのメリット・デメリットを理解する。

第1節　財務諸表・財務比率の分析から企業評価へ

図表10-1は食品業界に所属するサントリーとキリンについて，貸借対照表の総資産（実績）と損益計算書の主要な項目の予想値を示しています。このデータを見たときにどちらの企業が魅力的に見えるでしょうか。または，株式投資家であればどちらの企業を高く評価するでしょうか。

金額ではいずれの指標においてもキリンがサントリーを上回っています。しかし，前年比に着目した場合，売上高以外ではサントリーのほうが高い値となっています。一方で，利益率ではキリンのほうが高く，収益性はキリンのほうが良いことがわかります。規模と収益性ではキリン，成長性ではサントリーと評価できますが，総合的にはどちらが良いか判断しかねます。

しかし，株式評価の手法がわかれば，株式市場でどちらの企業が高く評価されているかを知ることができます。また，企業価値が計算できれば，どちらの企業の価値が高いか明らかになります。そこで，第3部では株価の評価の仕方

図表10-1 サントリーとキリンの財務数値の比較

		サントリー（IFRS）	キリン（IFRS）
BS	総資産 （2017年12月期実績）	1,522,029 前年比：＋7.1%	2,399,082 前年比：－1.0%
PL	売上高 （2018年12月期予想）	1,293,000 前年比：＋4.8%	1,960,000 前年比：＋5.2%
PL	営業利益 （2018年12月期予想）	127,000 前年比：＋7.7% 利益率：9.8%	196,000 前年比：＋0.9% 利益率：10.0%
PL	税引前利益 （2018年12月期予想）	123,500 前年比：＋7.9% 利益率：9.6%	235,000 前年比：＋0.5% 利益率：12.0%
PL	親会社の所有者に帰属する 当期純利益 （2018年12月期予想）	80,000 前年比：＋2.4% 利益率：6.2%	155,000 前年比：－36.0% 利益率：7.9%

［出所］　各社決算短信より作成。単位：百万円。

や企業価値の求め方について説明を行っていきます。

第2節　企業評価に際して確認すべきこと

　企業評価を行うにあたり，はじめに確認すべきポイントが4点あります。それは，分析者の視点，評価の対象，評価の基準日，評価の手法です。

1　誰の視点で評価するか

　企業評価の際，株主（投資家）と経営者のどちらの視点で評価するのかは重要な論点です。株主にとっては企業がいくら利益を稼いでも，株主に配分される利益がゼロであればその投資の価値はゼロになります。このようなことから，株主は企業評価に際し自分の取り分，すなわち株主資本の価値について評価を

図表10-2 株主の価値と企業全体の価値

BS	
資　産	事業用負債
	有利子負債
	株主資本

株主資本 → 株主価値
株主資本＋有利子負債＋事業用負債 → 企業全体の価値

行うことになります。

　一方で，企業の経営者は資金調達を株式だけに依存しているわけではなく，負債（有利子負債）も導入することで経営を行っています。そのため，株主資本に債権者の価値も考慮した企業全体の価値について検討する必要があります。**図表10-2**に示すように，以降では便宜的に株主にとっての企業価値を「株主価値」，経営者にとっての企業価値を「企業全体の価値」と定義し説明を行います。

2　評価の対象は何か

　評価の対象には，資産，事業，子会社，企業，株式などがあります。たとえば，ソニーは近年，リストラクチャリングで複数の事業や資産を売却しています。2012年にはデクセルアルズという子会社をファンドに売却していますが，この際の評価対象は子会社です。また，2014年にはVAIO事業を日本産業パートナーズに売却しています。この際の評価の対象は事業の価値ということになります。さらに，2014年には旧本社ビルを売却していますが，この際の評価対象は建物という有形固定資産です。同様に，2013年には子会社のソニーEMCS（現ソニーグローバルマニュファクチャリング＆オペレーションズ）の美濃加茂工場跡地を千趣会に売却していますが，この際の評価対象は有形固定資産に含まれる土地になります。

　事業全体の売却を検討しているのに，当該事業の一部である子会社しか評価しなかったとなると，評価額が正しく算定されません。そのため，はじめにどこからどこまでが評価対象かを明確にする必要があります。

3 評価基準日はいつか

　資産の価値は時間とともに変化します。たとえば，建物や機械設備などは時間の経過とともに価値は低減します。また，土地や不動産などは時代とともに資産価値が上下します。企業価値も同様で，上場企業の株価は日々変動しており，非上場企業でも事業が好調なときは価値が上昇し，不調なときは価値が下落します。このため，今の価値と1年後の価値は同じではありません。

　評価の際は，いつの時点の価値か示す必要があり，状況に応じて価値を再計算する必要があります。企業を買収しようとして価値を算定したものの，意思決定に時間がかかって半年たってしまったような場合，価値が変動し当初算出した金額で買収できないこともあるからです。

　たとえば，ソフトバンクは2012年10月に米国の携帯電話会社Sprintの買収を発表しました。**図表10-3**はSprintの株価を示しています。買収発表時のSprintの株価は6ドルであり，買収価格はそれ以前の株価を参考に決定されています。買収完了後にはSprintの株価は一時11ドルになりました。このようなときに買収価格を計算していたら買収価格はさらに高くなっていたかもしれません。

図表10-3　Sprintの株価推移

[出所]　Yahoo finance U.S. より。

4　企業評価の手法

　企業を評価する際の考え方は，**図表10-4**に示すようにマーケットアプローチ，インカムアプローチ，コストアプローチの3つに大別されます。マーケットアプローチは実際の株式市場で取引されている類似企業の株価をベースに株主価値や企業全体の価値を評価する手法です。これには株価倍率法，市場株価法，類似取引比準法などがあります。第2章，第3章で説明したPBRやPERは株価倍率法の1つです。市場株価法は，評価対象企業の一定期間の株価の平均値などを用いて株主価値を算出する方法です。類似取引比準法はM&Aなどで過去の類似する事例の取引額をベースに様々な指標を計算し，それを用いて買収価格を算出する方法です。

　インカムアプローチは評価対象となる企業のキャッシュフローや株式の配当など，将来受け取る収益をベースに企業全体の価値や株主価値を評価する手法です。具体的なモデルとしてはDDM（配当割引モデル）やDCFモデル（ディスカウント・キャッシュフロー・モデル）があります。マーケットアプローチやインカムアプローチの特徴としては，株式価値や企業全体の価値を評価するのに将来の数値を利用している点にあります。これは，企業の価値が過去の蓄積ではなく，将来の見通しによって決まることに起因しています。

図表10-4　企業を評価する際の3つの考え方

	ベースとなる考え方	代表的なモデル・手法
マーケットアプローチ	・実際の株式市場で価格付けされている類似企業の株価をベースに株主価値や企業全体の価値を評価する手法	・株価倍率法 ・市場株価法 ・類似取引比準法
インカムアプローチ	・将来受け取る収益（キャッシュフローや配当など）をベースに株主価値や企業全体の価値を評価する手法	・DDM ・DCFモデル
コスト（アセット）アプローチ	・過去の蓄積（資産）をベースとする手法 ・企業の純資産の時価評価額等を基準に株主資本の価値を算出する	・簿価純資産法 ・修正純資産法 ・時価純資産法

コストアプローチはアセットアプローチとも呼ばれ，過去の蓄積（資産）をベースに評価を行う手法です。企業の純資産の時価評価額などを基準に，時価を一部もしくは全部に対して加味して評価を行います。たとえば，簿価純資産法は評価対象の貸借対照表上の純資産を評価額とみなす手法です。修正純資産法は，評価対象の時価と簿価の差額が重要な項目のみ時価に置き換えて評価します。時価純資産法は，評価対象の全ての資産・負債を時価に置き換えて純資産を計算します。

コストアプローチの手法は企業を解散するような場合には有効ですが，上場企業は継続企業であることを前提に評価するので，コストアプローチの考え方はなじみません。よって，以降ではマーケットアプローチとインカムアプローチについて説明します。なお，企業評価では使用する評価モデルにより算出される価格が異なります。そのため，必ず複数の手法を用いて評価を行い，最終的な価格を見極めていきます。

第3節　企業評価に重要な予想の情報

マーケットアプローチやインカムアプローチでは将来の利益やキャッシュフローなどの予想の情報が必要です。一般に入手できる予想の情報には，**図表10-5**に示す会社予想，アナリスト予想，出版社の記者の予想（四季報予想）があります。

会社予想は，第3章でも説明しましたが企業が公表している次期の予想であり，単に業績予想と呼ばれることもあれば，アナリストの予想と区別するために経営者予想と呼ばれることもあります。これは内部情報を熟知する企業が作成した予想であるというメリットがある反面，企業のバイアスが入っていることや更新頻度が低いというデメリットもあります。また，公表されている予想は売上や利益などの主要な指標に限定されており，必要な数字が必ずしも入手できるとは限りません。

これに対し，アナリスト予想は証券会社のアナリストが作成する予想です。アナリスト予想には複数の証券会社のアナリストが作成した予想の平均値であるコンセンサスデータが使われており，アナリストが予想を更新するたびにコ

図表10-5　利用可能な業績予想

	内容	メリット	デメリット
会社予想 (業績予想・経営者予想)	会社が短信の表紙で発表する自社の予想	内部情報を熟知する会社が作成した予想	企業のバイアスが入る。更新頻度は低い
アナリスト予想	証券会社のアナリストが作成する予想	更新が頻繁(情報が新しい)	アナリストのバイアスが入る
出版社の記者の予想 (四季報予想)	東洋経済新報社の記者の独自取材に基づく予想	バイアスは小さい	基本的には会社予想に従う
分析者が独自に作成する予想	会社予想等を参考に,分析者が予想を作成	最新情報,独自の調査を反映できる。他者のバイアスがない	予想作成に手間がかかる

ンセンサスデータが更新されます。そのため,企業を調査するアナリストの数が多いほど更新が頻繁に行われ,新しい情報が予想に織り込まれます。一方で,アナリストのバイアスが入ってしまうというデメリットもあります。また,アナリストにより調査されていない企業ではアナリスト予想はありません。

なお,コンセンサスデータはファイナンス系の情報を提供するインターネットのサイトなどで一部を入手することはできますが,基本的には有料です。一般的に利用されているデータとしては,日経会社情報DIGITALやQUICK Workstation Astra Managerから取得できるQUICKコンセンサスやIFIS社のIFISコンセンサスなどがあります。

出版社の記者の予想である四季報予想は『会社四季報』に記載されている予想で,東洋経済新報社の記者が作成した独自取材に基づく予想です。以前は四半期で公表されていたため,予想が入手できるのも四半期おきでしたが,現在はインターネットなどでも情報のアップデートがされているようです。しかし,基本的には会社予想に沿った内容であり,アナリスト予想が複数のアナリストの予想の平均値を使っているのに対し,その企業を担当する記者の予想の能力に予想の精度が左右される傾向もあります。なお,以前は『日経会社情報』で

も同様の予想情報が取得できましたが，現在は休刊となっています。

このように見てくると，それぞれの情報にはバイアスや更新頻度，入手可能な項目で制約があることがわかります。そのため，巨額の資金の投下を伴うM&Aや業務提携のための株式取得，顧客資産の運用など，重要な意思決定や精緻な評価を要する際には自身で業績を予想することが最善であるといえます。自身で予想する予想には独自の調査内容や最新の情報を反映でき，他の予想に含まれるようなバイアスの問題はありません。しかし，予想作成に専門的な知識や業界に関する詳しい情報を要すること，時間や手間がかかるという問題はあります。

なお，日本では古くから証券取引所が上場企業に業績予想の公表を要請してきたので，多くの企業で業績予想が公表されています。会社が作成する予想は決算短信などから無料で情報が入手できることもあり，日本では会社予想が主要な役割を担ってきました。しかし，米国では通期の会社予想開示は義務でないために，会社予想の開示はあまり進んでいません。そのため，米国ではアナリスト予想や出版社が提供する業績予想がより重視される傾向があります。

■練習問題：サントリーとキリンの業績予想情報を取得する

1. サントリーとキリンについて，可能な範囲で会社予想以外の業績予想を探してみましょう。
2. 1で入手した予想について，会社予想とどれくらいの乖離があるか確認しましょう。

第11章

マーケットアプローチによる評価

> **本章の内容**
>
> 第11章では，マーケットアプローチによる評価手法について説明します。具体的には，PER，PBR，PSR，PCFR，EV/EBITDA倍率，PEGレシオを取り上げます。
>
> **本章のゴール**
>
> 複数のマーケットアプローチによる指標により株式評価・企業評価を行えるようになる。

第1節　マーケットアプローチの基本的な考え方

マーケットアプローチにはいくつかの手法がありますが，ここでは上場企業の株価評価で一般的に使われる株価倍率法を中心に説明を行います。図表11-1に示すように，株価倍率法では株価や株式時価総額などの市場価格を利益や資産，売上高などの会計数値で基準化した評価指標（マルチプル）により評価を行います。計算されたマルチプルは同業他社や市場平均と比較することで，現在の株価が割安か割高かを判断します。なお，マルチプルは値が高いほど株価が割高であることを意味します。

マーケットアプローチのメリットとしては，計算が簡単であること，評価額に市場価値を織り込めること，株式市場での評価を取り入れることで評価の客観性を確保できる点が挙げられます。

また，後述するインカムアプローチでは，将来キャッシュフローや期待収益

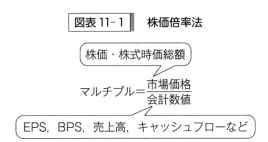

率の推計で一定の前提が置かれており、分析者の恣意性が介入する余地が多分にあります。加えて、こうした前提条件が正しいとは限らず、予想のわずかなずれで評価額が大きく変わることがあります。

このような問題点はマーケットアプローチにおいても少なからずありますが、マーケットアプローチでは株式市場の評価というインカムアプローチにはない客観的な視点を取り入れている点が特徴です。ただし、株式市場が必ずしも正しい評価をしているわけではないことには注意を要します。以下ではマーケットアプローチの代表的な指標について説明します。

第2節 マーケットアプローチの代表的な指標

1 PER

PER（price earnings ratio；株価収益率）は、株価がEPSの何倍で評価されているかを示す指標です。第3章でも説明したようにPERは株価を1株当たり当期純利益で割って求めますが、分子と分母に発行済株式数を掛けるとそれぞれ株式時価総額と親会社株主に帰属する当期純利益になるので、株式時価総額を親会社株主に帰属する当期純利益で割っても同じ計算結果が得られます。理論的には、何年分の利益で投資額を回収できるかを表しています。式は以下のとおりです。

$$\text{PER} = \frac{\text{株価}}{EPS（1株当たり当期純利益）}$$

$$= \frac{株価 \times 発行済株式数}{EPS（1株当たり当期純利益）\times 発行済株式数}$$

$$= \frac{株式時価総額}{親会社株主に帰属する当期純利益} \text{（倍）}$$

　PERは損益計算書の数値を用いた評価手法であり，企業評価で重視するキャッシュフローや利益のうち利益の視点を織り込んでいる点が特徴です。また，1株当たり当期純利益および親会社株主に帰属する当期純利益は予想値を用いるのが一般的であり，将来の予想を評価に織り込める点でも優れています。日本では予想EPSに会社予想を利用できるため，PERはプロの投資家（機関投資家など）だけでなく個人投資家にも広く使われています。

　PERは利益が十分に出ている企業の評価に有効であり，利益がマイナスの企業や一時的に巨額な特損益の計上を予定している企業，利益が十分に出ていない企業には使えません。そのため，PERが適用できない企業に関しては，他の指標で評価するか，特損益が計上されている場合はその影響を除外してPERを計算するなどの工夫が必要になります。

2　PBR

　PBR（price book-value ratio；株価純資産倍率）は，株価がBPSの何倍で評価されているかを示す指標です。第2章でも説明したようにPBRは株価を1株当たり純資産で割って求めますが，分子と分母にそれぞれ発行済株式数を掛けるとそれぞれ株式時価総額と純資産になるので，株式時価総額を純資産で割っても同じ計算結果が得られます。なお，BPSは1株当たり純資産と呼ばれますが，分母には自己資本を使います。式は以下のとおりです。

$$\text{PBR} = \frac{株価}{BPS（1株当たり純資産）}$$

$$= \frac{株価 \times 発行済株式数}{BPS（1株当たり純資産）\times 発行済株式数} = \frac{株式時価総額}{純資産} \text{（倍）}$$

　PBRは貸借対照表の数字を用いた評価指標であり，PBR1倍は株価の下限

の目安として用いられます。しかし，第2章でも確認したように，日本にはPBRが1倍以下の企業が多く存在するため，これはあくまでも目安でしかありません。

さらには，会社予想では自己資本の予想値は公表されていないため，BPSもしくは自己資本については実務的には実績値を使います。そのため，利益・キャッシュフローの情報が考慮されていない点，将来の予想を評価に織り込んでいない点には注意が必要です。こうしたこともあり，PBRを利用する際は他の利益やキャッシュフローを用いた評価手法を併用します。

3 PERとPBRの関係

PBRによる評価とPERによる評価の結論は必ずしも整合的でなく，PERでは割高と評価されるのにPBRでは割安に評価される場合や，PERでは割安と評価されるのにPBRでは割高と評価される場合があります。そこで，以下ではPERとPBRの関係について説明します。

PBRは以下の式で表されました。

$$\mathrm{PBR} = \frac{株価}{BPS}$$

この式の右辺の分子・分母にEPSを掛けると，以下のように［PBR＝PER×ROE］と書けます。

$$\mathrm{PBR} = \frac{株価}{BPS} = \frac{株価 \times EPS}{BPS \times EPS} = \underbrace{\frac{株価}{EPS}}_{\mathrm{PER}} \times \underbrace{\frac{EPS}{BPS}}_{\mathrm{ROE}}$$

次に，PBRとPERの高低について組み合わせをみると，**図表11-2**に示すように，①PER，PBRともに高い場合，②PER，PBRともに低い場合，③PBRは高いのにPERが低い場合，④PBRは低いのにPERが高い場合の4通りが考えられます。③と④に関しては両指標の評価が異なるためPERとPBRのどちらの結果が正しいか判断に迷います。

そこで，先ほどの［PBR＝PER×ROE］の関係式に立ち戻ると，③のようにPBRが高くPERが低い企業ではROEが高いという関係があることがわか

図表 11-2　PBR, PER と ROE の関係

	PBR		PER		ROE
パターン①	高	=	高	×	高
パターン②	低	=	低	×	低
パターン③	高	=	低	×	高
パターン④	低	=	高	×	低

ります。一方，④のように PBR が低く PER が高い企業では ROE が低いという関係があります。なお，④は利益が十分に出ていないことから，PER を適用できないケースであることも少なくありません。

　これについて実際の例で確認してみましょう。**図表 11-3** は小売業界に所属するファーストリテイリング（IFRS），エディオン（日本基準），ドンキホーテホールディングス（日本基準，2019 年 2 月にパン・パシフィック・インターナショナルホールディングスに社名変更），イオン（日本基準）について PBR, PER と ROE を示しています。なお，小売業平均は PBR が 2.1 倍であり PER が 28.6 倍です。

　ファーストリテイリングは PBR が 6.11 倍，PER が 37.4 倍なので両指標ともに，小売業平均を上回っています。また，ROE は 16.30 倍であり優良企業の目安となる 10％を上回っています。このため，どちらの評価指標で評価しても業界平均や同業他社よりも評価が高いと考えられます。

　一方，エディオンは PBR が 0.73 倍，PER が 11.2 倍なので，両評価指標ともに小売業平均を下回っています。ROE は 6.50％なので，日本企業の目標値である 8 ％を下回る水準です。このように収益面で課題があることもあり，どちらの指標を用いても株式市場の評価も高くないと考えられます。

　そして，PBR と PER で評価が異なるのがドンキホーテホールディングスとイオンです。ドンキホーテホールディングスは PBR が 3.02 倍，PER が 25.7 倍なので，PBR では小売業平均より割高，PER は小売業平均よりやや割安な傾向があります。しかし，ROE は 12.1％と 10％を超える水準であり収益性は

図表11-3　小売業界4社のPBR，PERとROE

企業名	PBR	PER	ROE
ファーストリテイリング	6.11	37.4	16.30%
エディオン	0.73	11.2	6.50%
ドンキホーテホールディングス	3.02	25.7	12.10%
イオン	1.57	51.7	3.00%
小売業平均	2.1	28.6	—

［出所］小売業平均のPERとPBRは日本取引所グループ「規模別・業種別PER・PBR（連結・単体）一覧」の東証1部，連結，単純平均，2018年5月末データを利用。PBR，PERともに実績値ベース。個別企業のPBR，PER，ROEは日本経済新聞ホームページより2018年5月末のデータを取得。PBRは実績値，PERは予想値，ROEは日経記者予想ベースの当期利益を直近の自己資本（実績）で除して算出。

悪くありません。他に何らかの理由があって評価されていない可能性もありますが，このように複数の指標を用いることで収益性は高いのに評価は低いといった矛盾点も見えてきます。

最後に，イオンはPBRが1.57倍，PERが51.7倍であり，PBRでは小売業平均より割安ですが，PERでは小売業平均やファーストリテイリングよりかなり割高に評価されています。イオンはファーストリテイリングよりも株式市場で高く評価されているのでしょうか。しかし，ROEをみると3.00％と十分な利益が出ていないことがわかります。そのため，イオンはPERで評価できない企業であり，他の指標を用いて判断する必要があることがわかります。

他にPERで評価できない企業の例としては，巨額の特別損失などで一時的に利益が出ていない企業が挙げられます。PERが適用できない低収益企業の評価にPERを用いた場合，誤って割高に評価されることがありますが，PBRとPERを見ることでPERによる過大評価を識別することができるのです。

4　PSR

PSR（price to sales ratio；株価売上高倍率）は，株価が1株当たり売上高の何倍で評価されているかを示す指標です。分子・分母に発行済株式数を掛けるとそれぞれ株式時価総額・売上高になるので，株式時価総額を売上高で割っても

同様の計算結果が得られます。式は以下のとおりです。

$$\text{PSR} = \frac{\text{株価}}{1\text{株当たり売上高}} = \frac{\text{株価} \times \text{発行済株式数}}{1\text{株当たり売上高} \times \text{発行済株式数}}$$

$$= \frac{\text{株式時価総額}}{\text{売上高}} \text{（倍）}$$

　PSRは損益計算書の数値を使った指標ですが，PERが利益を用いているのに対しPSRは同じ損益計算書の値でも売上を用いています。ベンチャー企業や新規公開企業では，利益額が極端に少なかったり赤字であったりするために，PERで評価できないことがあります。そこで利益に換えて売上を利用した指標がPSRです。なお，売上には可能な限り予想値を用います。

　PSRは利益の出ていない企業にも適用できますが，利益やキャッシュフローの観点が抜けている点に注意です。加えてPSRは，利益は出てないけどまだ若い会社だから利益の代わりに売上で評価してあげますよ，という少し甘めに評価した指標なので，すでに長年の実績がある大企業や成熟企業の評価にはあまりなじまないと考えます。

5　PCFR

　PCFR（price cash flow ratio；株価キャッシュフロー倍率）は，株価が1株当たりキャッシュフローの何倍で評価されているのかを示す指標です。分子・分母に発行済株式数を掛けるとそれぞれ株式時価総額・キャッシュフローになるので，株式時価総額をキャッシュフローで割っても同様の計算結果が得られます。式は以下のとおりです。

$$\text{PCFR} = \frac{\text{株価}}{1\text{株当たりキャッシュフロー}}$$

$$= \frac{\text{株価} \times \text{発行済株式数}}{1\text{株当たりキャッシュフロー} \times \text{発行済株式数}}$$

$$= \frac{\text{株式時価総額}}{\text{キャッシュフロー}} \text{（倍）}$$

PER や PSR が損益計算書の数値を用いた指標，PBR が貸借対照表の数値を用いた指標であるのに対して，PSR はキャッシュフロー計算書の数値を用いた指標です。企業が設備投資を積極的に行っている場合，減価償却費が利益を圧迫し PER を用いると割高に評価されることがあります。しかし，投資を行っているということは今後売上や利益の拡大が見込めます。こうした企業では PCFR を用いることにより設備投資に伴う企業の潜在的な成長性を評価できます。加えて，PCFR は減価償却方法の異なる企業を比較する際にも有効です。

　PCFR で使用するキャッシュフローには営業キャッシュフローや親会社株主に帰属する当期純利益に減価償却費を加えたものなどが使われます。このため，すでに計算された指標を分析に使用する場合は，定義（計算式）を確認した上で使用します。また，PCFR でもキャッシュフローには予想値を用いるのが望ましいですが，ほとんどの企業はキャッシュフロー予想を公表していないため，アナリスト予想でも予想を入手できない場合は，分析者自身が予想を作成する必要があります。

6　EV/EBITDA 倍率

　EV/EBITDA 倍率は，エンタープライズバリュー（EV）を EBITDA で割って求められます。式は以下のとおりです。

$$\text{EV/EBITDA 倍率} = \frac{EV}{EBITDA} = \frac{\text{株式時価総額}+\text{負債}-\text{現金}}{\text{営業利益}+\text{減価償却費}} \text{（倍）}$$

　EV/EBITDA 倍率の分子は買収に必要な金額を示していることから，この指標はある企業を買収した際に，その企業の生み出す利益（EBITDA）によって買収後何年で買収資金を回収できるかを示すといわれています。

　また，EV/EBITDA 倍率は金利水準や税制，減価償却方法の違いを排除できるため，国際間での比較に有用です。加えて，特別損益の影響も排除できるため，一時的に巨額の特損益を計上して PER で評価できない企業の評価に用いることもできます。なお，EV の計算では現金を控除しない場合もあります。

　EV/EBITDA 倍率でも予想値を用いて評価することが望ましいですが，多くの場合，EV や EBITDA は会社予想がないため分析者が予想値を作成する

必要があります。

7　PEG レシオ

PEG レシオ (price-to-earnings-growth ratio) は企業の成長性を加味した指標で，今後の成長見込みの何倍で PER が評価されているかを示す指標です。高成長企業の PER は一般的に割高であることから，成長率で基準化した指標により株価が割安か割高かを判断します。式は以下のとおりです。

$$\text{PEG レシオ} = \frac{PER}{\text{予想 1 株当たり利益成長率}} \text{（倍）}$$

ここでは，PEG レシオによる評価の例として，2018 年 9 月 7 日時点の PER ランキングの上位 2 社であるタカラバイオとペプチドリームについて PEG レシオを計算します。タカラバイオは東証 33 業種分類では化学に所属する企業で，宝ホールディングスのバイオ事業を分割継承して誕生した企業です。ペプチドリームは東証 33 業種分類で医薬に分類される企業で，大手医薬メーカーと共同で特殊ペプチドから医薬品候補物質を研究開発しています。設立はタカラバイオが 2002 年，ペプチドリームが 2006 年であり，両社ともに設立後 20 年未満の比較的若い企業です。なお，会計基準は両社とも日本基準を採用しています。

図表 11-4 は，両社の親会社株主に帰属する当期純利益と 6 年間の CAGR を示しています。CAGR はペプチドリームが 76.3％，タカラバイオが 9.8％です。これより，ペプチドリームは非常に高い成長を遂げていることがわかります。

図表 11-4　タカラバイオとペプチドリームの業績（親会社株主に帰属する当期純利益）

	2012 年度	2013 年度	2014 年度	2015 年度	2016 年度	2017 年度	CAGR
ペプチドリーム	137	148	1,004	1,581	1,890	2,335	76.3%
タカラバイオ	1462	1,470	963	1,334	1,352	2,335	9.8%

［出所］　各社決算短信より作成。単位：百万円。

図表11-5は，両社のPEGレシオを計算した結果です。2018年9月7日現在，ペプチドリームのPERは189.3倍，タカラバイオのPERは105.6倍であり，ペプチドリームのほうがPERは高くなっています。なお，PBRはペプチドリームが33.68倍，タカラバイオが5.38倍であり，こちらもペプチドリームのほうが高いです。

図表11-5　PEGレシオの計算

	ペプチドリーム	タカラバイオ
PER（倍）	189.3	105.6
PBR（倍）	33.68	5.38
今後の成長見込み（%） （過去6年のCAGRを利用）	76.3	9.8
PEGレシオ（倍）	189.3÷76.3＝2.5	105.6÷9.8＝10.8

［出所］　PERとPBRは日本経済新聞ホームページより取得（2018年9月7日現在）。

今後も過去6年と同様の成長が見込まれる，すなわち**図表11-4**のCAGRで成長すると仮定してPEGレシオを計算すると，PEGレシオはペプチドリームが2.5倍，タカラバイオが10.8倍です。これより，PERの値そのものはペプチドリームのほうが高いですが，成長性を考慮したPEGレシオではペプチドリームのほうが割安ということがわかります。

8　各マルチプルを適用する場面

ここまで様々な指標について紹介してきました。企業の成長ステージや利益・キャッシュフローの状況，分析者の目的などによって適用できるマルチプルは異なりますが，評価に際しては必ず複数の指標を使って最終的な判断をする必要があります。また，企業価値は将来の利益やキャッシュフローの見通しにより決まるため，評価の際は特別な理由がない限り利益やキャッシュフローの予想をベースとした指標を用いることが望ましいといえます。

図表11-6に各マルチプルを適用できる場面について一覧にしました。利益が十分に出ている企業では通常PERが有効ですが，PBRやその他の指標も合わせて確認します。利益が出ていないとき，巨額の特損があるときは，PER

図表11-6　各マルチプルが適用可能な場面

	利益が出ている時	利益が出ていない時	巨額の特損益がある時	償却を考慮したい時	ベンチャー等若い企業
PER	○	×	×	×	△ 利益が出ていないと使えない
PBR	一応，確認	○	○		
PSR		CFも赤字だと使えない	CFも赤字だと使えない		○
PCFR	○	○	○	○	
EV/EBITDA	○	○ EBITDAがマイナスだと使えない	○ EBITDAがマイナスだと使えない	○	
PEG					○

は使えませんのでPBRやPCFR，EV/EBITDA倍率を使用します。しかし，キャッシュフローやEBITDAが赤字であると，この指標も使えません。また，償却を考慮して評価したいときはPCFR，EV/EBITDA倍率を利用します。さらに，ベンチャーなど若い企業の評価ではPERが使えればPERを適用しても構いませんが，利益が十分に出ていないときはPSRを使ったり，高成長企業であればPEGレシオを使ったりします。

第3節　マルチプルを用いた妥当株価の算出

1　マルチプルによる株価や企業全体の価値の求め方

ここでは主にPERを例にマルチプルを使って株価を算出する手法を説明します。PERは以下の式で求められました。

$$\text{PER} = \frac{株価}{EPS}$$

ここで,この式の両辺にEPSを掛けると,株価は以下の式で求められます。

$$株価 = EPS \times PER$$

これより,EPSを分析者自身で予想し,同業他社もしくはその企業が所属する業界の平均PERがわかれば,分析者が予想するEPSに基づくその企業の株価が求められることがわかります。

同様にEV/EBITDA倍率を用いれば,企業価値を算出できます。EV/EBITDA倍率は以下の式で計算されました。

$$\text{EV/EBITDA 倍率} = \frac{EV}{EBITDA} \text{(倍)}$$

この式の,両辺にEBITDAを掛けると企業価値は以下で表されます。

$$企業価値(EV) = EBITDA \times EV/EBITDA\text{倍率}$$

EBITDAを予想し,同業他社もしくはその企業が所属する業界の平均EV/EBITDA倍率がわかれば,その企業の企業価値(EV)が求められます。なお,こうして求められた企業価値から以下の手順で株価を計算することも可能です。

繰り返しになりますが,企業価値は以下の式で表されました。

$$企業価値(EV) = 株式時価総額 + 有利子負債 - 現金$$

株式時価総額が株主価値に相当するので,以下の式で株式時価総額を求めます。

$$株式時価総額 = 企業価値(EV) - 有利子負債 + 現金$$

そして,以下のように株式時価総額を発行済株式数で割れば株価が求められます。

$$株式時価総額 \div 発行済株式数 = 株価$$

他のマルチプルでも株価の算出は可能ですが，以下では広く使われているEPSとPERを用いた方法により株価を算出する手順について示します。

2　マルチプルによる株価算出の手順——基礎編

株価評価は，①類似企業の抽出，②類似企業のマルチプルの平均値を算出，③評価対象企業の株価の算出の3つのステップにより行われます。ここでは，ビールや飲料の製造・販売を行っているアサヒグループホールディングスについて評価を行います。

(1) 類似企業の抽出

はじめに，類似企業を抽出します。類似企業には，事業内容や企業規模が近い会社を選択します。なお，類似企業は適度に多いほうがマルチプルの平均値が特定の企業の値に左右されにくくなります。

図表11-7は飲料各社の株価とEPS，PERです。アサヒグループホールディングスは東証33業種分類では食品業界に所属しますが，食品業界といっても菓子・乳製品や即席麺，調味料の製造販売を行っている企業など多種多様です。そこで，ここではアサヒビールホールディングスにより近い飲料メーカー8社を取り上げました。具体的には，サッポロホールディングス，アサヒグループホールディングス，キリンホールディングス，コカ・コーラボトラーズジャパンホールディングス，サントリー食品インターナショナル，ダイドーグループ

図表11-7　飲料各社の株価，EPS，PER

証券コード	企業名	株価	EPS	PER
2501	サッポロHD	2,800	143	19.6
2502	アサヒグループHD	5,696	311	18.3
2503	キリンHD	3,095	171	18.1
2579	コカ・コーラBJHD	4,585	154	29.7
2587	サントリー食品インターナショナル	4,840	260	18.6
2590	ダイドーグループHD	6,230	222	28.1
2593	伊藤園	4,475	98	45.6
2811	カゴメ	3,780	113	33.5

[出所]　Yahoo Finance（2018年5月31日時点）より作成。単位：株価とEPSは円。PERは倍。

ホールディングス，伊藤園，カゴメです。

(2) 類似企業のマルチプルの平均値の算出

次に，類似企業についてマルチプルを算出します。マルチプルの計算に必要な株価データはYahoo Financeや日本経済新聞社のホームページなどで取得できます。EPSを決算短信から取得してPERを自身で計算しても構いませんが，上記のホームページには最新の株価をもとに計算されたPERやPBRがすでにあるので，これを用いることもできます。ただし，PERは予想値ではなく実績値を使って計算しているサイトもあるので定義を確認の上，分析に用います。

必要な情報を入手したらマルチプルの平均値を算出します。**図表11-8**は，複数のサブセグメントについて平均値を算出したものです。上記8社の平均を計算すると26.4倍です。しかし，異常に高い値があるとそれにつられて平均が上昇するため，その場合，異常値は除外したほうがよいと考えます。どれくらい数字が離れていると異常値なのかというのは難しい問題ですが，ここではPERが45.6倍と高い値になっている伊藤園を除外した7社の平均値についても数字を算出しています。

図表11-8　様々なサブセグメントごとの平均PER

サブセグメント	平均PER
飲料8社平均	26.4
飲料7社平均（伊藤園除く）	23.7
ビール3社（アサヒ・キリン・サッポロ）平均	18.7
飲料3社（アサヒ・キリン・サントリー）平均	18.3
食品大手10社平均	24.2
食品業界平均（PER40倍以上の企業を除く）	21.8

［出所］　Yahoo Finance（2018年5月31日時点）より作成。単位：倍。

また，ビール3社（アサヒ・キリン・サッポロ）や飲料大手3社（アサヒ・キリン・サントリー），食品大手上位10社（株式時価総額による），食品業界の平均など少し区分を変更した場合についても平均値を示しています。なお，食品業界の平均PERは食品セクター時価総額上位50社のうち，PER40以上の企業を除いて算出しています。

外れ値がある場合などを考えると平均値の算出に用いる企業数は多いほうが望ましいですが，事業内容や企業特性が評価対象企業とかけ離れていると比較の対象として相応しくないため，データを見ながら様々な区分について検討します。

こうしたサブセグメントごとのPERの平均値を見ると，飲料やビールといったサブセグメントは食品業界の中でもPERが低めに評価されていることがわかります。これはあくまでも株価を取得した2018年5月31日時点での評価なので，今後は変化するかもしれません。しかし，ここで重要なことは低く評価されている理由です。食品業界と比較して，株式市場でビール・飲料業界が低く評価されるのには，成長性や収益性など何等かの点で評価が劣る部分があるからであると考えられます。

図表11-8 より，食品業界平均や食品大手10社平均を用いて評価すると，株価が高くなりすぎてしまう恐れがあるため，ビール3社平均か飲料3社平均を使って評価するのがよさそうです。ビール3社の平均も飲料大手3社の平均もあまり違わないため，ここではビール3社の平均である18.7倍を使って評価することとします。

(3) 評価対象企業の株価の算出

最後は，評価対象企業の株価を算出します。アサヒの予想EPSは309.96円なので，これにビール3社の平均PERを掛けて株価を算出します。すると，以下のとおり株価が算出されます。

$$株価 = 予想 EPS \times PER = 309.96 円 \times 18.7 倍 = 5,796（円）$$

2018年5月31日時点の実際の株価は5,696円なので，算出された株価との乖離は1.8%です。株価は日々数パーセントの変動があるので，1.8%程度であれば現在の株価は概ね妥当な水準であると考えることができます。

もし，会社の予想は保守的であり自身が予想するEPSはこれより3割高いと予想した場合，予想EPSは［309.96円×1.3＝402.95円］であり，これに18.7倍を掛けると株価は7,535円と計算されます。これに比べると5月末時点の株価は24.4％も割安であるということになります。

一方，会社の予想は楽観的であり，自身が予想するEPSはこれより2割ほど低いと予想した場合，予想EPSは［309.96円×0.8＝247.97円］となり，これに18.7倍を掛けると株価は4,637円と計算されます。これに比べると5月末時点の株価は22.8％も割高であるということになります。

3 マルチプルによる株価算出の手順──応用編

(1) プレミアムやディスカウントを考慮した評価

評価対象企業の業績・財務などが業界平均並みの水準であれば業界平均PERで評価して構いませんが，業界平均を大きく上回る成長を遂げている企業はより高く評価してもよいのではないでしょうか。これとは逆に，業界平均を大きく下回る業績の企業に対しては，より厳しめの評価を適応する必要があると考えられます。

このように，業界平均以上で評価することをプレミアムで評価する，業界平均から割り引いて評価することをディスカウントで評価するということがあります。そうすると，株価を求める式は**図表11-9**のようにEPS×PERにプレミアムかディスカウントを考慮した式として考えることができます。

図表11-9 プレミアム／ディスカウントを加味した株価の求め方

なお，どの程度プレミアム／ディスカウントするかは，同業他社の業績・財務の企業を参考にします。これは絵画の色付け作業と似ており，少し濃く色付けしては「濃かったかな？」と薄くしてみたり，薄く色付けしては「薄すぎたかな？」と色を足してみたり，という作業の繰り返しです。

ごく平凡な企業に大きなプレミアムを載せて評価するとおかしな結果になることは言うまでもありませんが，どのあたりが妥当かは評価者の主観によるところも多く，正解はありません。

(2) t＋1期の業績をベースとした評価

マルチプルを用いた評価ではt期（今期）の予想ではなく，t＋1期（来期），t＋2期（再来期）の情報を用いて評価することもできます。たとえば，t期に巨額の特別損失が計上されている場合，特別損失の計上がなくなるt＋1期のEPS予想を用いて評価することがあります。また，t期は成長が見込まれないものの，t＋1期に大きく成長する企業があったとします。この場合，t＋1期の業績を評価に用いたいと考えるかもしれません。

このようにt＋1期のEPSを評価に用いる場合，**図表11-10**に示すようにPERの平均値もt＋1期の値を使います。株式投資を行う際などは，投資期間に沿ったEPSで評価することもあります。しかし，利益の予想は将来になるに従って不確実になるので，予想に自信がなければあまり先のEPSは使わないほうがよいといえます。

図表11-10　t＋1期（来期）の予想を用いた株価の求め方

株価 ＝ 予想 EPS_{t+1} × PER_{t+1}

■練習問題：マルチプルの計算

1. サントリーとキリンについて，直近の株価と財務数値を用いてPER，PBR，PSR，PCFR，EV/EBITDA倍率を計算しましょう。その際，予想値が公表されている場合は，予想値を使います。
2. サントリーとキリン，株式市場ではどちらが高く評価されていますか。また，評価を行う際，どの指標を利用して評価しましたか。さらに，高く評価されていた企業について，その理由を財務諸表分析や業績予想などをもとに考えてみましょう。

第12章

インカムアプローチによる評価

> **本章の内容**
>
> 第12章では,インカムアプローチによる評価手法について説明します。具体的には,DDM,DCFモデルを取り上げます。
>
> **本章のゴール**
>
> DDM,DCFモデルについての理論を理解する。

第1節 インカムアプローチの基本的な考え方

1 インカムアプローチのモデル

インカムアプローチでは,将来に渡って得られるキャッシュフローを現在の価格に割り引いた(=現在の価値に引き直した)ものの総和を企業価値と考えます。これを簡単な図で示したものが**図表12-1**です。

図表12-1 インカムアプローチにおける企業価値の概念

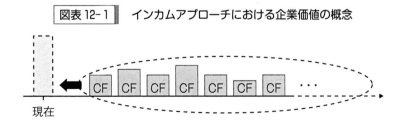

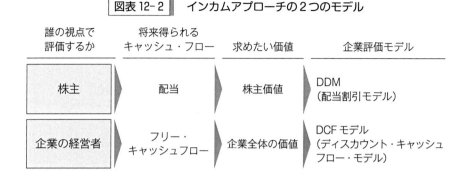

図表12-2　インカムアプローチの2つのモデル

　ここで重要なのは，将来にわたって得られるキャッシュフローとは何かという点です。**図表12-2**に示すように，株主にとっては，将来得られるキャッシュフローは配当です。そのため，将来得られる配当を現在価値に割り引き，全て合計すると株主価値が求められます。この将来の配当をベースに株主価値を求める企業評価モデルはDDM（dividend discount model；配当割引モデル）と呼ばれています。

　一方，企業を買収するときなどその企業全体について考えた場合，将来企業が生み出すキャッシュフローはフリーキャッシュフローです。この将来のフリーキャッシュフローを現在価値に割り引き，それらを全て合計すると企業全体の価値が求められます。この将来のフリーキャッシュフローをベースに企業全体の価値を求めるモデルがDCFモデル（discounted cash flow model；ディスカウント・キャッシュフロー・モデル）です。

2　割り引くとは何か

　各モデルの説明に入る前に，割り引くという概念についてもう少し説明します。**図表12-3**は，利子率が5％の世界で100円を1年間投資した例について示しています。現在，利子率が5％なので100円を投資すると，1年後には105円になると期待されます。計算では［100円 × 1.05 = 105円］と求められます。一方，割り引くというのは将来の105円を現在の価値に換算する作業のことを指します。計算では［105円 ÷ 1.05 = 100円］により現在の価値が求められます。

図表 12-3 現在価値に割り引くとは？

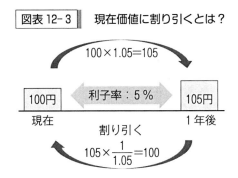

このようにして，将来のキャッシュフローを利子率で現在価値に引き直す作業を割り引くといい，将来のキャッシュフローを現在の価値に引き直したものを現在価値といいます。さらに，この例では「今の100円」と「1年後の105円」は価値が等しいことがわかります。

3　割り引く時の利子率

図表12-3では，割り引く際の利子率を5％と仮定しましたが，利子率は投資先のリスク（不確実性）の度合いにより決まります。図表12-4は，投資家が投資をしてからリターンを得るまでの流れについて示しています。①で投資家が企業に資金100を提供すると，企業はその資金を使って何らかの事業に投資します。ここでは調達した資金100を②で事業に投資したとしましょう。事業が成功すれば，企業は事業から利益を得ます。これが③の回収とある部分です。ここでは仮に20回収できたとします。すると，企業は回収できた20のうち一部を④で投資家に還元します。利益還元が10だったとすると，投資家は

図表 12-4　投資家が投資してからリターンを得るまでの資金の流れ

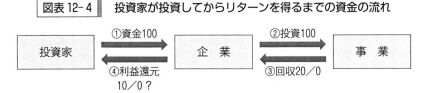

投資家は将来のリターンを期待して企業に資金提供を行う⟹キャッシュフローが不確かなほどリスクを抱えるためそれに見合う高いリターンを要求（＝期待収益率が高くなる）

当初資金を100拠出して10回収したことになります。

　ところが，事業が失敗に終わった場合はどうでしょうか。同じように，①で投資家が企業に資金100を提供し，②で企業は事業にその資金100を投資したとします。しかし，今度は事業が上手くいかず，③の回収が0だったとします。そうすると，④の投資家への利益還元も0になります。つまり，この投資では投資家は当初資金を100拠出したにも関わらず，回収が0だったことになります。

　このように投資家はリターンを期待して投資を行うものの，その成果は常に不確実性を伴います。この将来の不確実性をファイナンスの世界ではリスクと呼びます。たとえば，回収見込みが10であったものが9.99になるくらいであれば大騒ぎするほどのことではないかもしれません。しかし，回収見込みが10であったものが0になりそうだとなったらどうでしょうか。より高いリターンが望めなければ投資をしない，もしくは不確実性を嫌う投資家であれば投資をやめる決断をするかもしれません。

　こうしたことからキャッシュフローが不確実であるほど投資家は高いリターンを要求します。これは投資家の期待収益率が高くなることを意味します。直感的な理解として，いつもきちんとお金を返してくれる友人に1万円貸してほしいといわれた場合，利子は缶コーヒーくらいで十分かと思います。しかし，貸したお金を返さないことが頻繁にある友人からの借金の申し出は少しリスキーです。いくら友人でもランチくらいおごってもらえなければ1万円は貸せないなと思うかもしれません。危ない投資に対して，その分高いリターンを要求するこの友人は薄情な人間でしょうか。

　なお，投資家の要求するリターンは（株主の）期待収益率，もしくは（株主の）要求収益率といわれますが，企業側から見れば調達した資金に係るコストすなわち（株主）資本コストということになります。事業や財務などの不確実性が高い企業では株主が得られる将来のリターンが不確実になるので，その分投資家は高いリターンを要求するようになります（すなわち期待収益率が高くなります）。そして，企業はそれに見合ったリターンを生み出さないといけないため資本コストが高くなります。

第2節　DDM

　割り引くという概念と割引率について理解したところで、ここからは株主価値を求めるモデルであるDDMについて説明を行います。

1　1期のモデル

　はじめに、投資家が株式に投資を行い、1年後に配当を受け取って株式を売却する**図表12-5**の場合について考えます。この場合、1年後のキャッシュフローは配当と売却時に得られる現金なので、1年後の配当と株価を株主の期待収益率で現在価値に割り引くことで、この株式の現在価値が求められます。

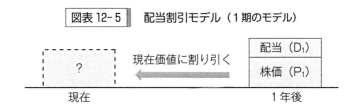

図表12-5　配当割引モデル（1期のモデル）

　具体的な数字を用いて計算してみましょう。1年後の予想株価（P_1）が2,500円、1株当たりの期待配当（D_1）が50円、投資家がこの株式に対して要求する期待収益率（r）が10%のとします。この株式の現在価値すなわち現在の株価（P_0）は以下のように計算できます。

$$株価（P_0）=\frac{予想配当（D_1）+予想株価（P_1）}{1+期待収益率（r_1）}=\frac{50+2,500}{1.1}=2,318（円）$$

2　複数期のモデル

　次に、この考え方を応用して**図表12-6**で1年目、2年目、3年目……と配当を受け取り、n年目の期末に配当を受け取り株を売却する複数期の場合を考えます。

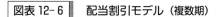

図表 12-6　配当割引モデル（複数期）

この場合，株価は以下のように表せます。

$$株価\ (P_0) = \frac{D_1}{1+r} + \frac{D_2}{(1+r)^2} + \frac{D_3}{(1+r)^3} + \cdots + \frac{D_n + P_n}{(1+r)^n}$$

D_1 は1年目の配当であり，これを $1+r$ で1回割り引くことで1年目の配当の現在価値を計算しています。D_2 は2年目の配当であり，これを $1+r$ で2回割り引くことで2年目の配当の現在価値を計算しています。D_3 についても同様に，3年目の配当を $1+r$ で3回割り引くことで3年目の配当の現在価値を計算しています。n年後はn年目の配当 D_n を受け取ったあと株価 P_n で株式を売却するので，D_n と P_n の合計が投資家の受け取る金額です。これを $1+r$ でn回割り引いて現在価値を求めています。そして，この式の配当の部分についてまとめると以下のように表せます。

$$株価\ (P_0) = \sum_{t=1}^{n} \frac{D_t}{(1+r)^n} + \frac{P_n}{(1+r)^n}$$

第1項は1年目からn年目までに支払われる配当の現在価値の総和を示し，第2項はn年目の期末株価の現在価値を示しています。

3　永久モデル

複数期のモデルではn年に売却することを想定して株価を求めましたが，株式には満期がなく永遠に保有可能です。また，株式を購入する時点では売却時期が決まっていないことも多く，売却時にいくらで売却できるかもわかりません。そこで，ここでは株式を永久に保有する場合について考えます。

はじめに，**図表 12-7** で100年の長期に渡って株式を保有する例を見てみま

| 図表 12-7 | 100年後の配当と株価を現在価値に割り引く |

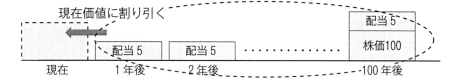

しょう。ここでは毎年の配当が5であり，100年後の期末に配当5を受け取って，株式を100円で売却する例で株式の価値について考えます。

100年目の期末株価の現在価値に着目すると，直前で示した株価を求める式の第2項（期末株価の現在価値を求める部分）は利子率5％の時，以下のように計算できます。

$$100年目の期末株価の現在価値 = \frac{P_n}{(1+r)^n} = \frac{100}{(1+0.05)^{100}} = 0.76$$

ここで，さらに期間を延長し，200年後に100で売却する場合の第2項は以下のように計算されます。

$$200年目の期末株価の現在価値 = \frac{P_n}{(1+r)^n} = \frac{100}{(1+0.05)^{200}} = 0.0057$$

さらに，300年後に100で売却した場合の第2項は以下のとおりです。

$$300年目の期末株価の現在価値 = \frac{P_n}{(1+r)^n} = \frac{100}{(1+0.05)^{300}} = 0.000043$$

このように，保有期間が無限大に近づくにつれ将来のキャッシュフローの現在価値は限りなくゼロに近くなり，株価の部分は現在価値に影響を与えないほど小さくなります。すると第2項は無視でき，株式の価値は将来得られる配当を期待収益率で割り引いた額の合計に等しくなります。式で示すと以下のとおりです。

$$株価(P_0) = \sum_{t=1}^{\infty} \frac{D_t}{(1+r)^t}$$

しかし，このモデルでは各期の配当を個別に予想しなければならないという課題が残ります。遠い将来にわたって各期の配当を予想するのは現実的にはかなり難しいと言わざるを得ません。しかし，以下の仮定を置くことで，上記のモデルは**図表12-8**に示すより実用的なモデルへと書き換えることができます。

仮定① 永久に配当が支払われる（$t \to \infty$）
仮定② 配当は毎期定率（g）で成長する
仮定③ 期待収益率は配当の成長率よりも大きい（$r > g$）

図表12-8 DDM（配当割引モデル）

$$株価（P_0）= \frac{D_1}{r-g}$$

D_1：予想配当　　r：期待収益率
g：配当の成長率

この式では，将来に渡って各期の配当を予想しなくても，1期目の予想配当（D_1）と配当の成長率（g），期待収益率（r）の3つの変数を予想すれば株価（P_0）を算出できます。このモデルは配当が一定率で成長していくことを前提としていることから定率成長モデルと呼ばれます。これに対し，配当が毎年一定額，すなわち配当が成長しない（$g=0$）と仮定したモデルはゼロ成長モデルと呼ばれます。

4 計算例

簡単な数字を使って計算を確認しておきましょう。今期の1株当たり予想配当が50円，配当は年率8％で成長が続くと期待され，期待収益率が10％のときの株価は以下のように計算できます。

$$株価（P_0）= \frac{D_1}{r-g} = \frac{50}{0.1-0.08} = 2,500 \text{（円）}$$

また，今期の1株当たり予想配当と期待収益率は変えず，配当の成長率（g）がゼロ，すなわち配当が成長しない場合，株価は以下のように計算されます。

$$株価\ (P_0) = \frac{D_1}{r} = \frac{50}{0.1} = 500\ (円)$$

このように配当が成長する場合としない場合では,株価に大きな差が生じます。このことから,配当の成長率をどのように予想するかによって理論的な株価が大きく変わることがわかります。

5　配当の成長率の推定

成長率(g)の推定の方法には決まった手法はありませんが,配当割引モデルではサスティナブル成長率(sustainable growth rate)が使われることがあります。サスティナブル成長率は,新規に株式による資金調達をせずに内部留保のみで実現できる理論上の成長率であり,以下の式で計算されます。

$$サスティナブル成長率 = ROE × 内部留保率 = ROE × (1 - 配当性向)$$

配当性向は第9章でも説明しましたが配当総額を親会社株主に帰属する当期純利益で割ったものであり,利益のうちどの程度配当を行っているかを示す指標です。また,利益のうち配当せずに企業に留保した比率が内部留保率です。新規に株式による資金調達をしなかった場合,企業はすでにある株主資本に利益のうち配当しなかった部分(内部留保した部分)を加えた金額で次期の経営を行うことになります。この時,ROEが次期も一定であると仮定すると,内部留保分が増加した株主資本にROEを掛け合わせた金額が次期の利益額となります。そして,この時の利益の成長率はROEに内部留保率を掛けた値(サスティナブル成長率)となっています。

図表12-9の例で,t期の株主資本が500,ROEが10%,内部留保率が70%である企業について考えます。この企業のt期の親会社株主に帰属する当期純利益は[株主資本500×ROE10%＝50]と計算できます。このうち,70%に当たる35は内部留保として株主資本に加算されるため,t＋1期の株主資本は35増加し[500＋35＝535]となります。ROEが10%のまま一定であれば,t＋1期の親会社株主に帰属する当期純利益は[535×10%＝53.5]と計算できます。同様に,このうち70%に当たる37.5は内部留保として株主資本に加算

図表12-9　サスティナブル成長率

決算期	t	t+1	t+2	t+3	t+4	t+5
①株主資本	500.0	535.0	572.5	612.5	655.4	701.3
②ROE	10%	10%	10%	10%	10%	10%
③親会社株主に帰属する当期純利益（①×②）	50.0	53.5	57.2	61.3	65.5	70.1
④内部留保率	70%	70%	70%	70%	70%	70%
⑤内部留保額（③×④）	35.0	37.5	40.1	42.9	45.9	49.1
当期純利益の成長率	―	7.0%	7.0%	7.0%	7.0%	7.0%

されるため，t＋2期の株主資本は37.5増加し，[535＋37.5＝572.5]となります。t＋3期以降もこの繰り返しです。

　ここで当期利益の成長率に着目すると50.0，53.5，57.2，61.3，65.5，70.1と7％ずつ増加しています。すなわち，[ROE10％×内部留保率70％＝7％]とサスティナブル成長率で利益が増加することになります。なお，サスティナブル成長率は新規の株式調達をせず，ROEと配当性向が一定であることを前提としていますが，実際の企業ではROEや配当性向は変化し，株式調達も行われます。そのため必要に応じて，過去のトレンドなどから今後の予想値を設定するなどの対応も必要になります。

6　DDMの問題点

　DDMは簡単に株価を求められるというメリットがありますが，問題点も指摘されています。最も深刻な問題は，配当の情報を用いているため無配の企業には適用できないという点です。日本では多くの企業が配当を行っていますが米国では配当を行わない企業もあり，その場合，DDMは適用できません。

　また，定率成長モデルの構造上，割引率（r）は配当の成長率（g）より大きくなければなりません。そのため，投資家の期待収益率よりも高い成長を遂げている企業にはDDMは適用できません。さらに，DDMで予想するキャッシュフローは配当のみであり，利益やキャッシュフローなど他の要素を考慮していません。

　加えて，Dやr，gの推定次第で，算出される理論株価が大きく変化します。

仮に，先ほどの例で配当を50円から60円に増配したとしましょう。すると株価は以下のように3,000円と計算されます。

$$株価（P_0）=\frac{D_1}{r-g}=\frac{60}{0.1-0.08}=3,000（円）$$

今度は，先ほどの例で配当の成長率 g が8％でなく7％だったとしましょう。すると株価は以下のように1,667円と計算されます。

$$株価（P_0）=\frac{D_1}{r-g}=\frac{50}{0.1-0.07}=1,667（円）$$

配当が60円か70円か，もしくは配当の成長率が8％か7％かについては将来の見通しの情報であることから絶対的に正しいとされる数値はありません。しかし，この推定次第で算出される株価が大きく異なるとなると，D や r，g の推定はかなり慎重に行う必要があるといえます。

DDMで算出された理論株価は実際の株価と比較しても乖離が大きく，実際の株価を上手く推定できないという実務上の問題点も明らかになっています。そのため，DDMを使う際は他のモデルと併用するなどの注意を要します。

第3節　DCFモデル

1　DCFモデルの計算式

DDMでは株主価値を求めることができましたが，株式部分に加えて負債も含めた企業全体の価値を算出する際にはDCFモデルが使われます。**図表12-10**にDCFモデルについて示します。

DDMもDCFモデルも将来のキャッシュフローを現在価値に割り引くとい

図表12-10　DCFモデル

$$企業価値（V_0）=\frac{CF_1}{k-g}$$

CF：キャッシュフロー　　k：期待収益率
g：キャッシュフローの成長率

う基本概念は同じですが，DCF モデルで割り引くキャッシュフローは企業が生み出す全てのキャッシュフロー，すなわちフリーキャッシュフローになります。さらに，割り引く際の割引率は，DDM では株主の期待収益率でしたが，DCF モデルでは全ての資金提供者（株主＋債権者）の期待収益率で割り引く点が異なります。以上の DDM と DCF モデルの違いについて**図表 12-11** に示します。

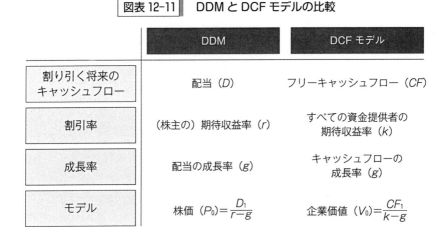

図表 12-11　DDM と DCF モデルの比較

	DDM	DCF モデル
割り引く将来のキャッシュフロー	配当（D）	フリーキャッシュフロー（CF）
割引率	（株主の）期待収益率（r）	すべての資金提供者の期待収益率（k）
成長率	配当の成長率（g）	キャッシュフローの成長率（g）
モデル	株価（P_0）$=\dfrac{D_1}{r-g}$	企業価値（V_0）$=\dfrac{CF_1}{k-g}$

　DCF モデルは M&A の際の企業価値算定などで頻繁に用いられますが，キャッシュフローがマイナスの企業には適用できないこと，予想に一定の前提が置かれており，わずかな数値のずれで算出される金額が大きく変わること，将来のキャッシュフローや期待成長率に分析者の恣意性が介入しやすいことなどの問題点も指摘されています。

2　フリーキャッシュフローの計算

　DCF モデルではキャッシュフローにフリーキャッシュフローを用いますが，ここで使うフリーキャッシュフローは第 4 章で求めたキャッシュフロー（営業活動によるキャッシュフローと投資活動によるキャッシュフローの合計）ではなく，もう少し厳密な計算を要します。DCF モデルで用いるキャッシュフローの計

算式は以下のとおりです。

$$\text{フリーキャッシュフロー} = NOPAT + \text{減価償却費} - \text{設備投資額} - \text{運転資本増加額}$$

　NOPAT（net operating profit after tax）は税引後利益であり，［EBIT×（1－実効税率）］により求められます。フリーキャッシュフローの計算ではNOPATを起点に，はじめにキャッシュアウトを伴わない会計上の費用である減価償却費を利益に足し戻します。次の設備投資額は，キャッシュアウトを伴うにもかかわらず会計上の費用として認識されていないためNOPATから控除します。運転資本増加額は，通常の事業活動におけるキャッシュインとアウトのずれを考慮しています。運転資本は営業活動に投下される資本であり，これが増加する場合はキャッシュアウトが増加する，すなわち現金が減少するため運転資本増加額をNOPATから控除しています。

　なぜDCFモデルに使うキャッシュフローでこうした計算を行うかというと，DCFモデルでは，全ての資金提供者の期待収益率は分母の期待収益率（k）で認識します。営業活動によるキャッシュフローと投資活動によるキャッシュフローで求めたフリーキャッシュフローは，利息の支払額（負債のコスト）がすでに控除されているため，これをDCFモデルに利用すると，分子と分母で二重に負債のコストを控除することになります。そのため，負債のコストを控除する前のキャッシュフローを求めた上で，DCFモデルに用いています。

第4節　その他の企業評価モデル

　DDMとDCFモデルでは，それぞれ配当とフリーキャッシュフローを現在価値に割り引きました。これに対し，損益計算書の利益を現在価値に割り引く方法を採用したモデルが残余利益モデル（residual earnings model）です。ここで割り引く際に用いられる利益は，損益計算書に記載されている会計利益そのものではなく，会計利益から株主資本コストを控除した後の利益となります。残余利益モデルは以下の式で株主価値を計算します。

$$株主価値 = BVE_0 + \frac{NI_1 - rBVE_0}{1+r} + \frac{NI_2 - rBVE_1}{(1+r)^2} + \cdots + \frac{NI_n - rBVE_{n-1}}{(1+r)^n}$$

BVE は自己資本の簿価，NI は当期純利益，r は株主資本コストであり，前期の自己資本に株主資本コストを掛けたものが株主資本コスト（$rBVE$）です。この式は，当期純利益（NI）から株主資本コスト（$rBVE$）を控除したものが残余利益（NI-BVE）であり，これを株主資本コスト（r）で現在価値に割り引いたものの総和に自己資本の簿価（BVE）を加えたものが株主価値であることを意味しています。

このモデルはDDMやDCFモデルがフローの数値をベースに企業価値や株主価値を求めるのに対して，超過利益というフローの数値と株主資本の簿価というストックの数値の両方を用いている点で異なります。こうした会計利益をベースに企業価値を算出する方法はエコノミック・プロフィット法と呼ばれており，残余利益モデルをベースに様々な派生モデルが誕生しています。残余利益モデルをベースとした評価指標には，米国のコンサルティング会社であるスターン・スチュアート社が考案したEVA（economic value added）などがあります。

■練習問題：DDMによる株価の算出とシミュレーション

1．DDMにより配当（予想）が20円，投資家の期待収益率が10%，配当の成長率が7%であるA社の株価を計算しましょう。
2．配当，期待収益率，配当の成長率のいずれか1つを任意の数字に変更した上で，DDMによりA社の株価を計算しましょう（インプットする変数を少し変えるだけで算出される価格が大きく変わることを確認しましょう）。
3．A社のROEが15.0%，配当性向が30.0%，株価が400円，配当（予想）が20円であるとき，これをもとにサスティナブル成長率を求め，現在の株価・予想配当・サスティナブル成長率から逆算される投資家の期待収益率を求めましょう。

第13章

割引率の計算

> **本章の内容**
> 第13章では，DCFモデルやDDMで利用される割引率（資本コスト）の計算方法について説明します。
>
> **本章のゴール**
> 資本コストの計算ができるようになる。

第1節　株主と債権者のリスクとリターン

　第10章で説明したインカムアプローチのモデルでは，期待収益率として「株主の期待収益率」や「全ての資金提供者の期待収益率」を用いました。第13章では，これら期待収益率の求め方について説明します。

　上場企業の資金提供者は，株式に投資を行っている株式投資家と，社債に出資を行っている債券投資家や銀行など債権者の2つのグループに大別できます。この2つのグループに属する資金提供者は企業に資金を提供しているという面からは同じ立場ですが，株主と債権者では負担するリスクと要求するリターンが大きく異なります。

　図表13-1は株主と債権者のリターンについて示しています。負債には満期があり一定期間を経ると提供した資金は回収されます。債権者は資金を提供している期間中，銀行であれば金利を，社債権者であれば社債利息をリターンとして受け取ります。その代わりに債権者はデフォルト（債務不履行）のリスクを負っています。企業がデフォルトした場合，債権者は利息を受け取れなくな

| 図表 13-1 | 株主と債権者のリターン——貸借対照表の観点から

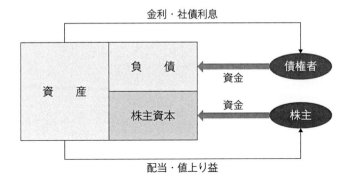

るだけでなく，出資した資金の一部もしくは全部の回収ができなくなります。

　一方，株式には利払いはありませんが，代わりに株主は投資期間中，配当を受け取ります。また，株式には満期がなく株主は株式を売却すれば売却代金を受け取ることができます。この時，投資した時よりも高い値段で売却できれば利益が出ますが，投資した時よりも低い値段で売却すれば損失がでます。これより，株主が企業に期待するリターンは配当（インカムゲイン）と値上がり益（キャピタルゲイン）であるといえます。配当も値上がり益も投資時点では金額が確定されていないため，投資家は企業がデフォルトするリスクに加えて，将来のリターンの不確実性というリスクを負っていることがわかります。

　さらに，株主と債権者ではリターンが配分される順番も異なります。**図表13-2**は，損益計算書で債権者と株主に配分されるリターンが計上される順番を示しています。債権者に対しては営業外費用の支払利息で利息が支払われています。支払利息は貸し出しに対する一定の比率であらかじめ決まっているため，企業がデフォルトしない限り債権者には貸出額に応じて定期的に一定額の収入があります。

　一方，株主に対しては親会社株主に帰属する当期純利益から配当が行われます。そのため，利益が出ていなければ減配や無配になる可能性もあり，配当額は確定していません。加えて，減益や赤字になれば株価が下落し，キャピタルゲインもマイナスとなります。このことからもわかるように，株主はステークホルダーのなかでも最後に利益の配分を受け取る立場にあり，その分債権者よ

図表13-2 債権者と株主のリターン──損益計算書の観点から

```
損益計算書 (PL)
┌─────────────────────────┐
│ 売上高                    │
│ 売上原価                  │ 営業損益計算
│ 売上総利益                │
│ 販売費及び一般管理費合計  │
│ 営業利益                  │
├─────────────────────────┤
│ 営業外収益合計            │
│ 営業外費用合計 ──→支払利息│ 経常損益計算
│ 経常利益                  │ 債権者への利息の支払い
├─────────────────────────┤
│ 特別利益合計              │
│ 特別損失合計              │
│ 税金等調整前当期純利益    │ 純損益計算
│ 法人税等合計              │ 株主に対する配当は純損益計算の後で行う
│ 当期純利益                │
│ 非支配株主に帰属する当期純利益│
│ 親会社株主に帰属する当期純利益│──→配当
└─────────────────────────┘
```

りも将来受け取るリターンの不確実性も高くなっています。

以上より，株主と債権者は性質が大きく異なる投資を行っており，特に株主は債権者よりも多くのリスクを負担していることがわかります。こうしたことから，株主は債権者よりも投資に対して高いリターンを要求します。

第2節　資本コストの計算

それでは，株主はどの程度のリターンを企業に求めるのでしょうか。当然ながら，株主が負うリスクは企業によって異なります。配当や株価のボラティリティの大きな企業では，投資家が受け取る将来のキャッシュフロー（インカムゲイン＋キャピタルゲイン）が不安定になるので，リスクが大きくなります。このような企業では投資家が要求するリターンは高くなります。

一方で，企業は株主が提供した資金のみで事業を行っているわけではなく，負債も用いて事業を行っています。負債に関しては総資産に占める負債の比率が高いほど，デフォルトする可能性が高くなります。そのため，負債の比率の高い企業ほどデフォルトというリスクを債権者が負担することになるので，債

権者が要求するリターンが高くなります。

企業の資本コストは，この株主が要求するリターン（株主の期待収益率，株主資本コスト）と債権者が要求するリターン（債権者の期待収益率，有利子負債コスト）の加重平均により求められます。これはWACC（weighted average cost of capital；加重平均資本コスト）といわれ，以下の式により求められます。

$$\mathrm{WACC} = \frac{E}{E+D} \times r_e + \frac{D}{E+D} \times r_d \times (1-\tau)$$

Eは株主資本，Dは有利子負債，r_eは株主資本コスト，r_dは有利子負債コスト，τは税率を示しており，$(1-\tau)$は負債の節税効果（tax shield）を考慮しています。負債の導入により生じる支払利息は損金に算入される（費用として計上できる，すなわち課税所得が減る）ため税金を減らす効果があり，これは節税効果と呼ばれています。この節税効果のおかげで，負債の実質的なコストは［負債利子率$r_d \times (1-$税率$)$］となります。

WACCの式は，株主資本コスト（r_e）に株式のウエイト（$E/(E+D)$）を掛けたものと，有利子負債コスト（r_d）に有利子負債のウエイト（$D/(E+D)$）を掛け負債の節税効果を考慮したものの合計が資本コストであるということを意味しています。

同じことを図で表したものが**図表13-3**です。まず，株主資本コスト（r_e）に株主資本のウエイト（$E/(E+D)$）を掛けます。これが株主資本に係るコストです。次に，有利子負債コスト（r_d）に有利子負債のウエイト（$D/(E+D)$）を掛けて，負債の節税効果（$1-\tau$）を考慮します。これが有利子負債に係るコ

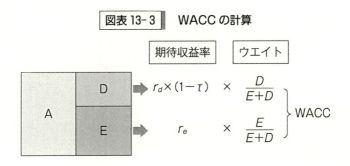

図表13-3　WACCの計算

ストになります。そして、これらを足し合わせたものが WACC です。

図表 13-4 で簡単な数字を使って計算の例を見ておきましょう。ここでは株主資本コストが 8 %、有利子負債コストが 3 %である A 社について考えます。A 社の株主資本は 60、有利子負債は 40 であり、税率 τ は 40%とします。A 社の株主資本のウエイトは［60÷(60＋40)＝60%］、有利子負債のウエイトは［40÷(60＋40)＝40%］と計算されます。その上で、株主資本コスト 8 %に株主資本のウエイト 60%を掛けて、株主資本部分に係るコストを 4.8%と求めます。次に、有利子負債コスト 3 %に有利子負債のウエイト 40%掛けて、負債の節税効果（1－0.4）を考慮し有利子負債部分に係るコストを 0.72%と求めます。これらを足し合わせると WACC が 5.52%と算出されます。

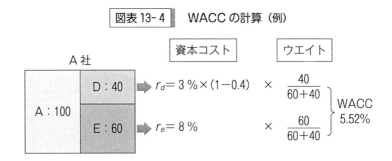

図表 13-4　WACC の計算（例）

同じことを式で示すと以下のとおりです。

$$\text{WACC} = \frac{60}{60+40} \times 8\% + \frac{40}{60+40} \times 3\% \times (1-0.4)$$
$$= 5.52\%$$

なお、WACC を求める際の負債や株主資本は時価ベースの値を用います。株主資本の時価は株式時価総額であり、非上場企業については類似企業の株価などで代用します。負債の時価には、貸借対照表の有利子負債の金額を用いるのが一般的です。なお、時価・市場性のある負債の場合はその取引価格を利用することもできます。

以上見てきたように、株主資本と有利子負債のウエイト、株主資本コスト、

有利子負債コスト，税率がわかればWACCの計算ができます。株主資本と有利子負債のウエイトは財務諸表から計算できるので，以下では株主資本コスト，有利子負債コストの求め方について説明します。

第3節 株主資本コストの計算

1 資本資産評価モデル

ここでは株主資本コストの求め方について説明します。株主資本コストはCAPM（capital asset pricing model；資産評価モデル）というモデルで算出することができます。CAPMの式を以下に示します。

$$r_e = r_f + \beta_i(r_m - r_f)$$

r_eは株主資本コスト，r_fは安全資産（無リスク資産）の利子率，βは個別企業のベータ，$r_m - r_f$はリスクプレミアム，r_mは市場のリターンです。この式は，株主資本コスト（r_e）は無リスク利子率（r_f）と，株式市場全体の期待収益率（r_m）から無リスク利子率（r_f）を差し引いたリスクプレミアム（$r_m - r_f$）に個々の企業のリスクの度合いを示すベータ（β）を掛けたものの合計で求められることを意味します。

同じことを図で確認したものが**図表13-5**です。r_fは安全資産の利子率です。安全資産は相場変動などで元本割れするリスクが極めて小さい資産で，あらかじめ将来のリターンが決まっている資産です。具体的には国債や定期預金のようなものを想定しています。このため安全資産に投資を行えば，リスクなしで安全資産の利子率分だけリターンを得ることができます。これがCAPMの第1項目r_fに相当する部分になります。

そして，株式などのリスク資産に投資する場合，リスクの度合いに応じて追加的なリターンが必要です。これが$\beta(r_m-r_f)$の部分です。(r_m-r_f)はリスクプレミアムと呼ばれており，リスクのある株式に投資することにより追加的に必要となるリターンです。これは，株式市場全体のリターンから安全資産の利子率をマイナスすることで求められます。

図表13-5　CAPM

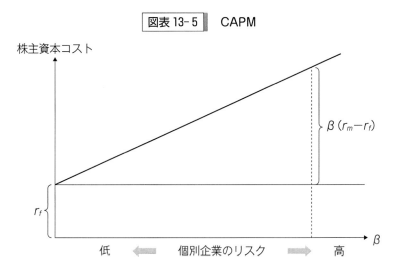

　しかし、リスクプレミアムは株式市場全体の平均的なリターンです。そのため、これに個々の企業のリスクの度合いを示すベータを掛けることで個別企業のリスク度合いを加味しています。ベータは高ければ高いほどリスクが高いことを意味します。**図表13-5**ではβが高くなるほどリスクが高くなるので、その分、投資家が要求するリターン（株主資本コスト）も高くなっています。

　このように、安全資産の利子率に個々の企業に投資した際に追加的に必要となるリスク資産のリターンを足し合わせたものが、その企業に対する投資家の要求収益率であり株主資本コストということになります。

　CAPMの意図するところは、株式への投資によるリターンは国債などに比べリターンのばらつきが大きくなる、すなわちリスクが大きくなるという点です。投資家がリスク回避的であるならば、国債に投資して得られるリターン以上のリターンが得られなければ株式には投資しないでしょう。そのため、株式投資では国債のような安全資産に投資するよりも追加的に高いリターンが要求されます。この追加的に要求されるリターンがリスクプレミアムで、これに個別企業のリスクの度合いに応じてベータを掛けたものがその企業に投資する際に追加的に必要となるリターンです。そして、これに安全資産の利子率を足したものが投資家が要求するリターンすなわち株主資本コストになります。

2 ベータの計算方法

ベータは,マーケット全体の動きに対して特定企業の株価がどの程度センシティブに反応するかを表す指標であり,株価の株式市場に対する感応度を表しています。CAPM の式では,個別株式のリスクを表す値として用いられており,ベータは以下の式により求められます。

$$\beta_i = \frac{Cov(r_m, r_i)}{\sigma_m^2}$$

$$= \frac{証券 i の株式投資収益率と株式市場全体の投資収益率の共分散}{株式市場全体の収益率の分散}$$

ベータは株式市場全体の投資収益率(TOPIX や日経平均株価のリターンなど)と証券 i の投資収益率のデータがあれば,エクセルの関数などを利用して簡単に求めることができます。自身で計算しても構いませんが,ファイナンス系の情報を提供するインターネットのサイトなどでは,すでに計算されたベータを提供しているところもあります。たとえば,2018 年 8 月現在,REUTER のホームページにある株式市場のページでは国内外の企業についてベータが取得できます。

ベータを理解する上でのポイントは,ベータの符号や大小が意味するところを理解する点にあります。たとえば,ベータが 1 より大きい($\beta>1$)企業では,株式市場よりも株価変動が大きくなることを意味します。一方,ベータが 1 以下($\beta<1$)の企業では,株式市場よりも株価変動は小さくなります。また,ベータが 1 ($\beta=1$)の企業では,株価は株式市場全体と等しく動きます。さらに,ベータがマイナス($\beta<0$)の企業では,株価は株式市場と反対の値動きをします。加えて,ベータが大きいほど株式市場全体の動きに対して当該企業の株価が大きく動くことを意味します。

実際の例で見てみましょう。**図表 13-6** は NTT と三菱 UFJ フィナンシャルグループについて,月次収益率と TOPIX の月次収益率の関係を示しています。ここでは,両社の株式投資収益率と TOPIX の月次収益率(株式市場全体の投資収益率)を回帰分析することでベータを求めており,回帰式の 0.4513 と 1.8851

図表 13-6　NTTと三菱UFJフィナンシャルグループの月次収益率とTOPIXの関係

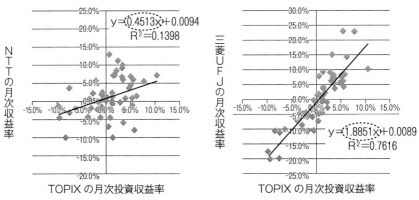

[出所]　Yahoo Finance. 2013年10月～2018年9月の月次株価データより作成。

がNTTと三菱UFJフィナンシャルグループのベータです。ベータは最小二乗法で引いた線の傾きであり，グラフからNTTのほうが傾きはなだらかで，三菱UFJフィナンシャルグループのほうが傾きが急であることがわかります。

　三菱UFJフィナンシャルグループのベータは1.8851ですが，これは株式市場全体（この場合，TOPIX）が1％上昇したとき，三菱UFJフィナンシャルグループの株価は1.8851％上昇することを意味しています。こうしたベータの高い株式は株式市場全体が上昇傾向にあるときはよいですが，下落しているときは株価の下落幅が大きくなるため投資家の損失は大きくなります。というのも，株式市場全体が1％下落すれば，三菱UFJフィナンシャルグループの株価は1.8851％下落するからです。このようにアップダウンが激しい株価は投資家にとっては将来得られるリターンがより不確実になるので，リスクが大きいといえます。

　さらに，**図表 13-7** は株式時価総額上位20社のベータを示しています。ベータが高い企業に着目すると，三菱UFJフィナンシャルグループは1.88，三井住友フィナンシャルグループは1.62であり，金融系の会社で高くなっています。一方，NTTやNTTドコモなどではベータが低いことがわかります。こうした企業では株主資本コストも低くなります。

図表13-7　株式時価総額上位20社のベータ

順位	企業名	ベータ	順位	企業名	ベータ
1	トヨタ	1.18	11	日本郵政	－
2	ソフトバンク	1.28	12	JT	0.77
3	NTTドコモ	0.57	13	ゆうちょ銀	－
4	NTT	0.46	14	リクルート	0.59
5	三菱UFJ	1.88	15	任天堂	1.23
6	ソニー	1.25	16	ファーストリテイリング	1.45
7	キーエンス	0.85	17	三菱商事	1.05
8	KDDI	0.69	18	みずほFG	1.40
9	三井住友FG	1.62	19	日本電産	1.09
10	ホンダ	1.36	20	キヤノン	0.87

［出所］　株式時価総額の順位は日本経済新聞社ホームページ，ベータ（60か月ベータ）はREUTERSホームページより取得（2018年9月10日現在）。ゆうちょ銀行と日本郵政は上場して60か月経っていないためデータはない。**図表13-6**のNTTと三菱UFJフィナンシャルグループのベータとは算出期間などが異なるため完全には一致しない。

　なお，ベータにより株主資本コストの値が大きく変わるため，ベータの推定精度は非常に重要です。また，1980年代以降の研究では，ベータだけで株式の超過リターンを説明することが難しいことが明らかになっており，CAPMに代わるモデルに関する研究も行われています。しかし，モデルがより複雑になることからCAPMほどには普及していないのが現状です。

3　無リスク利子率の推定

　無リスク利子率の推定には，デフォルトすることなく安定的に利息が支払われる債権の利回りが使われます。これには，国債（10年債）の長期利回りなどが利用されます。**図表13-8**は日本の長期国債（10年国債）の利子率の推移を示しています。日本の場合，マイナスの値となる時期もあるためどの期間を参照するかは難しい問題ですが，ここ10年は2％以下の水準となっています。

4　リスクプレミアムの推定

　リスクプレミアムは，リスクのある資産に投資する場合に，投資家が追加的

図表 13-8　日本の長期国債の利子率の推移

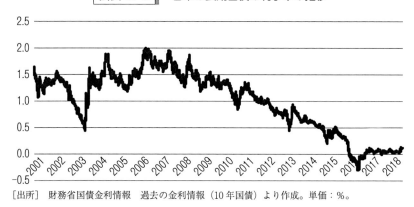

[出所]　財務省国債金利情報　過去の金利情報（10年国債）より作成。単位：％。

に要求するリターンです。リスクプレミアムは，無リスク資産のリターンとリスクのある資産のリターンの差額により求められます。しかし，**図表13-9**に示すように日本では1990年代以降，株価は大きく下落しており，過去の実績値からリスクプレミアムを推定しようとすると，リスクプレミアムがマイナスになるという問題があります。

解決策の1つとして，より長期でリスクプレミアムを計測する手法があります。また，別な解決策にはリスクプレミアムの推定モデルを作成し，それによりリスクプレミアムを推定する方法があります。しかし，リスクプレミアムに

図表 13-9　日経平均株価の推移

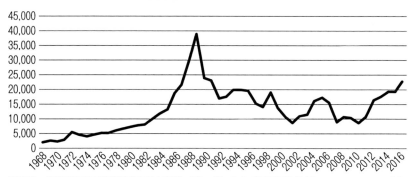

[出所]　総務省統計局業種別東証株価指数（第一部）および日経平均株価，Yahoo Financeより作成。年末の株価について示す。単位：円。

影響を与える変数については決定的なものがあるわけではなく，この場合も問題が残ります。このようなことから，いろいろな計算が試されてはいるものの，実務的には日本の場合，リスクプレミアムは3〜6％が用いられることが多いようです。

以上見てきたように，株主資本コストはCAPMにより求められますが，CAPMにインプットする数字については決定的な手法がないのが現状です。期間やデータを変えることで何通りか試して，大体の水準とその前提を認識した上で株主資本コストを利用するのが適当な方法といえます。

5　株主資本コストに対する誤解

最後に，株主資本コストに関するよくある誤解について触れておきます。まず，内部留保にはコスト（資本コスト）がかからないと考えている人が多いようです。しかし，会社が獲得した利益は本来株主に還元されるべきものです。内部留保は，再投資のため利益を企業内に留保することを株主が認めたものであり，株主が出資した資本と同様に内部留保にもコストがかかります。

また，株主資本に対するコストは配当のみというのも間違いです。この点についてはすでに述べましたが，株主は配当（インカムゲイン）だけではなく，株式の値上がり益（キャピタルゲイン）もリターンとして期待しています。この株主の期待するリターン（インカムゲイン＋キャピタルゲイン）が，経営者が意識すべきコストになります。

なお，**図表13-10**に示すように企業は資金提供者から資金提供を受け，それに応じたコストを負担していますが，損益計算書に記載されている最終利益である親会社株主に帰属する当期純利益では，株主へのコストが差し引かれていないことはすでに述べたとおりです。そのため，この親会社株主に帰属する当期純利益から株主に対するコストを差し引いた後に残った利益が，企業が生み出した真の利益ということになります。そして，この真の利益を生み出して初めて企業は資金提供者の期待を上回る利益を生み出したことになり，企業価値を創造したといえます。

図表 13-10　企業は真の利益を生み出して初めて価値創造をしたことになる

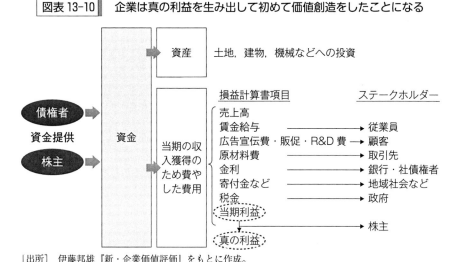

［出所］　伊藤邦雄『新・企業価値評価』をもとに作成。

第4節　有利子負債コストの計算

　有利子負債コストは，企業が抱える負債の平均的な調達レートを意味します。負債コストの算出手法には，支払利息を有利子負債の期中平均で割る方法や有価証券報告書の情報から推定する方法があります。支払利息を有利子負債の期中平均で割る方法では，損益計算書の支払利息を有利子負債の期中平均で割ることで，企業のその期における平均的な負債コストを推定できます。ほとんどの企業で支払利息と有利子負債は損益計算書と貸借対照表から取得できるので，著しく信用力が低下している企業以外ではこの方法が最も簡単です。

　有価証券報告書の情報から推定する方法では，日本基準の連結付属明細表には，社債明細表と借入金等明細表に有利子負債の利率に関する記載があります。支払利息と有利子負債から有利子負債コストを求める方法より詳細な情報があるため，より詳しく分析を行いたい場合はこちらの情報を利用します。**図表13-11**はオリエンタルランドの社債明細表です。表の利率という欄を見ると社債ごとの詳細な利率が記載されています。なお，米国基準に関しては注記事項に同様の記載があります。

図表 13-11　オリエンタルランドの社債明細表

⑤【連結附属明細表】
【社債明細表】

会社名	銘柄	発行年月日	当期首残高(百万円)	当期末残高(百万円)	利率(%)	担保	償還期限
㈱オリエンタルランド	第11回無担保社債	平成27年3月20日	20,000	20,000	0.23	無担保社債	平成32年3月19日
㈱オリエンタルランド	第12回無担保社債	平成27年3月20日	30,000	30,000	0.37	無担保社債	平成34年3月18日
合計	—	—	50,000	50,000	—	—	—

(注) 連結決算日後5年間の償還予定額は以下のとおりであります。

1年以内(百万円)	1年超2年以内(百万円)	2年超3年以内(百万円)	3年超4年以内(百万円)	4年超5年以内(百万円)
—	20,000	—	30,000	—

[出所]　オリエンタルランド有価証券報告書 (2018年3月期)。

以上，資本コストの計算方法について説明をしてきました。最後にWACCの計算方法までもう一度振り返っておきましょう。**図表 13-12** に示すように，有利子負債コストは支払利息を有利子負債の期中平均で割るなどして求めます。株主資本コストはCAPMで求められます。CAPMの式は以下のとおりです。

$$r_e = r_f + \beta(r_m - r_f)$$

安全資産の利子率 (r_f) は10年国債の利回りが利用されます。ベータ (β) は過去60か月程度の企業の株価リターンと市場リターンにより推定できます。リスクプレミアム ($r_m - r_f$) については様々な議論がありますが，実務では3〜6％の値が使われています。

図表 13-12　資本コストのまとめ

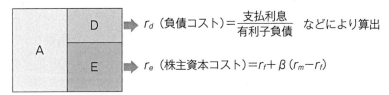

r_f：10年国債の利回りを利用
β：過去60か月程度の企業の株価リターンと市場リターンにより推定
$r_m - r_f$：実務では3〜6％

有利子負債コストと株主資本コストを算出できたら，以下のように加重平均で資本コストを求めます。なお，$(1-\tau)$ は負債の節税効果を考慮しています。

$$\text{WACC} = \frac{E}{E+D} \times r_e + \frac{D}{E+D} \times r_d \times (1-\tau)$$

このようにして求められた値が，全ての資金提供者が企業に対して求める期待収益率であり，企業が達成すべきハードルレートとなります。

第5節　資本コストの低減と企業価値の向上

1　WACCを低下させるための施策

資本コスト（WACC）は企業側から見れば資金調達に係るコストなので，WACCが低いほど会社全体として低コストで資金を調達できることになります。そこで，ここでは資本コストを低減するための施策について説明します。

図表13-13は，WACCの式から考えられる資本コストを低減させる施策について示したものです。WACCを低減させるには，第1に株主資本コストを低下させることが考えられます。第2に，有利子負債コストを低下させることを通してもWACCを低減できます。第3に，株主資本より有利子負債のほうが資金調達コストは低いことから，株式に対して負債の比率を高める方法でもWACCは低下します。

図表13-13　WACCの低減のためにできること

2 株主資本コストを低下させる

株主資本コストを低下させるためには，ビジネスリスクを抑えることが有効です。事業内容や業界の競争状況，ビジネスモデルによっては利益のボラティリティが高くなる場合があります。しかし，個々の事業の利益のボラティリティを極力抑える施策を実行することで，利益がより安定的に推移するようにすることは可能です。たとえば，安定的に取引ができる取引先を増やすこと，原料を安定的に調達できるように工夫することなどが考えられます。

また，どうしても利益のボラティリティが高くなる事業を持たざるを得ない場合は，企業全体として利益のボラティリティを抑制するような事業ポートフォリオの構築を検討します。たとえば，安定的な収益源となる不動産の賃料収入を得る事業をビジネスに取り入れるなどの方策が考えられます。

3 負債コストを低下させる

負債コストを低下させるには，財務リスクを抑える方法が考えられます。具体的には，負債の比率を低下させ財務の安全性を高める，高格付けを取得する方法が考えられます。しかし，負債の比率を低下させると有利子負債コストは低下しますが，代わりに株式のウエイトが高まるので，WACCが上昇する点には注意が必要です。そのため，より金利の安い調達方法に切り替えるなどの手法を優先したほうがよいかもしれません。

4 負債の比率を増やす

負債の比率を高め，株主資本の比率を低下させるなど資本構成を変化させる資本コストの低減につながります。株主資本コストより有利子負債コストのほうが調達コストは低いので，よりコストの高い株式のウエイトを下げ，よりコストの低い負債のウエイトを引き上げればWACCは低下します。

具体的な施策としては，新たな資金調達の予定がある場合は負債で調達します。また，資金調達の予定がない場合は借入れをして自社株買いをするか，余剰資金があればそれを用いて自社株買いや配当をすることなどが挙げられます。この点は第14章で詳しく説明します。

5　その他の施策

　ディスクロージャーを活用し，投資家との情報ギャップを埋めることも資本コストの低下につながります。企業と投資家の間には情報の非対称性があり，投資家は十分な情報が得られない場合リスクを抱えることになります。その場合，追加的なリターンを要求することになるので，その分，株主資本コストは上昇します。しかし，企業がディスクロージャーを十分に行い，情報の非対称性を解消すれば，投資家が抱えるリスクは低減するので株主資本コストが低下します。

　DCFモデルからわかるように，将来のキャッシュフローの見通しに変化がなくとも，WACCが低下すれば企業価値は上昇します。よって，企業は十分なキャッシュフローを生み出すことも重要ですが，それ以外にもビジネスリスクや財務リスクを抑え，よりコストの安い負債による資金調達を増やしたり，ディスクロージャーを充実させたりすることで資本コストを低下させ，企業価値を向上させるといった取り組みも求められています。

　こうしたことから，近年ディスクロージャーや投資家対応などで企業のIRへの期待と負担は大きくなっています。以前，IR担当者から「莫大なコストと時間，人手をかけてまでIRをやる意味がわからない」と言われたことがありました。しかし，ディスクロージャーをすることにより投資家の自社に対する理解が深まり，資本コストが低下し，企業価値も高まるのであればIRの意義は十分にあると考えられます。

　不本意なディスクロージャーで投資家の信頼を失い，株式時価総額が1,000億円から800億円に200億円減少したとすれば，その200億円もまたコストです。株式時価総額が1,000億円の企業が200億円稼ぐにはどれだけの苦労が必要でしょうか。さらには，株価の低迷は買収リスクを高め，株主総会において議案が承認されなくなるリスクも高めます。それを考えれば，経営者としてはIRを強化しないと……ということになるはずです。

■練習問題：WACC の計算

1. 最新の財務諸表と株式時価総額，ベータのデータをインターネットなどから取得して，ソフトバンクグループと NTT ドコモの WACC を計算しましょう。ただし，安全資産の利子率は 2％，リスクプレミアムは 5％，実効税率は 40％とします（両社の会計基準の違いは無視する）。
2. どちらの企業の WACC が高いですか。
3. この差は何により生じていると考えますか。

第4部
企業分析

第14章

事業分析・経営戦略分析

> **本章の内容**
> 第14章では，財務数値の裏側にある企業の事業内容や経営戦略，財務戦略の分析手法を学びます。
>
> **本章のゴール**
> 企業の事業内容や経営戦略，財務戦略の分析手法について理解する。

第1節 事業分析・経営戦略分析の意義

　第3部までは財務数値を中心に分析をしてきましたが，企業を真に理解するには財務数値の分析だけでは不十分であり，その財務数値が出てきた背景，すなわち事業内容や経営戦略についての検討も必要になります。

　事業内容や経営戦略について分析をすることには，以下3つのメリットがあります。第1に，財務数値などの定量的な分析に加えて，定性的な情報も加味できるだけでなく，財務分析が企業の実態に基づくものになります。第2に，企業の競争優位性や利益の決定要因，重要なリスクを明らかにできます。第3に，将来の予想と企業価値の算出に役立ちます。

　そこで，本章では**図表14-1**に示すように，はじめに有価証券報告書の事業の内容やセグメント情報を用いて企業の事業内容について分析します。その上で，産業分析や競争戦略分析，企業分析といった経営戦略分析の手法について説明します。さらに，中期経営計画の評価のポイントについて述べ，最後に経営戦略を遂行するための財務戦略について説明します。

図表14-1　事業・経営戦略の分析手順

	事業内容の分析（第2節）	セグメント情報の分析（第3節）	経営戦略分析（第4節）	中期経営計画の評価（第5節）	財務戦略の分析（第6節）
分析内容	・有価証券報告書の「事業の内容」	・有価証券報告書／決算短信の「セグメント情報」	・産業分析 ・競争戦略分析 ・企業分析	・中期経営計画 ・設備投資 ・リスク	・負債の導入 ・株主還元 ・資本政策

第2節　事業の内容の分析

1　事業の内容

　すでに見てきたように有価証券報告書には様々な情報が記載されていますが，企業の事業内容については有価証券報告書の「事業の内容」で確認できます。事業の内容では，主な事業内容や主要な関係会社等について報告セグメント別に知ることができます。

　たとえば，子会社数や関連会社の数などを分析することにより，グループ全体がどのような企業で成り立っているのかを把握することができます。また，連結子会社数や関連会社数は年によって増減します。規模の大きな子会社などの新規連結や連結除外がある場合は，売上や利益などに大きな影響を与えることがあるため，分析に際してはこうした変化を確認しておきます。

　なお，事業の区分を示す報告セグメントは2010年度よりマネジメントアプローチで記載されるようになりました。経営者は経営上の意思決定を行うために自社の事業をいくつかの区分に分割して事業を把握していますが，マネジメントアプローチはその経営者が分割した区分に沿って事業の状況を開示する方法です。これには，企業外部の分析者も経営者と同じ視点で事業内容とその状況を確認できるというメリットがあります。

　第14章では，主にオリエンタルランドとソニーを事例として取り上げます。オリエンタルランドは第9章でも触れたように，東京ディズニーランドや東京

図表14-2　オリエンタルランドの事業の内容

3【事業の内容】

当社グループは、提出会社、連結子会社16社、関連会社5社及びその他の関係会社1社で構成されており、テーマパーク及びホテルなどの経営・運営を主たる事業としております。

当連結会計年度における、報告セグメントごとの主な事業内容及び各事業に携わっている主要な関係会社等は、次のとおりであります。

報告セグメント		主な事業内容	主要な関係会社等 (注)
報告セグメント	テーマパーク	テーマパークの経営・運営	㈱オリエンタルランド（当社）　ほか7社
	ホテル	ホテルの経営・運営	㈱ミリアルリゾートホテルズ　ほか3社
その他		イクスピアリの経営・運営 モノレールの経営・運営　ほか	㈱イクスピアリ ㈱舞浜リゾートライン　ほか4社

(注)「主要な関係会社等」欄に記載している会社名及び会社数は、当社を除き全て連結子会社です。

[出所] オリエンタルランド有価証券報告書（2018年3月期）より。

ディズニーシーを運営する企業であり，東証33業種分類ではサービス業に分類され，会計基準は日本基準を採用しています。ソニーはエレクトロニクスを中心に，音楽，映画，金融など複数の事業を展開しており，東証33業種分類では電気機器に分類され，会計基準は米国基準を採用しています。

図表14-2は，オリエンタルランドの事業の内容です。1行目にグループ全体としての連結子会社や関連会社などの数が記載されており，オリエンタルランドは提出会社（親会社）と子会社16社，関連会社5社などから成り立っていることがわかります。また，事業の区分としては報告セグメントとして「テーマパーク」，「ホテル」があり，これ以外に「その他」があります。このように，売上・利益・資産のいずれかが10%を超えるセグメントは報告セグメントとして開示され，それ以外はその他として開示されます。

主要な関係会社等を確認すると，テーマパークとホテル事業はそれぞれオリエンタルランドやミリアルリゾートホテルズを中心に複数の子会社・関連会社から成り立っていることがわかります。また，その他については商業施設（イクスピアリ）やモノレールの運営を行っています。

2　連単倍率

グループ全体のうち子会社への依存度を明らかにするには連単倍率を確認します。連単倍率は，任意の勘定科目について連結財務諸表の数値を個別財務諸

図表14-3 オリエンタルランドとソニーの連単倍率（2018年3月期）

	オリエンタルランド 2018／3期（日本基準）		ソニー 2018／3期（米国基準）	
	売上高	営業利益	売上高	営業利益
連結	479,280	110,285	8,543,982	734,860
単体	408,150	94,703	536,686	110,662
連単倍率	1.17	1.16	15.92	6.64
連結子会社数	16		1,304	

［出所］　各社決算短信より作成。単位：売上・利益は百万円，連単倍率は倍，連結子会社数は社。

表（単体）の数値で除した値であり，数字が大きいほど子会社が稼いでいることを示します。

図表14-3はオリエンタルランドとソニーの2018年3月期の連単倍率です。なお，オリエンタルランドの連単倍率は以下のように計算しています。

$$売上高の連単倍率 = \frac{連結売上高}{単体の売上高} = \frac{479,280}{408,150} = 1.17（倍）$$

$$営業利益の連単倍率 = \frac{連結営業利益}{単体の営業利益} = \frac{110,285}{94,703} = 1.16（倍）$$

オリエンタルランドの場合，売上高も営業利益も連単倍率がそれぞれ1.17倍，1.16倍と1倍に近く，親会社に大きく依存していることがわかります。一方，ソニーの連単倍率は売上高が15.92倍，営業利益が6.64倍であり，オリエンタルランドに比べると子会社の稼ぎが大きいことがわかります。

ちなみに，ソニーは2018年3月期時点で1,304社の連結子会社があり，日本で最も子会社数の多い企業となっています。連単倍率にはこうしたグループの構造も大きく影響しています。特定の子会社が連結全体の業績に大きな影響を及ぼす可能性がある場合は，その子会社についても調査を行う必要があります。子会社が上場している場合は，情報も多くあることからより調査はしやすくなります。

第3節　セグメント情報の分析

1　セグメント情報の内容

　有価証券報告書や決算短信で開示されている「セグメント情報」では，区分ごとに売上や利益・資産の内容が開示されています。これにより，セグメントごとに企業のより詳細な収益構造や資産・投資の状況を把握することができます。具体的な開示項目としては，売上高，セグメント利益，セグメント資産，その他の項目の金額に関する情報があり，その他の項目には減価償却費や有形固定資産及び無形固定資産の増加額があります。有形固定資産及び無形固定資産の増加額はその期の固定資産の増加額であり，設備投資に近い概念として分析をすることができます。

　図表14-4はオリエンタルランドのセグメント情報です。売上高には「外部顧客への売上高」と「セグメント間の内部売上高または振替高」があり，その合計が「計」になります。外部顧客への売上高は，その名のとおり企業外部の顧客に対する売上です。

　一方で，企業は企業内部でも取引を行っています。たとえば，オリエンタルランドの場合，テーマパーク事業からホテル事業やその他事業にも商品などを販売することがあります。この売上がセグメント間の内部売上高または振替高です。連結財務諸表ではこうしたセグメント間の取引は相殺消去されるため，内部売上高の金額は表れません。そのため，分析には連結で開示されている売上の内訳という意味では外部顧客への売上高を用います。なお，外部顧客への売上高の合計は通常，連結の売上高と一致します。

2　セグメント情報の分析手法

　セグメント情報を用いてセグメントごとの前年比や利益率を計算することにより，どの事業が稼ぎ頭となっているかを明らかにすることができます。

　図表14-5は，オリエンタルランドの事業別セグメント情報を用いた売上の分析結果です。構成比は全社売上に占める各セグメントの売上の構成比を示し

図表14-4　オリエンタルランドのセグメント情報

前連結会計年度（自　平成28年4月1日　至　平成29年3月31日）

（単位：百万円）

	報告セグメント			その他（注）1	計	調整額（注）2	合計（注）3
	テーマパーク	ホテル	計				
売上高							
外部顧客への売上高	394,215	66,144	460,360	17,388	477,748	―	477,748
セグメント間の内部売上高又は振替高	6,555	628	7,183	3,751	10,935	(10,935)	―
計	400,771	66,772	467,543	21,140	488,683	(10,935)	477,748
セグメント利益	95,880	14,647	110,528	2,400	112,928	223	113,152
セグメント資産	524,424	90,175	614,599	44,997	659,597	190,200	849,798
その他の項目（注）4							
減価償却費	31,316	4,590	35,906	2,408	38,315	(35)	38,280
有形固定資産及び無形固定資産の増加額	46,677	2,485	49,163	1,864	51,027	(34)	50,993

（注）1．「その他」区分は、報告セグメントに含まれない事業セグメントであり、イクスピアリ事業、モノレール事業、グループ内従業員食堂運営事業等を含んでおります。
　　　2．（1）セグメント利益の調整額は223百万円であり、セグメント間取引消去によるものです。
　　　　　（2）セグメント資産の調整額190,200百万円には、セグメント間取引消去△4,333百万円、各セグメントに配分していない全社資産194,534百万円が含まれております。全社資産は、主に親会社の余資運用資金（現金及び預金、有価証券）及び長期投資資金（投資有価証券）等であります。
　　　3．セグメント利益は連結損益計算書の営業利益と調整を行っております。
　　　4．減価償却費、有形固定資産及び無形固定資産の増加額には、長期前払費用の償却額及び増加額が含まれております。

当連結会計年度（自　平成29年4月1日　至　平成30年3月31日）

（単位：百万円）

	報告セグメント			その他（注）1	計	調整額（注）2	合計（注）3
	テーマパーク	ホテル	計				
売上高							
外部顧客への売上高	395,978	66,447	462,426	16,854	479,280	―	479,280
セグメント間の内部売上高又は振替高	6,647	603	7,250	3,810	11,061	(11,061)	―
計	402,626	67,050	469,676	20,665	490,342	(11,061)	479,280
セグメント利益	91,636	16,298	107,934	2,071	110,005	279	110,285
セグメント資産	571,755	90,192	661,947	43,957	705,905	209,659	915,564
その他の項目（注）4							
減価償却費	30,787	4,171	34,958	2,411	37,369	(30)	37,339
有形固定資産及び無形固定資産の増加額	57,023	1,473	58,496	1,397	59,893	(5)	59,888

（注）1．「その他」区分は、報告セグメントに含まれない事業セグメントであり、イクスピアリ事業、モノレール事業、グループ内従業員食堂運営事業等を含んでおります。
　　　2．（1）セグメント利益の調整額は279百万円であり、セグメント間取引消去によるものです。
　　　　　（2）セグメント資産の調整額209,659百万円には、セグメント間取引消去△4,523百万円、各セグメントに配分していない全社資産214,182百万円が含まれております。全社資産は、主に親会社の余資運用資金（現金及び預金、有価証券）及び長期投資資金（投資有価証券）等であります。
　　　3．セグメント利益は連結損益計算書の営業利益と調整を行っております。
　　　4．減価償却費、有形固定資産及び無形固定資産の増加額には、長期前払費用の償却額及び増加額が含まれております。

［出所］　オリエンタルランド有価証券報告書（2018年度3月期）より。

図表14-5　オリエンタルランドの事業別セグメント情報を用いた分析（売上）

	2017年3月期 (前連結会計年度)		2018年3月期 (当連結会計年度)		
	金額	構成比	金額	構成比	前年比
テーマパーク事業	394,215	82.5%	395,978	82.6%	0.4%
ホテル事業	66,144	13.8%	66,447	13.9%	0.5%
その他	17,388	3.6%	16,854	3.5%	-3.1%
合計	477,748	100.0%	479,280	100.0%	0.3%

［出所］　オリエンタルランド有価証券報告書（2018年度3月期）より作成。単位：百万円。

ています。2018年3月期の売上の構成比はテーマパーク事業が82.6％，ホテル事業が13.9％，その他が3.5％であり，売上の8割以上をテーマパーク事業が占めることがわかります。なお，テーマパーク事業の構成比は以下のとおり計算しています。

$$\frac{\text{テーマパーク事業}}{\text{の構成比}} = \frac{\text{テーマパーク事業の売上高}}{\text{連結全体の売上高}} = \frac{395{,}978}{479{,}280} = 82.6\%$$

　また，前年比はセグメントごとに売上の前年比を求めたものです。2018年3月期の売上の前年比はテーマパーク事業が0.4％，ホテル事業が0.5％，その他事業が-3.1％です。これより，テーマパーク事業とホテル事業の売上は前年から若干増加し，その他事業の売上は3％程度減少したことがわかります。なお，テーマパーク事業の売上前年比は以下のとおり計算しています。

$$\frac{\text{テーマパーク事業}}{\text{の売上前年比}} = \frac{\text{2018年3月期のテーマパーク事業の売上高}}{\text{2017年3月期のテーマパーク事業の売上高}} - 1$$

$$= \frac{395{,}978}{394{,}215} - 1 = 0.4\%$$

　さらに，営業利益に関してもセグメントごとに構成比を算出できます。**図表14-6**は，オリエンタルランドの事業別セグメント情報を用いた営業利益の分析結果です。2018年3月期の営業利益の構成比は，テーマパーク事業が83.1％，ホテル事業が14.8％，その他が1.9％です。これより，オリエンタル

図表14-6 オリエンタルランドの事業別セグメント情報を用いた分析（営業利益）

	2017年3月期 (前連結会計年度)			2018年3月期 (当連結会計年度)		
	金額	構成比	営業利益率	金額	構成比	営業利益率
テーマパーク事業	95,880	84.7%	24.3%	91,636	83.1%	23.1%
ホテル事業	14,647	12.9%	22.1%	16,298	14.8%	24.5%
その他	2,400	2.1%	13.8%	2,071	1.9%	12.3%
調整額	223	0.2%	―	279	0.3%	―
合計	113,152	100.0%	23.7%	110,285	100.0%	23.0%

［出所］ オリエンタルランド有価証券報告書（2018年度3月期）より作成。単位：百万円。

ランドの営業利益は8割以上がテーマパーク事業から生み出されていることがわかります。

　また，セグメントごとに営業利益率を求めると，どのセグメントの収益性が高いかが明らかになります。2018年3月期の営業利益率は，テーマパーク事業が23.1%，ホテル事業が24.5%，その他事業が12.3%です。これよりテーマパークに加え，ホテル事業も収益性が高いことがわかります。なお，2018年3月期のテーマパーク事業の営業利益率は以下のとおり計算しています。

$$\frac{\text{テーマパーク事業}}{\text{の営業利益率}} = \frac{\text{テーマパーク事業の営業利益}}{\text{テーマパーク事業の売上高}} = \frac{91,636}{395,978} = 23.1\%$$

　営業利益率を前年と比較すると，テーマパーク事業は24.3%から23.1%に1.2%悪化，ホテル事業では22.1%から24.5%に2.4%改善し，全体としては23.7%から23.0%に0.7%悪化したことがわかります。こうした要因に関しては，有価証券報告書や決算短信，決算説明会資料等で説明させていることもあります。ちなみに，2018年度3月期の有価証券報告書の中では，テーマパーク事業の利益率悪化の理由には人件費の上昇が挙げられています。

　上記の分析よりオリエンタルランドはテーマパーク事業が事業の中心であり，2018年3月期のこの事業の売上は若干増加したものの，費用の増加で営業利益率が悪化したことがわかります。中心となる事業の売上が落ち込み，利益も落ち込み，収益性も低下しているような場合，業績がどんどん悪化するので注

意が必要です。しかし，オリエンタルランドの場合，減益でも依然高い収益性を維持しており，第9章の**図表9-5**で提示したアナリスト予想からも今後，増収・増益が見込まれていることから，特に問題視する状況にはないと考えられます。

なお，セグメント情報には報告セグメントごとの開示以外に所在地ごとの売上高や営業利益の開示を行っている企業もあり，この場合，地域別にも同様の分析を行うこともできます。また，「関連情報」として「製品及びサービスごとの情報」，「地域ごとの情報」，「主要な顧客ごとの情報」が開示されている場合もありますが，売上のみの開示となっているなどセグメント情報より簡素な情報になっています。

3　セグメント情報を用いた戦略分析

プロダクトポートフォリオマネジメント（PPM）は，米国のコンサルティング会社，ボストン・コンサルティング・グループが開発した全社の経営資源を効率的に事業に配分することを目的とした分析のフレームワークです。**図表14-7**に示すように，PPMでは縦軸に市場の成長率，横軸にマーケットシェアをとり，その高低で事業を「花形（star）」，「金のなる木（cash cow）」，「問題

図表14-7　PPM分析

	マーケットシェア　高	マーケットシェア　低
市場成長率　高	**花形** 市場シェアが高く，市場成長率も高い 収入は多いが競合も多く，追加投資は必要	**問題児** 市場シェアは低いが，今後の投資次第で花形事業にシフトできる事業
市場成長率　低	**金のなる木** 市場成長率は低いがシェアが高く，投資もそれほど必要としないことからキャッシュ創出力が高い	**負け犬** 成長率・シェアともに低く，撤退も検討すべき事業

児（problem child）」、「負け犬（dog）」の4つの象限に振り分けます。

「花形」に分類される事業は、市場成長率・マーケットシェアがともに高い事業であり、シェアが高い分収入が見込めるものの、競合が多いため一定の投資を必要とします。「金のなる木」に分類される事業は、市場成長率は低いもののマーケットシェアが高く、投資をそれほど必要としないことからキャッシュの創出能力が高いとされます。「問題児」に分類される事業は、市場成長率は高いもののマーケットシェアが低く、今後の投資次第で花形に変化する可能性もありますが、投資に失敗すれば負け犬に分類される可能性のある事業です。「負け犬」に分類される事業は、市場成長率・マーケットシェアともに低く、撤退も含めた検討が必要となる事業です。

PPM分析では市場の成長率とマーケットシェアを明らかにする必要がありますが、シェアのデータは入手できないことも少なくありません。そこで、縦軸に売上高成長率（成長性）、横軸に営業利益率（収益性）をとり、セグメント

図表14-8　ソニーのPPM分析（2018年3月期）

	花形						問題児	
高		音楽 23.5% 16.0%		ゲーム 17.8% 9.1%	ホームエンタ 17.7% 7.0%	20.0%		
売上成長率			イメージング 13.2% 11.4%					
	半導体 9.9% 19.3%	金融 13.0% 14.6%			映画 12.0% 4.1%	10.0%		
	20.0%		10.0%			0.0%	−10.0%	
					モバイル −4.7% −3.8%		負け犬 その他 −9.6% −5.8%	
低	金のなる木							

　　　　高　　　　　　　　　　営業利益率　　　　　　　　　　低

［出所］ソニー決算短信（2018年3月期）のセグメント情報をもとに作成。ソニーはセグメント情報の外部顧客に対する売上高は連結売上高に一致しないため、売上高にはセグメント情報の売上高計を利用。円の中は上から順にセグメント名、売上高成長率、営業利益率を示す。図表中のゲームはゲーム＆ネットワークサービス、ホームエンタはホームエンタテインメント＆サウンド、イメージングはイメージング・プロダクツ＆ソリューション、モバイルはモバイル・コミュニケーション事業を示す。

情報のデータを用いて同様の分析を行うことがあります。これにより，キャッシュを生み出している事業や継続的な投資が必要な事業，再構築が必要な事業などを把握することができます。

図表14-8はソニーのセグメント情報に基づいてPPM分析を行ったものです。2018年3月期の決算短信のセグメント情報を利用して9つあるセグメントの売上成長率と営業利益率を計算し，それをもとに各事業を4つの象限に分類しました。これによると，成長性も高く収益性も高い花形に半導体，音楽，金融，イメージング・プロダクツ＆ソリューション，ゲーム＆ネットワークサービス，ホームエンタテインメント＆サウンド，映画が分類されました。また，負け犬にはモバイル・コミュニケーション，その他が分類されています。PPMに従えば，これら事業に関しては撤退も含めた検討を行うことになります。

一方，**図表14-9**は2014年3月期のPPM分析です。2014年3月期は業績が悪化した期であり，複数のセグメントで営業利益が赤字になりました。

図表14-9 ソニーのPPM分析（2014年3月期）

｜ 花形 | | 問題児 |
｜---|---|---|
｜ 音楽 13.9% 10.0% | ゲーム 38.5% -0.8% | モバイル 29.6% -4.6% |
｜ | 映画 13.2% 6.2% | ホームエンタ 17.5% -2.2% | その他 5.6% -9.9% |
｜ 金融 -0.9% 17.1% | イメージング -2.0% 3.6% | デバイス -6.4% -1.6% | 負け犬 |
｜ 金のなる木 | | |

縦軸：売上成長率（高←→低），範囲 30.0%, 20.0%, 10.0%, 0.0%, -10.0%
横軸：営業利益率（高←→低）

［出所］　ソニー決算短信（2014年3月期）のセグメント情報をもとに作成。ソニーはセグメント情報の外部顧客に対する売上高は連結売上高に一致しないため，売上高にはセグメント情報の売上高計を利用。円の中は上から順にセグメント名，売上高成長率，営業利益率を示す。図表中のモバイルはモバイル・プロダクツ＆コミュニケーション，イメージングはイメージング・プロダクツ＆ソリューション，ホームエンタはホームエンタテインメント＆サウンド事業を示す。

PPMを見ても，花形に分類されるのは映画と音楽のみであり，問題児にはゲーム，ホームエンタテインメント＆サウンド，モバイル事業など複数の事業が分類されています。ソニーはこのような状況も踏まえて2015年度からはじまる第2次中期経営計画で事業の抜本的な見直しを行いました。2018年3月期に多くの事業が花形に分類されたのには，こうした事業構造改革も影響していると考えられます。

第4節　企業の競争優位性を見極める——経営戦略分析

1　戦略の選択と経営戦略分析

第3部で確認したように，企業価値は資本コスト以上の利益を上げる能力により決まります。そして，資本コスト以上の利益を上げられるか否かは戦略の選択に大きく左右されます。戦略の選択はさらに，産業の選択・競争上のポジショニングの選択・企業戦略の選択の3つに分けて考えることができます。それぞれに対応する経営戦略分析は産業分析，競争戦略分析，企業戦略分析です。

図表14-10は本節で取り上げる経営戦略分析の内容を示しています。経営戦略分析に関しては様々な手法がありますが，ここでは産業分析としてファイブ

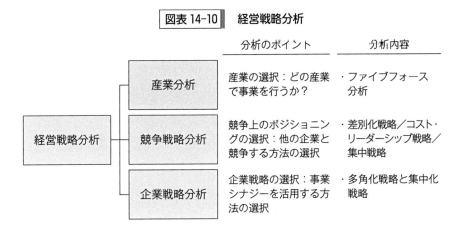

図表14-10　経営戦略分析

フォース分析，競争戦略分析として差別化戦略，コスト・リーダーシップ戦略と集中戦略，企業戦略分析として多角化戦略と集中化戦略について説明します。

2　産業分析

(1)　競争の状況と収益性——ファイブフォース分析

産業分析の代表的なツールにはファイブフォース分析があります。ハーバード・ビジネススクールのマイケル・ポーター教授は，業界の競争の状況は**図表14-11**に示す新規参入の脅威・産業内の競争・供給業者の競争力，買い手の交渉力・代替品の脅威の5つにより決まると述べています。この5つの要因に基づいて業界の状況を明らかにする分析がファイブフォース分析です。業界の競争の状況は企業の収益に大きく影響し，競争が激しいほど収益性は低下します。

ここでは，PCメーカーを例にファイブフォース分析を行ってみます。まず，新規参入の脅威では，新規参入が起こりやすいほど業界の収益性は低下します。PCメーカーでは部品さえ入手できればPCの製造が可能であり，規制などの

図表14-11　ファイブフォース分析

業界の収益性を決める5つの要因		パソコンメーカーの事例
新規参入の脅威	新規参入が起こりやすいほど，業界の収益性は低下	部品の入手さえできればPCの製造が可能であり，新規参入障壁は低い
産業内の競争	既存企業間の競争が激しいほど，業界の収益性は低下	NEC，Panasonic，TOSHIBA，FUJITSU，Dell，HP，ASUS，Apple……価格競争やアフターサービス等の付加価値競争が熾烈
供給業者の競争力	供給業者の交渉力が強いほど，業界の収益性は低下	供給業者は部品メーカーやソフトメーカー（Intel・AMD・Microsoft）→これらがないとPCは作れず売り手の交渉力は強い
買い手の交渉力	買い手の交渉力が強いほど，業界の収益性は低下	多くは家電量販店で販売。近年はメーカーに対する家電量販店の価格交渉力が大きく，買い手の交渉力は強い
代替品の脅威	代替品の脅威が大きいほど，業界の収益性は低下	スマートフォンやタブレットの普及によってパソコン機能を兼ねる端末が普及しており脅威となり得る

参入障壁もないことから収益性の低下は起こりやすいと考えられます。2000年代に中国・台湾メーカーが日本メーカーに続いてPCを製造・販売しはじめ，より安い価格で販売したことから日系メーカーの収益は急激に悪化しました。

産業内の競争では，1社による独占より複数企業が併存している状態のほうが競争は起こりやすく，既存企業間の競争が激しいほど収益性は低下します。また，成長している業界より成熟した業界のほうが競争は激しくなる傾向があります。かつて国内のPC市場では非常に多くのメーカーが林立していましたが，**図表14-12**に示すように国内のPC出荷台数は10年前と比べると大きく縮小しています。このようなことから，収益性の維持は難しい環境にあるといえます。

供給業者の交渉力では，供給業者（売り手）の交渉力が強いほど業界の収益性は低くなります。PCメーカーの供給業者は部品メーカーやソフトメーカーです。これらの部品やソフトがないとPCは作れないので，供給業者の交渉力は強く収益性は低下しやすいと考えられます。

一方，買い手の交渉力では買い手の交渉力が強いほど業界の収益性は低下します。PCメーカーの多くは家電量販店やネットなどを通して消費者に販売を行っています。消費者には選択肢が豊富にあり，安いPCも多くあることから消費者のメーカーに対する価格交渉力は強いといえます。よって，収益性は低下する環境にあると判断できます。

図表14-12　PC国内出荷台数

[出所] 一般社団法人電子情報技術産業協会より作成。

代替品の脅威では，代替品や代替サービスの脅威が大きいほど業界の収益性は低下するとされます。ここ数年，スマートフォンやタブレットの普及で，パソコン機能を兼ねる端末の普及が進み，代替品の脅威は大きいと考えられます。よって，代替品の脅威の面からしても，PCメーカーの収益性は低下しやすいといえます。

以上を考えると，PCメーカーの競争環境は非常に厳しく，収益性が低下しやすい事業環境にあることがわかります。**図表14-13**はPCの国内出荷金額と平均単価を示していますが，PC出荷台数の減少に伴い，出荷金額も減少していることがわかります。また，出荷金額を出荷台数で割った平均単価も2012年まで低下しています。こうしたことから，シャープは2010年にノートPCから撤退，ソニーは2014年にVAIO事業を日本産業パートナーズに売却，富士通は2017年にレノボとPC事業を統合することで合意，東芝も2018年にPC事業をシャープに売却しパソコンの製造から撤退しています。

なお，グラフに用いたデータは自主統計参加企業の合計値となっています。参加企業は2010年度までは13社ありましたが，事業からの撤退に伴い企業数が減少し，2011年度は12社，2012年度は11社となり，2017年度は8社となっています。企業の撤退に伴い平均単価が上昇しており，これに伴い各社の収益性は改善していると推測されます。

なお，ファイブフォース分析の限界として，実際の企業は非常に多くの産業

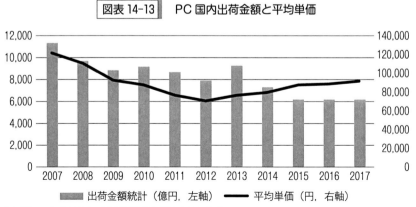

図表14-13　PC国内出荷金額と平均単価

［出所］　一般社団法人電子情報技術産業協会より作成。

にまたがって経営を行っているため，分析対象企業の事業と市場が完全に一致しない点が挙げられます。また，PCメーカーのように日本だけでなくグローバルで事業を展開している場合はグローバルでファイブフォース分析を行う必要もあります。

(2) 業種と収益性

以上のような産業の競争に加えて，業界の取引慣行から収益性が低くなる産業もあります。たとえば，卸売業は製造業から商品を仕入れて小売業者に商品を販売するだけなので付加価値を付けづらく，利益率は低くなる傾向があります。

図表14-14は主要な業界について，業種別に損益計算書の売上高比率を示したものです。表からわかるように利益率は高い業界と低い業界があります。たとえば営業利益率について見ると全体では7.0％ですが，医薬品はそれより高く14.3％，化学や輸送用機器も高くそれぞれ10.1％，6.7％となっています。一方，卸売業，電気機器，サービスの営業利益率はそれぞれ2.0％，7.0％，5.2％であり，収益性が低いことがわかります。

多くの企業は複数の業種にわたりビジネスを展開しています。収益性の低い事業領域で収益性を高めるのは容易ではないため，収益性を上げることを第一に考えるならば，より収益性の高い事業領域に経営資源を投下する必要があるといえます。

図表14-14　上場企業の業種別利益率

	全産業	医薬品	化学	輸送用機器	サービス	電気機器	卸売業
営業利益率	7.0％	14.3％	10.1％	6.7％	5.2％	7.0％	2.0％
経常利益率	7.5％	14.4％	10.4％	7.5％	8.3％	7.0％	4.6％
親会社株主に帰属する当期純利益	5.2％	11.3％	6.9％	6.2％	4.9％	4.4％	3.3％

［出所］　日本取引所グループ「決算短信集計結果2017年度（2017年4月期～2018年3月期）」より作成。

(3) 収益性と株式市場の評価

収益性が高いビジネスを行っている企業ほど，株式市場からの評価は高まります。**図表 14-15** は業種別の収益性と市場の評価を示したグラフです。これより，収益性の高い業種では，株式市場での評価が高くなる傾向があることがわかります。こうしたことから株式市場から高い評価を得るには，収益性の高い産業でビジネスを行う必要があるといえます。

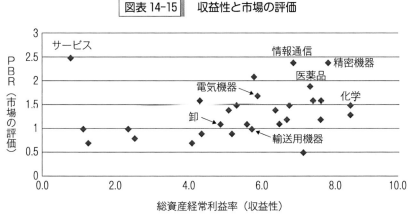

図表 14-15　収益性と市場の評価

［出所］　日本取引所グループ「規模別・業種別 PER・PBR（連結・単体）一覧」（2018 年 3 月）及び「決算短信集計」2017 年度（2017 年 4 月期～2018 年 3 月期）より作成。

3　競争戦略分析

事業を行う産業の選択に加えて，企業はどういった手段で他社に対して競争優位を築くかについて戦略を決定することができます。競争優位を築くことは収益性の向上につながります。マイケル・ポーター教授によれば，競争優位を築くための戦略には「コスト・リーダーシップ戦略」，「差別化戦略」，「集中戦略」の 3 つがあります。

コスト・リーダーシップ戦略は，競合よりも低いコストで製品やサービスを提供する戦略です。コスト・リーダーシップ戦略を実現するためには，企業はコスト管理を徹底させる必要があり，生産ラインの効率化やデザイン段階からコストを意識することなどを通して，製造コストの低減が行われます。また，

コストリーダーは低コストで製造できることから，低価格で販売することもできます。そのため，競合の価格を低下させ収益を悪化させることで市場から競合を退出させることも可能です。

差別化戦略は，特徴のある製品やサービス，ビジネスモデル等により競合と差別化することで高価格を実現する戦略です。差別化は，製品やサービスの質，ブランド，デザイン，商品・サービスのラインナップ，配送のタイミングなど，様々な点で他社よりも優れたものを提供することで実現できます。この戦略では，それを支える研究開発や技術，マーケティングの能力，在庫管理などが重要になります。

集中戦略は，コストの低減もしくは差別化による価格上昇を行いつつ，商品や顧客，販売地域，流通チャネルを特定のターゲットに限定することにより，競合よりも優位なポジションを築こうとする戦略です。差別化戦略を取りつつ

図表 14-16　競争戦略分析

	広いターゲット	
差別化		**コスト・リーダーシップ**
ローソン ・ナチュラル・ローソンなど店舗形態で差別化しながら幅広い顧客層をつかむ	**マクドナルド** ・幅広いターゲット ・低価格を維持しつつ，プレミアムラインを導入	
	ユニクロ ・SPA（製造小売）というビジネスモデルで差別化，同時にコスト・リーダーシップ戦略も実現	
差別化 ←		→ **低コスト**
モスバーガー ・高品質・高価格路線 ・マクドナルドとの対比で勝負		**しまむら** ・20〜50歳の主婦を主なターゲット ・中国からの直接物流の比率引上げ，物流センター集約，徹底したシステム化・効率化，パート比率を80％近くにするなど物流費・人件費を削減し，ローコストオペレーションを実現
差別化集中	**シャープ** ・液晶で差別化 ・過去，差別化した特定市場に経営資源を集中	**コスト集中**
	狭いターゲット（集中）	

ターゲットを絞る戦略を差別化集中，コスト・リーダーシップ戦略を取りつつターゲットを絞る戦略をコスト集中戦略といいます。

図表 14-16 は，前述の3つの戦略に該当すると考えられる代表的な日本企業をマッピングしたものです。たとえばハンバーガーチェーン業界では，マクドナルドは低価格で広いターゲットを顧客とするコスト・リーダーシップ戦略をとっています。これに対し，モスバーガーは健康志向を売りに健康に対する意識の高い層に顧客層を絞り込む差別化集中戦略をとっています。

また，衣料品業界ではユニクロがSPA（speciality store retailer of private label apparel）と呼ばれる製造から販売までを単一の業者が行うビジネスモデルでコストを抑え，広いターゲットに向けて製品を提供するコスト・リーダーシップ戦略をとっています。これに対し，しまむらは低コストに軸足を置きつつ20〜50歳の主婦に顧客を絞り込むコスト集中戦略を取っています。

マイケル・ポーター教授によれば，差別化戦略とコスト・リーダーシップ戦略のどちらかの戦略に特化したほうが収益性は高まるとされます。しかし，成功している企業では片方の戦略を選択したとしても，他の戦略を無視しているわけではありません。また，最近では低コスト化と高付加価値化は両立しうるとする「ブルーオーシャン戦略」なども提唱されています。

4　企業戦略分析

企業がコアの事業に加え事業領域を拡大し，業種の垣根を超えてビジネスを拡大することを多角化といい，多角化を行っている企業を多角化企業と呼びます。これとは逆に単一の事業に集中して資源を投下し，そのビジネスで企業の収益の大半を上げることを集約化といい，そうした戦略をとる企業を集約化企業と呼びます。

図表 14-17 は多角化と集約化のメリット・デメリットをまとめたものです。企業は多角化するよりも自社が強みを発揮できる事業に特化したほうが高いシェアや高収益を実現でき，収益性は高くなります。一方で，集約化するとリスク分散できない，利益のボラティリティが高くなるなどのデメリットもあります。これに対して，多角化はリスク分散が可能となり安定的な利益を達成できる反面，高収益を実現することは困難になります。

図表 14-17　集約化企業と多角化企業

	集約化	多角化
メリット	・自社が最も強みを発揮できる事業に特化することで高いシェア・高収益を達成	・リスク分散できる ・安定的な利益を達成
デメリット	・リスク分散できない ・利益のボラティリティが高くなる	・高収益達成困難

＜電機業界の例＞

電子部品メーカー
- 技術特化型
- 収益性は高いが利益の変動が大きい
- キーエンス・日本電産など

セットメーカー
- 連結子会社多い
- 業績変動リスクを回避する代わりに収益性が低い
- ソニー・パナソニックなど

　電機業界を例にとると、集約化企業には技術に特化したデバイスメーカーがあり、具体的にはキーエンスや日本電産が挙げられます。これらの企業では、収益性は高いものの利益の変動が大きくなります。一方、多角化企業にはセットメーカーのソニーやパナソニックが挙げられます。こうした企業では、連結子会社が多いという特徴があり、業績変動リスクを回避できるに代わりに収益性は低くなっています。

　図表 14-18 は、ここで挙げた4社について売上と営業利益、営業利益の利益率・前年比を示しています。会計基準が異なるため厳密には比較できないものの、多角化企業にあたるソニーやパナソニックのほうが相対的に利益率は低いことがわかります。また、営業利益の前年比は集約化企業のキーエンスでは利益の変動が大きくなっており、多角化企業のパナソニックでは利益の変動が比較的小さくなっています。なお、日本電産は集約化しているにもかかわらず高い利益率を維持しながら利益の変動を抑えることに成功しています。一方で、ソニーは多角化していることから収益性は低いですが、利益の変動が大きくなっており多角化企業のメリットを享受できていないようです。

第 14 章　事業分析・経営戦略分析　247

| 図表 14-18 | 集約化企業と多角化企業の営業利益の利益率と前年比 |

■集約化企業①　キーエンス

決算期	2015年6月期	2016年3月期	2016年6月期	2017年3月期	2018年3月期	2019年3月期
会計基準	日本基準	日本基準	日本基準	日本基準	日本基準	日本基準
売上高	88,050	291,232	96,352	316,347	526,847	―
営業利益	45,841	155,468	49,160	169,750	292,890	―
（利益率）	52.1%	53.4%	51.0%	53.7%	55.6%	―
（前年比）		239.1%	-68.4%	245.3%	72.5%	―

■集約化企業②　日本電産

決算期	2014年3月期	2015年3月期	2016年3月期	2017年3月期	2018年3月期	2019年3月期
会計基準	米国基準	米国基準	IFRS	IFRS	IFRS	IFRS
売上高	875,109	1,028,385	1,178,290	1,199,311	1,488,090	1,600,000
営業利益	85,068	111,218	117,662	139,366	167,637	195,000
（利益率）	9.7%	10.8%	10.0%	11.6%	11.3%	12.2%
（前年比）		30.7%	5.8%	18.4%	20.3%	16.3%

■多角化企業①　ソニー

決算期	2014年3月期	2015年3月期	2016年3月期	2017年3月期	2018年3月期	2019年3月期
会計基準	米国基準	米国基準	米国基準	米国基準	米国基準	米国基準
売上高	7,767,266	8,215,880	8,105,712	7,603,250	8,543,982	8,700,000
営業利益	26,495	68,548	294,197	288,702	734,860	870,000
（利益率）	0.3%	0.8%	3.6%	3.8%	8.6%	10.0%
（前年比）		158.7%	329.2%	-1.9%	154.5%	18.4%

■多角化企業②　パナソニック

決算期	2014年3月期	2015年3月期	2016年3月期	2017年3月期	2018年3月期	2019年3月期
会計基準	米国基準	米国基準	IFRS	IFRS	IFRS	IFRS
売上高	7,736,541	7,715,037	7,626,306	7,343,707	7,982,164	8,300,000
営業利益	305,114	381,913	230,299	276,784	380,539	425,000
（利益率）	3.9%	5.0%	3.0%	3.8%	4.8%	5.1%
（前年比）		25.2%	-39.7%	20.2%	37.5%	11.7%

［出所］　各社決算短信より作成。利益率は営業利益率，前年比は営業利益の前年比を示す。単位は百万円。2019年3月期は会社予想（2018年10月末時点）。なお，キーエンスは会社予想が公表されていない。

　単一事業で強みを発揮するか，複数事業で収益安定化を図るかも戦略の1つです。どちらが良いかは，その企業の経営者が決定することですが，収益性を上げたいという目標があれば，事業を収益性の高い分野に集約化するという戦

略も必要になります。

5　業界を把握するデータ

　業界や市場の状況を把握するための重要な情報の1つに統計データが挙げられます。業界や製品の統計データを分析することにより，業界や製品の市場規模や成長性を明らかにすることができます。統計データには様々なものがありますが，生産や販売，出荷などの実績データに加えて，受注のデータなどもあれば，今後の業績を予想する上でも重要な手がかりとなります。さらに，海外売上高の高い企業では，海外についてのデータも必要となります。

　多くの業界では業界団体が作られており，ホームページなどで市場に関する統計データが提供されています。たとえば，電気機器業界では一般社団法人日本電機工業会が民生用電気機器や重電機器などの受注や出荷などのデータを公表しています。自動車業界であれば一般社団法人日本自動車工業会が四輪や二輪の生産・販売・輸出・出荷のデータを月次で開示しています。また，飲料業界であれば一般社団法人全国清涼飲料連合会が清涼飲料水の生産量などを公表しています。

　さらに，政府統計でも業界に関するデータを取得することができます。たとえば，経済産業省の生産動態統計月報では素材や機械など製造業に関する幅広い製品の生産や出荷・販売，在庫に関する情報が取得できます。

　なお，こうした産業全体の動向を明らかにするデータは，財務データなど個別企業に関するデータをミクロデータと呼ぶのに対して，セミマクロデータと呼びます。また，為替やGDP，株式市場全体のデータはマクロデータと呼ばれます。経済状況が企業業績に与える感応度が高い企業については，ミクロデータとセミマクロデータだけでなく，マクロデータも分析する必要があります。たとえば，自動車業界などでは為替が変化しただけで業績に大きな影響があるため，為替を中心としたマクロデータの分析は必須となります。

第5節　中期経営計画の評価

1　中期経営計画

　企業は1年間の予想を決算短信上で公表しますが，これとは別に3年から5年程度の中期経営計画を公表している場合もあります。こうした中期経営計画については，有価証券報告書の「経営方針，経営環境及び対処すべき課題等」に記載があるほか，アニュアルレポート，統合報告書などでも関連する開示があります。

　また，企業によっては投資家向けに経営方針説明会を開いたり，プレスリリースを出したりする企業もあり，その資料は各社のホームページで取得できます。中期経営計画の内容について理解することは，企業の戦略を理解するとともに，企業の将来業績を予想する上での重要な足掛かりとなります。

　中期経営戦略の分析では，事業環境や経営戦略に沿った内容・目標数値となっているかについて確認するとともに，それを支える具体的な各種戦略があるかについても確認する必要があります。また，目標値を定期的に振り返り，必要に応じて目標を適宜修正する仕組みがあるということも戦略を確実に実行する上では重要です。分析者は目標値が開示されていれば目標値と実績を比較することで計画に対する進捗を把握することができます。仮に，企業が実績と目標値の乖離を十分に説明できない場合，もしくはその乖離を埋める具体的な行動がない場合は中期経営計画の達成も難しくなります。

　中期経営計画の一例として，**図表14-19** に2015年から2017年までの3年間について策定されたソニーの第2次中期経営計画を示しています。同社は2015年2月に公表した第2次中期経営計画の中で，経営目標を以下のとおり据えました。

　　「株主資本利益率（ROE）を最も重視する経営指標に据え，中期経営計画の最終年度となる2017年度に，ソニーグループ連結で，ROE10％以上，営業利益5,000億円以上を達成することを目標とし，以下の基本方針のもと，

高収益企業への変革を進めてまいります。」(プレスリリース『2015～2017年度中期経営方針』2015年2月18日発表より)

経営目標はROEと営業利益率であり,2017年度にROE10%以上,営業利

図表14-19　ソニーの戦略策定から実行まで

【経営戦略策定】

経営戦略・ビジョン
『ROE重視』
→
第2次中期経営計画
(2015－2017年度)
■2017年度経営数値目標
・ROE10%以上
・営業利益5,000億円以上
→
各事業の戦略・方針が決まる
1．成長牽引領域
2．安定収益領域
3．事業変動リスクコントロール領域

【実　行】

事業部門ごとに戦略・方針の具体化・実行

	セグメント	売上高	営業利益率
1．成長	デバイス分野	13,000－15,000億円	10－12%
1．成長	ゲーム&ネットワーク	14,000－16,000億円	5－6%
1．成長	映画分野	100－110億米ドル	7－8%
1．成長	音楽分野	48－82億米ドル	10.5－11.5%
2．安定	イメージング	6,500－7,000億円	7－9%
3．変動	モバイル・コミュニケーション	9,000－11,000億円	3－5%
3．変動	テレビ事情		

適宜進捗の確認
・結果責任・説明責任の明確化
・持続的な利益創出を念頭に置いた経営
・意思決定の迅速化と事業競争力の強化

【結　果】

年度	2015	2016	2017
ROE	6.2%	3.0%	18.0%
営業利益（億円）	2,942	2,887	7,349

企業価値向上
→
次のサイクルへ……
(第3次中期経営計画)

営業利益の目標と実績

セグメント	目標	2017年度実績
デバイス分野	10－12%	19.3%
ゲーム&ネットワーク	5－6%	9.1%
映画分野	7－8%	4.1%
音楽分野	10.5－11.5%	16.0%
イメージング	7－9%	11.4%
モバイル・コミュニケーション	3－5%	-3.8%

［出所］　ソニー経営方針説明会資料およびプレスリリース（2015年2月18日公表）等より作成。デバイス分野はセグメント変更により2017年度では半導体セグメントと読み替えて利益率を示す。

益5,000億円以上を目標としています。その実現のため，ソニーは事業を，①成長牽引領域，②安定収益領域，③事業変動リスクコントロール領域の3部門に分け，各事業について目標とする売上高と営業利益率について示しました。また，進捗の確認にあたる部分では，結果責任・説明責任の明確化などを掲げています。

　結果を確認すると，第2次中期経営計画の2年目にあたる2016年度はリストラの影響もあり業績は大きく落ち込みましたが，最終年度にあたる2017年度は，ROEが18％，営業利益が7,349億円となり，特別利益があったことなどの特殊要因の影響もありましたが目標を上回ることができました。また，事業ごとにみても映画とモバイル事業以外は目標値を上回る実績となっています。

　中期経営計画で公表される目標数値は，企業の将来を分析する上で重要なベンチマークとなりますが，以下の注意点が必要です。まず目標数値はあくまで目標でありコミットメントではないという点です。同業他社との競争上アグレッシブな数字を出したい，高い目標を示すことで社員を鼓舞したい，投資家に印象付けるために弱い数値は公表できないなどの理由もあり，目標自体がチャレンジングなものになっていることもあります。その目標値が妥当かを分析するには，その数字をサポートする各事業の戦略やこれまでの財務数値の推移なども合わせて検討する必要があります。

2　投資の状況

　中期経営計画と合わせて確認したいのが投資の状況です。これは土地や建物，設備といった有形固定資産への投資はもちろん，M&Aや研究開発投資なども含みます。製造業であれば，製品を作るための工場が必要です。将来的な需要の拡大を見込み投資を行っていれば，将来的に売上や利益が期待できます。一方で，どんなに市場の拡大が見込まれていても，それに備えた投資が行われていない場合，需要の拡大を享受することはできません。こうしたことから，投資の内容や規模，それに伴う費用と売上の見通しについては確認しておく必要があります。

(1) 有形固定資産への投資

　有価証券報告書では，「設備の状況」で設備投資総額や報告セグメントごとの設備投資額が開示されています。**図表 14-20** はオリエンタルランドの有価証券報告書に記載されている 2018 年 3 月期の設備の状況です。これより，設備投資の総額は 59,888 百万円であり，各セグメントの設備投資額から，テーマパーク事業の投資額が最も大きいことがわかります。

　設備投資の分析では単年度の情報だけでは明らかにならない点も多いため，過去からのトレンドや総資産に対する比率なども合わせて確認します。**図表 14-21** はオリエンタルランドの設備投資について金額と投資額が総資産に占める比率を示しています。これによると，2000 年ごろに東京ディズニーシー開業に向けた投資が大幅に増加したものの，近年は 5 ％前後で推移していることがわかります。さらに 2017 年 3 月期以降は，2021 年 3 月期までの両パークでの開発のため設備投資額は増加しています。なお，会社によれば 2023 年 3 月期中にオープンを目指すディズニーシーの拡張投資のため，今後投資金額が増加すると見込まれています。

　　　図表 14-20　　オリエンタルランドの設備の状況

第3【設備の状況】
　1【設備投資等の概要】
　　　当連結会計年度の設備投資総額は59,888百万円であり、その内訳は、有形固定資産の取得が57,257百万円、無形固定資産ほかの取得が2,630百万円であります。

　　(1) テーマパーク
　　　当連結会計年度の設備投資総額は57,023百万円であり、その主なものは、テーマパーク施設の改修であります。
　　　なお、営業に重大な影響を及ぼすような設備の売却、除却等はありません。

　　(2) ホテル
　　　当連結会計年度の設備投資総額は1,473百万円であり、その主なものは、ホテルの改修であります。
　　　なお、営業に重大な影響を及ぼすような設備の売却、除却等はありません。

　　(3) その他
　　　当連結会計年度の設備投資総額は1,397百万円であり、その主なものは、モノレール関連施設の改修であります。
　　　なお、営業に重大な影響を及ぼすような設備の売却、除却等はありません。

［出所］　オリエンタルランド有価証券報告書（2018 年 3 月期）より。

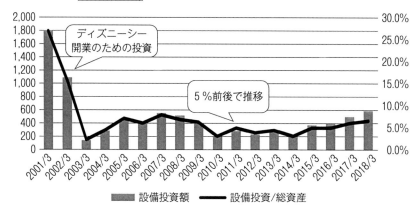

図表 14-21　オリエンタルランドの設備投資の推移

[出所]　QUICK Workstation Astra Manager より作成。単位：億円。

(2) **M&A**

　近年では事業をはじめから立ち上げるのではなく，すでにある製品やブランド，販売チャネルを獲得するためのM&A増加しています。M&Aの際は企業評価を行い買収価格を決定しますが，仮に本来の価値よりも高く企業を買収した場合や，買収後に企業価値が低下するような不測の事態が生じた場合は減損の手続きが必要となります。そのため，M&Aは将来の企業価値を高めるポテンシャルとなる一方，損失を計上するリスクともなり得ます。企業評価を行う際，評価対象企業が大規模なM&Aを実施しているのであれば，買収した企業とその投資額の精査も必要になります。

(3) **研究開発投資**

　業種によっては研究開発投資の金額や内容についての調査も必要です。研究開発費が多ければ将来，売上や利益が拡大するとは限りませんが，研究開発投資を積極的に行う企業ではどのような分野でどれくらいの規模の投資を行っているかについて確認しておく必要があります。

　図表 14-22 は2017年度の業種別売上高研究開発比率の上位10業種を示しています。全業種平均では1.29％ですが，医薬品では16.81％と高い値であり，それ以外にも精密機器で4.39％，電気機器で3.81％，化学で2.56％と高くなっ

図表14-22 業種別売上高研究開発比率（2017年度）

順位	業種	売上高研究開発費比率（%）
1	医薬品	16.81
2	精密機器	4.39
3	電気機器	3.81
4	化学	2.56
5	ゴム製品	2.40
6	機械	1.89
7	輸送用機器	1.64
8	全サンプル	1.29
9	空運業	1.28
10	ガラス・土石製品	1.22

［出所］ QUICK Workstation Astra Manager より作成。調査の対象は金融除く全上場企業。中央値について示す。売上高研究開発費比率は研究開発費÷売上により算出。

ています。なお，研究開発などの比率が高い企業は有価証券報告書の事業の状況に「研究開発活動」に関する記述があります。

　以上の投資の分析では，投資の規模や分野を把握するとともに，投資金額のピークはいつか，売上・利益はいつから計上されるかについて分析することで，将来の利益やキャッシュフローの予想をより確実なものにすることができます。

3　事業等のリスク

　中期経営計画が想定する3年～5年という間には，経済環境や経営環境の変化もあり，経営者が想定できなかったような事態も起こりえます。また，近年では情報漏洩や社員の不祥事などの問題も起きています。こうした中期経営計画が達成できなくなるような要因については，有価証券報告書の「事業等のリスク」である程度認識することができます。

　図表14-23はオリエンタルランドの有価証券報告書に記載されている「事業等のリスク」です。内容は，オリエンタルランド固有のものもあれば，他企業に共通するものもあります。こうしたリスクについて，実際に起こる可能性や起こったときの被害額などあらかじめ認識しておくと，リスクが顕在化した際の利益見通しの修正に役立ちます。

図表14-23　オリエンタルランドの事業等のリスク

1. 東京ディズニーリゾートのブランド低下に関するリスク
    ① ハード面（施設・サービスなど）のクオリティ
    ② ソフト面（キャストのホスピタリティなど）のクオリティ
2. オペレーションに関するリスク
    ① 製品の不具合
    ② 法令違反
    ③ 情報セキュリティ
3. 外部環境に関するリスク
    ① 天候
    ② 災害
    ③ テロ・感染症
    ④ 景気変動
    ⑤ 法規制など

［出所］　オリエンタルランド有価証券報告書（2018年3月期）より作成。

たとえば，顧客情報が流出し顧客に対して損害賠償を行うことになった場合，流出した顧客情報が多いほど特別損失の金額は増加し将来の利益が減ることになります。この場合，顧客1人当たりの補償額に顧客数を掛けた金額だけ，目標数値から利益が下方に修正されることになります。

第6節　財務戦略と資本構成の分析

1　負債による資金調達とROE

戦略の着実な実行や経営目標の達成は，それを支える財務戦略にかかっているといっても過言ではありません。財務戦略の分析では，どれだけの資金調達が必要かという議論に加えて，調達手段（株式，借入など）がポイントとなります。

仮に，資金需要がなく余剰資金が生じる見通しであれば，負債をどの程度返済するか，自社株買いや配当などの株主還元はどの程度行うかについて確認します。資金調達もしながら株主還元を行う企業もあるので，その場合は両者のバランスも検討課題です。

そこで，ここでは資本構成について分析を行います。これは，戦略実行のための資金調達方法について分析するものです。**図表 14-24** に示すように，第6章の ROE の3分解によれば，財務レバレッジを高めれば ROE は上昇することについて説明しました。このことは，適切な財務戦略により ROE を高めることができることを意味します。財務レバレッジを高めるには，自己資本の比率を小さくする必要があるので，新たに資金を負債で調達することで負債の比率を高めればよいということになります。

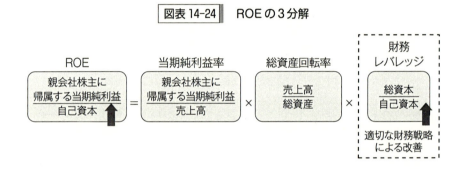

図表 14-24　ROE の3分解

図表 14-25 で，負債が 60，自己資本が 40 からなる企業について考えます。財務レバレッジは［総資本（＝総資産）÷自己資本］なので［100÷40＝2.5］と計算されます。今，投資を行うため 20 の資金調達を行うとします。この資金調達を負債により行った場合，負債が 20 増加して 80 となり，総資産は 120 に

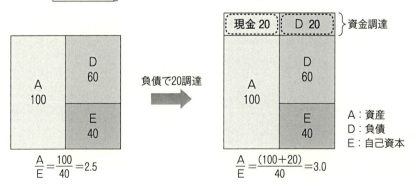

図表 14-25　資金調達を負債で行った場合の財務レバレッジ

なります。資金調達後の財務レバレッジを計算すると［120÷40＝3.0］と計算されます。これにより，親会社株主に帰属する当期純利益に変化がなかったとしても財務レバレッジが上昇するためROEは上昇することになります。

2　株主還元政策とROE

企業は常に資金需要があるとは限りません。逆に資金余剰がある場合は，株主還元により資本構成を変化させることが可能です。そこで，ここでは株主還元の手法として「配当」と「自社株買い」について検討します。

図表14-26は余剰現金で配当した場合の財務レバレッジの変化を示しています。前述の例と同様に自己資本が40，負債が60である企業について考えます。今，余剰現金が20あり，これを用いて配当を行うとします。配当を行うと，貸借対照表の左側からは現金20が減り，配当を行うと自己資本が減少するので右側からは自己資本が20減ります。すると，負債の60は変わりませんが自己資本が40から20に，総資産は100から80に変化します。よって配当後の財務レバレッジを計算すると［80÷20＝4.0］となります。これにより，親会社株主に帰属する当期純利益に変化がなかったとしても財務レバレッジが上昇するためROEは上昇します。

図表14-26　余剰現金で配当した場合の財務レバレッジ

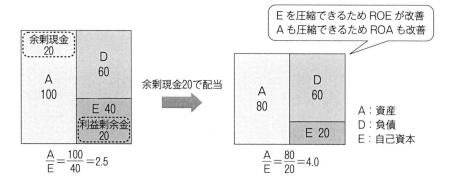

同様に自社株買いをした場合の財務レバレッジの変化を見たものが**図表14-27**です。前述と同様の自己資本が40，負債が60ある企業について考えます。

図表14-27 余剰現金で自社株買いをする場合の財務レバレッジ

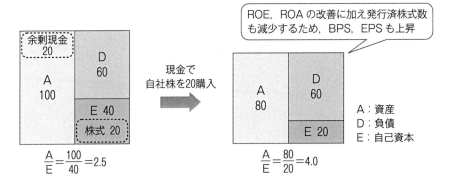

今，余剰現金が20あり，これで自社株買いをすることにします。すると，貸借対照表の左側からは現金20が減り，右側からは自己資本が20減ります。負債の60は変わりませんが，自己資本が40から20に，総資産は100から80に変化します。自社株買い後の財務レバレッジを計算すると［80÷20＝4.0］となります。こちらの場合でも，親会社株主に帰属する当期純利益に変化がなかったとしても財務レバレッジが上昇するため，ROEは上昇します。

配当と自社株買いのどちらを選択するかは状況によりますが，企業は自社の株式が割安であるときは自社株買い，割高であるときは配当を行うといわれています。

3 負債導入のメリット・デメリット

負債の比率を高めることにはメリットがある反面，デメリットも伴います。**図表14-28**は負債導入のメリットとデメリットについてまとめたものです。負債の比率を高めるとROEが上昇するので，株主にとっては魅力的な企業になります。また，負債の節税効果も享受できます。加えて，より低コストの負債で資金調達を行っているため，資本コストも低下します。しかし，負債の比率を高めすぎると財務リスクが上昇するので銀行にとっては非魅力的な企業になります。また，企業の信用格付けが低下するため，資金調達コストが上昇します。

一方，自己資本の比率が高い場合は財務リスクを抑制することができるので

銀行にとっては魅力的な企業となります。一方で，節税効果を十分に享受することはできません。また，ROEは低下するので株主にとって非魅力的な企業となります。加えて，よりコストの高い株式で調達しているため，資本コストが上昇し，企業価値も低下するというデメリットもあります。

図表14-28には負債の比率が高い企業の例としてソフトバンクグループ，株式の比率が高い企業の例としてコーセーを挙げています。会計基準はソフトバンクグループがIFRS，コーセーが日本基準なので厳密には比較できませんが，ソフトバンクグループのROEは23.7％，コーセーのROEは17.6％であり，ソフトバンクグループのほうがはるかに高くなっています。これをROEの3分解をすると，当期純利益率に大差はないものの，総資産回転率と財務レバレッジで大きな違いがあり，特に財務レバレッジは4倍程度の差があることがわかります。これがソフトバンクグループのROEを押し上げていることがわ

図表14-28 負債導入のメリットとデメリット

	負債の比率を高めた場合	自己資本の比率が高い場合
メリット	・ROEが上昇（株主にとって魅力的） ・負債の節税効果を享受できる	・財務リスクを抑えることができる （銀行にとって魅力的）
デメリット	・財務リスクが上昇（銀行にとって非魅力的） ・信用格付低下。資金調達コストが上昇	・ROEが低下（株主にとって非魅力的）

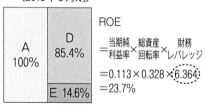

ソフトバンクグループ
（2018年3月期）

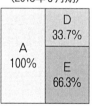

コーセー
（2018年3月期）

［出所］　各社決算短信より作成。

かります。

　財務の安全性は高いほうが良いと考えがちですが，企業全体の効率やバランスといった観点からは高ければ高いほど良いというものではありません。純資産の比率が高いということは，それだけ株主に依存した資金調達をしているということになりますが，第13章でも確認したように株式は負債に対して調達コストが高くなります。また，他の条件を一緒とすると自己資本比率が高いとROEの低下を招くなど収益性や効率性も低下することになります。つまり，安全性ばかりを追求すると収益性や効率性が下がるということになります。これは，私たちが将来を不安に思うあまり保険をかけすぎると毎月の保険料が高くなりすぎ，余暇に使える手元のお金が減ってしまうのに似ています。

　企業は，自社にとって最適な資本構成を達成する必要がありますが，最適資本構成の特定は難しいといわれています。その理由は，業種・企業特性により最適な資本構成は企業ごとに異なることが挙げられます。さらに，同じ企業でも金利水準などマクロ要因の変化により最適な資本構成は変化します。どの程度負債を持つべきかという議論に正解はありませんが，戦略策定や大きな意思決定などの際には，合わせて資本構成の検討を行う必要があると考えます。

■練習問題：事業別セグメント分析

　セグメント情報が開示されている企業の財務諸表を取得し，以下の問いに答えましょう。

1. 当連結会計年度について，各セグメントの売上成長率を求め，気づいたことを挙げてください。
2. 当連結会計年度について，各セグメントについて営業利益率を求め，気づいたことを挙げてください。
3. 1と2で求めた売上高成長率と営業利益率より，各セグメントについてポジティブに評価しますか，ネガティブに評価しますか。理由とともに各セグメントの評価をしてみましょう。
4. セグメント情報を用いて，PPM分析をしてみましょう。分析結果を用いて課題を明らかにし，あなたが経営者だったら取るであろう打開策について検討しましょう。

第15章

会計戦略分析

> **本章の内容**
>
> 第15章では，財務数値の裏側にある経営者の会計政策について説明します。
>
> **本章のゴール**
>
> 財務諸表で企業外部に公表されている会計数値は経営者の会計政策によりお化粧されていることを理解し，財務分析や企業評価に役立てる。

第1節　企業の利益はお化粧されているという事実とその理由

1　上場企業の利益分布

　第14章までの分析では，企業が公表した財務数値は経営の成果を正しく反映した唯一絶対のものとして扱ってきました。しかし，企業が公表する財務数値は本当に唯一絶対のものでしょうか。あるいは，その数値は本当に企業のありのままを示しているのでしょうか。この章では，財務諸表が作成される過程における経営者の思惑に焦点を当て，作成された会計数値に隠された経営者の意図について明らかにしていきます。

　図表15-1は上場企業の利益分布を示したグラフです。ここで分布を見ると，−0.01〜0.00の度数（グラフの0.00の社数）が極端に低くなっており，赤字と黒字の境界線で分布の断絶が起きていることがわかります。言い換えれば，少し黒字の企業はいっぱいあるけど，少し赤字の企業はあまりなく，企業はぎりぎ

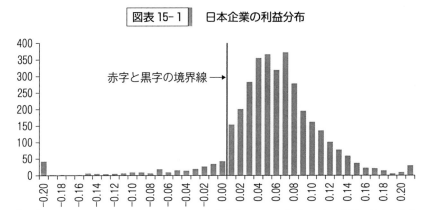

[出所] QUICK Workstation Astra Manager より作成。2017年度（2017年4月期～2018年3月期決算）について、利益（親会社株主に帰属する当期純利益÷株式時価総額）の分布を示す。利益は連結データを優先、非連結の場合は単体データを利用。分析の対象は金融を除く全上場企業のうち、親会社株主に帰属する当期純利益と株式時価総額のデータを取得可能な3,522社。単位：社。

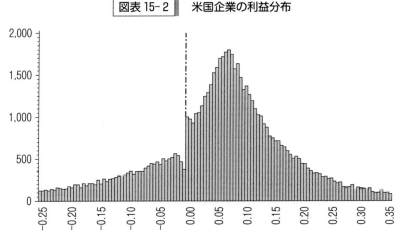

[出所] Burgstahler and Dichev (1997) より作成。1976年から1994年までの75,999企業年について当期純利益を分析。単位：社。

りのところで赤字を回避しているように見えます。

　同様の傾向はアメリカでも確認されています。**図表15-2**は米国のデータで同じ分析をしたものですが、ここでも日本と同じように赤字と黒字の境界線で分布の断絶が起きています。こうした事実から、企業は少しの赤字の時に何ら

かの手法で利益を捻出して黒字にする行動をとっているのではないかと考えることができます。さらに，多少であれば企業は利益を捻出できることがわかります。

2　会計のフレキシビリティ

利益の捻出というと聞こえが良くありませんが，企業が選択する会計処理方法などには，企業による判断の余地（フレキシビリティ）が残されています。このため，企業がどのような会計処理方法を選ぶかによって財務諸表で公表される利益の金額は異なってきます。このことは，財務諸表上に記載されている会計数値は唯一絶対のものではなく，いくつかの選択肢の組み合わせにより出てきた結果にすぎないことを意味します。

こうしたフレキシビリティが認められている理由には，企業の経営環境や取引の実態は多種多様であり，それを1つの基準に統一するのはそもそも無理があるという事情があります。1つの基準に無理やり当てはめるよりも企業に判断の余地を残したほうが，会計情報が企業の実態を適切に反映できるため，会計処理方法などにおいて企業に一定の裁量を認めているのです。

フレキシビリティの例としては，先に挙げた会計処理方法の選択があります。たとえば，有形固定資産，棚卸資産，その他有価証券の評価方法には，複数の会計処理方法が認められています。また，会計上の見積りの選択では，引当金の計上基準，のれんの償却年数などにおいて企業に一定の裁量が認められています。さらに報告様式では，企業は日本基準，米国基準，IFRSから任意の基準を選択できます。加えて，新基準の導入時は一定の猶予期間があることが多く，企業は猶予期間の範囲内でいつから新会計基準を適用するかについて選択できます。

フレキシビリティを利用して経営者が利益を多く計上したいと考えるならば，会計処理全般において売上を多く計上し費用を抑制する会計処理方法を選択することにより利益を増額できます。一方，利益を少なく計上したいときは，売上を先送りする会計処理方法や費用を増額する会計処理方法を選択することにより利益を減額することが可能です。

このように企業が一定の目的を達成するため，認められた会計方針や見積り

などの変更を駆使して会計数値を戦略的にコントロールすることは「会計政策」もしくは「利益調整」（earnings management）と呼ばれています。そして，個々の会計政策を束ねるものが「会計戦略」です。企業が公表する財務数値は少なからずこうした会計政策の影響を受けており，恣意的に歪められた会計数値を用いて分析を行った場合，誤った答えが導き出される恐れがあります。また，こうした数値を用いて企業を評価した場合，企業価値も正しく算出されなくなります。そのため，会計数値の分析に先立ち企業の会計政策や会計戦略を明らかにし，その影響を把握する必要があります。

3 会計のフレキシビリティが引き起こす問題

会計のフレキシビリティは企業の実態を適切に反映できる反面，デメリットもあります。先に述べたように，財務諸表分析や企業評価においてフレキシビリティが多用されていた場合，正しい分析結果が導き出せなくなります。また，分析を行う企業の会計方針が他社と異なっている場合，企業間比較を行う際にも支障がでます。

さらに，会計方針の変更，表示方法の変更，会計上の見積りの変更は，合わせて「会計上の変更」といわれますが，会計上の変更がある場合，時系列分析が困難になります。会計上の変更がある場合，過年度訴求修正といって過年度の財務諸表が遡って修正され，財務諸表の注記にその理由と影響額が開示されますが，この注記は変更時のみであり，それ以降の影響額については明らかにされません。そのため，会計方針の変更が次年度以降に及ぼす影響額はわからなくなります。以下で具体的な事例についてみてみましょう。

(1) ソニーのセグメント情報の表示方法の変更

セグメント情報の表示区分は企業が決めることができますが，セグメントの変更も時系列分析を困難にする一因となります。**図表15-3**はソニーについて2006年3月期から2013年3月期の報告セグメントについて示しています。2006年3月期はエレクトロニクス，ゲーム，音楽，映画，金融，その他の6つのセグメントで開示が行われていましたが，2007年3月期には音楽の開示がなくなりました。2010年3月期には音楽の開示が復活しましたが，ゲーム

図表15-3　ソニーのセグメント情報の変遷

2006/3期	2007/3期	2008/3期	2009/3期	2010/3期	2011/3期	2012/3期	2013/3期
エレクトロニクス	エレクトロニクス	エレクトロニクス	エレクトロニクス	コンスーマープロダクツ&デバイス	コンスーマー・プロフェッショナル&デバイス	コンスーマープロダクツ&サービス	イメージングプロダクツ&ソリューション
				ネットワークプロダクツ&サービス	ネットワークプロダクツ&サービス	プロフェッショナル・デバイス&ソリューション	ホームエンタテイメント&サウンド
				B2B&ディスク製造	消滅	消滅	デバイス
						ソニーモバイル	モバイルプロダクツ&コミュニケーション
ゲーム	ゲーム	ゲーム	ゲーム	消滅	消滅	消滅	ゲーム
音楽	消滅	消滅	消滅	音楽	音楽	音楽	音楽
映画	映画	映画	映画	映画	映画	映画	映画
金融	金融	金融	金融	金融	金融	金融	金融
その他	その他	その他	その他	その他	その他	その他	その他

［出所］　ソニー決算短信より作成。

は他セグメントに吸収され単独の開示がなくなっています。さらに，2010年3月期はエレクトロニクスの開示がコンスーマープロダクツ&デバイス，ネットワークプロダクツ&サービス，B2B&ディスクの3つに分かれました。しかし，翌年にはB2B&ディスクの開示はなくなっています。2012年3月期にはソニーモバイルが新規連結され，2013年3月期にはゲームの開示が復活し，デバイスの開示が行われるようになっています。

　こうした表示区分の変更が頻繁に行われると，売上の減少は一部事業が除外されたからなのか，それとも事業が不調だったからなのか理由がわからなくなります。また，音楽やゲームなど開示が行われていない期間は，その事業がどのように推移しているかについて，セグメント情報から情報を得ることはできません。

こうした変更はより良い開示のために行われることも多いですが、時系列分析が困難になることから頻繁な変更は財務諸表の利用者にとって好ましくありません。また、近年ではセグメントの変更は行わずに、あるセグメントの一部の商品やカテゴリーを他セグメントに移動する、本社に係るコストの各セグメントへの配分方法を変更するという事例も頻繁に確認されます。こうした変更により前年まで赤字だったセグメントが突然黒字になるようなことが起きていたら会計政策を疑います。

(2) JTの会計基準の変更

選択した会計基準が企業の利益に有利もしくは不利に働くこともあります。たとえば、日本基準ではのれんは資産計上したのち、20年以内に均等償却します。しかし、IFRSではのれんは原則償却しないため、IFRSを適用したほうが日本基準よりも利益は多くなります。

図表15-4 はJTが会計基準を日本基準からIFRSに変更した際の売上・利益について、日本基準とIFRSで比較したものです。JTは過去に大規模なM&Aを実施していたため、2011年3月期時点で貸借対照表に1兆円を超えるのれんがあり、損益計算書上でも900億円を超えるのれんの償却を行っていました。IFRSを任意適用したことでのれんの償却負担がなくなり、2012年3月期の営業利益はIFRSを採用したほうが日本基準を採用した場合より845億

図表15-4　のれんの償却方法と会計基準

【IFRS】
のれんは償却しない
（ただし、減損は必要）

【日本基準】
のれんは資産計上したのち、20年以内に均等償却

――＜JTが会計基準を日本基準からIFRSに変更した際の利益比較＞――

	2011年3月期		2012年3月期				
	金額		金額		差	前年比	
	IFRS	日本基準	IFRS	日本基準	IFRS－日本基準	IFRS	日本基準
売上	20,594	19,470	20,338	19,247	1,091	-1.2%	-1.1%
営業利益	4,013	3,332	4,592	3,474	845	14.4%	12.5%

［出所］　JT決算説明会資料（2012年3月期）より作成。単位：億円。

円多くなっています。さらに、営業利益の前年比は、IFRSを採用したほうが高く、より魅力的に見えます。

また、会計基準をIFRSに変更したことによりEPSも増加していますが、これに気づかずEPSとPERを用いて株価を算出すると、実際の経営は何一つ変わっていなのに株価が高く評価されることになるので、こうした点についても注意が必要です。

第2節　経営者はなぜ会計政策を行うのか

経営者はなぜ会計政策を行うのでしょうか。経営者が会計政策を行う理由には、研究でも様々な仮説が提示されています。ここではその一部を紹介します。

1　会計情報のフィードバック効果

会計情報は様々なステークホルダーに影響を与えます。そのため、経営者は公表した会計情報がステークホルダーにどのように評価されるかを予測して会計情報の公表を行うといわれています。

図表15-5は、決算発表とそれに対する株式市場の反応を示しています。企業が大幅な増益決算、もしくは会社計画や投資家の期待を上回る決算を公表したとします。その場合、投資家がニュースをポジティブに評価し、株を購入することで株価は上昇することが予想されます。一方で、大幅な減益や赤字の決算、会社計画や投資家の期待を下回る決算を発表した場合はどうでしょうか。投資家がニュースをネガティブに受け止め、株を売却することで株価が下落す

図表15-5　決算発表と株式市場の反応

	決算発表の例	株式市場の反応
Good News	・大幅な増益決算 ・会社計画や投資家の期待を上回る決算	投資家が株を買い、株価は上昇
Bad News	・大幅な減益決算 ・赤字決算・会社計画や投資家の期待を下回る決算	投資家は失望し株を売り、株価は下落

ることが予想されます。

　そのため，もし経営者が敵対的買収などに備えて株価を高く維持しておきたいと考えるのであれば，可能な範囲で良い決算を公表するように努めるかもしれません。一方で，MBOを考えている場合，株価を低く維持したいという思惑から控えめな決算を公表しようとするかもしれません。このように，経営者は自己の目的を最大化するように発信する情報をコントロールするインセンティブがあります。

　また，こうしたことは実績値の公表のみならず予想値でも行われる可能性があります。たとえば，大幅な増収増益となる予想の公表は投資家に好印象を与えることができるため，経営者は楽観的な見通しを公表したい衝動に駆られるかもしれません。しかし，本来の見通しよりも楽観的な予想を公表してしまうと，予想値を達成できない場合に業績の下方修正や予想達成のための会計政策が頭をよぎることになるので十分な注意が必要です。

2　経営者報酬

　経営者の報酬が会計数値とリンクしている場合，経営者には自己の報酬を増やすために会計政策を行うインセンティブが生じます。**図表15-6**は，経営者

図表15-6　経営者の報酬は会計数値と関連していることが多い

Q. 業績連動型報酬は設定されていますか
　→はい89％

Q. 連動対象となる業績の評価指標は，定性ではなく財務指標を中心としていますか
　→はい98％

Q. 業績連動報酬を全社業績にどの程度連動させていますか？

- 完全に連動させていない：6％
- 20％未満：7％
- 20％以上40％未満：23％
- 40％以上60％未満：21％
- 60％以上80％未満：6％
- 80％以上：36％

Q. どのような財務指標を用いていますか？
（複数回答）

営業利益	57
税引後純利益	34
売上高	32
ROE	18
ROA	11
１株当たり純利益	7
EVA	5
その他	16　(％)

［出所］　日本取締役協会「経営者報酬実態調査2016　アンケート調査報告書と実証分析」より作成。

の報酬に関するアンケートの結果を示しています。これによると，89％の企業が業績連動型の報酬を設定しており，このうち9割以上の企業が業績連動報酬を全社業績に連動にしています。また，98％が連動対象に財務指標を用いており，具体的には営業利益や税引後純利益，売上高などの指標を利用しています。

このように，多くの企業で報酬が会計数値にリンクされていることから，経営者は自身の報酬のために売上や利益を操作する可能性はないとはいえません。もし，経営者が報酬を増額させたいと考えたなら，会計政策を使って利益を増額させるかもしれません。また，利益が出すぎてしまった場合，翌期以降の報酬のために利益を先延ばしするような会計政策を行うかもしれません。

3　財務制限条項

財務制限条項（financial covenants）とは，銀行などが企業に対して貸付けを行う際に付与する約束事を指します。企業の財務状況があらかじめ定められた基準を下回った場合，企業は借入れを返済するなどの対応を迫られます。こうした財務制限条項の条件には会計数値が用いられることが多く，経営者はこの財務制限条項に抵触しないように，会計政策を行うインセンティブがあるといわれています。なお，研究では財務制限条項に抵触する可能性が高い企業の経営者ほど利益増加型の会計政策を行うことが明らかになっています。

4　規制産業の受注と価格決定

規制産業では，受注や価格決定の際に財務や業績など会計数値が審査されることがあります。そのため，置かれた状況により会計政策を行うインセンティブが生じます。たとえば，受注の申請を行うときは，ある程度安定的に利益を計上しているほうが企業としての信頼性や安定性をアピールできるため，利益捻出型の会計政策が行われることがあります。

5　評判・社内のマインドセット

企業が構造改革を行う際，利益が出ていたのではリストラをしづらいため，経営者は利益圧縮型の会計政策を行うことで，従業員の理解を得ようと考えるかもしれません。しかし，こうした状況が続くと，従業員のモチベーションが

下がり，取引先との関係も悪化します。このため，利益圧縮型の会計政策を極力短期で実施し，その後は利益捻出型の会計政策を実施することにより業績回復をアピールするという手法が現実でも少なからず確認されています。

6　経営者交代

　経営者が交代するときの財務数値は経営者の最終的な評価につながります。そのため，経営者の退陣にあたってその経営者の評価を高めたい場合，利益増加型の会計政策を実施するインセンティブが生じます。また，新しい経営者にとって前任の経営者の財務数値はベンチマークともなるため，次期経営者の負担を軽くしようとするならば，利益圧縮型の会計政策をとることも考えられます。研究では，新経営者は企業が成長しているように見せるために，就任初年度において利益減少型の会計政策を行うことも明らかになっています。

7　IPO

　新規に株式公開を検討している企業の経営者にとって，上場時の株価がいくらになるか，上場後の株価がどのように推移するかは非常に重要な問題です。上場したのに株価が低迷するようでは経営にも支障が出るため，様々な会計政策を用いて企業を良くみせようとするインセンティブがあると考えられます。なお，研究では新規に株式発行を予定している企業の経営者は，上場後の株価形成を考慮して利益増加型の会計政策を行う傾向があることが明らかになっています。

　これ以外にも，税金の支払いを抑制するために費用を多く計上する，同業他社に儲かっていることを明らかにしたくないため利益圧縮型の会計政策を実施する，次期は大型プロジェクトがないため今期計上できる売上の一部を次期に先送りするなど，利益を操作するインセンティブはほかにもありそうです。こうしたことからも，会計戦略分析を通して会計政策を適切に把握することは重要であると考えます。

第3節 会計政策に利用される項目とは──注記事項の分析

1 注記事項とは

疑いの目を向ければきりがありませんが、ここではこうした会計政策を見極めるにはどのような点に着目すればよいかについて見ていきます。ここでも活躍するのは有価証券報告書です。有価証券報告書には決算短信よりもさらに詳細な情報があり、財務諸表に添付されている注記事項には企業の会計政策や会計戦略を把握するためのヒントが隠れています。

図表15-7は、有価証券報告書の「第5 経理の状況」で開示される情報について示しています。注記事項は「第5 経理の状況」の、貸借対照表、損益計算書、株主資本等変動計算書、キャッシュフロー計算書のあとに添付されています。

注記事項では、はじめに「連結財務諸表作成のための基本となる重要な事項」があり、ここでは連結財務諸表を作成する際の前提や方法などについて説明が

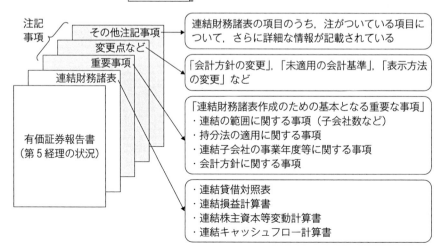

図表15-7 有価証券報告書の注記

あります。なかでも会計政策を確認するのに重要な情報が「会計方針に関する事項」です。ここでは，重要な資産の評価基準及び評価方法，重要な減価償却資産の減価償却の方法，重要な引当金の計上基準，のれんの償却方法及び償却期間などについての説明があります。こうした記述をもとに，一般的に用いられる会計処理方法との違いや同業他社の会計処理方法との違いを確認することで，会計政策が行われている可能性がある箇所を特定します。

さらに，その後に続く「会計方針の変更」や「未適用の会計基準」，「表示方法の変更」などで変更がある場合は，そこでも会計政策が行われている可能性があります。その他の注記事項では，財務諸表の項目のうち注がついている項目についてさらに詳細な情報が記載されおり，こうした情報も参考になる場合があります。

2　注記事項の確認のポイント

以下では「会計方針に関する事項」を中心に，会計方針の選択に際し経営者の裁量が働く項目を確認します。まず，固定資産の償却方法に関しては，定額法と定率法のどちらで行っているか，償却方法に変更がないかがポイントとなります。**図表15-8**は定額法と定率法による償却額の違いを示しています。定額法による償却額の例では，1,000万円で購入した機械を10年で均等償却した場合の償却額の推移を示しています。なお，償却額は［1,000万円÷10年］で1年あたり100万円となります。一方，定率法による償却額の例では1,000万円で購入した機械を償却率20％で償却した場合の償却額の推移を示しています。初年度の償却額は［1,000万円×20％］で200万円，2年目の償却額は［(1,000－200)×20％］で160万円となります。

定額法では，毎期一定の償却費が発生するのに対し，定率法では償却の初期ほど減価償却費が多額になります。早めに償却を済ませるという意味では，低率法のほうが保守的な会計方針になりますが，低率法を採用すると償却期間のはじめに費用負担が重くなるため償却の初期に利益が低下しやすくなります。そのため，償却初期段階においては定額法のほうが利益捻出的な会計方針となります。

ここで，定率法により償却を開始した機械について，2年目に償却方法を定

図表15-8 定額法と定率法による償却額の違い

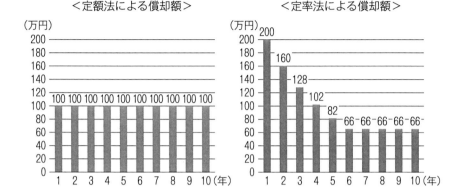

額法に変更した場合について考えます。従来の低率法によれば160万円の償却額であったところ，定額法に変更すれば償却額は100万円になります。すなわち，費用が60万円減少して，利益がその分増加することになります。これにより，利益増加型の会計政策ができたことになります。

なお，固定資産に関しては償却期間を何年と見積るかによっても1年当たりの償却額が変わってきます。短く見積れば単年度の償却費が増加し利益が減少しますが，長く見積れば単年度の償却費が低下し利益の減少を少なく済ませることができます。

また，有価証券の期末の評価方法では，持ち合いのために保有している株式など一部の有価証券は原則時価で評価されます。その際，評価益が出ている有価証券と評価損が出ている有価証券がありますが，これらの処理では2つの方法が認められています。1つは，当期の評価損益を相殺し，その純額を貸借対照表の純資産に計上する方法であり，この手法は全部純資産直入法と言われています。もう1つの手法は，評価益は貸借対照表の純資産の部に計上し，評価損は損益計算書に損失として計算する手法です。この手法は部分純資産直入法と言われます。評価損がある場合，損失が費用として認識される部分純資産直入法のほうが利益圧縮的な会計処理方法となります。

さらに，重要な引当金の計上基準では，引当金の数や内容を確認します。引当金は将来発生が見込まれる費用についてあらかじめ一定の見込み額を負債と

して認識しておくものですが，その際，損益計算書上で販売費として利益計算でマイナスされることになります。こうしたことから，引当金が多いほど費用が増加するため，利益圧縮型の会計政策となります。

以上は一例でしかありませんが，**図表15-9**に注記事項の確認のポイントについてまとめました。固定資産の償却方法以外にも，棚卸資産の評価方法でも総平均法や移動平均法など複数の会計処理が認められています。さらに，収益および費用の計上基準では，工事進行基準と工事完成基準のどちらを採用するかにより収益と費用が計上されるタイミングが異なるため，こうした点も確認が必要です。

図表15-9　注記事項の確認のポイント

―＜確認のポイント＞――――――――――――――――――――
・固定資産の減価償却方法（定額法，定率法）
・有価証券の評価基準および評価方法（時価法，原価法）
・引当金の計上基準（貸倒引当金，退職給付引当金など）
・棚卸資産の評価基準および評価方法（総平均法，移動平均法，先入先出法）
・収益および費用の計上基準（工事進捗基準，工事完成基準）
―――――――――――――――――――――――――――――

会計方針の変更，同業他社と異なる会計方針の採用がある場合は要注意

3　シャープの注記事項の分析

図表15-10はシャープの主要な注記事項を示しています。シャープは台湾の鴻海グループの傘下にある液晶に強みを持つ総合家電メーカーであり，東証33業種分類では電気機器に分類され，会計基準は日本基準を採用しています。

これを見ると，有価証券に関しては全部純資産直入法により処理しているため，損失が出ている場合でも損益計算書で損失が費用として認識されません。この点は，利益増加型の会計政策を行っていると考えられます。棚卸資産の評価方法に関しては特筆すべき点はありませんが，国内が原価法であるのに対して在外連結子会社は低価法で評価しているので，海外のほうがより保守的で利益圧縮的な会計政策をとっています。

有形固定資産は同業のソニーやパナソニックが主として定額法を採用してい

図表 15-10 シャープの注記事項（抜粋）

有価証券	時価のあるものは主として期末前1カ月の市場価格の平均に基づく時価法で評価。評価差額は全部純資産直入法により処理。売却原価は主として総平均法で算定。
棚卸資産	親会社及び国内連結子会社は主として移動平均法による原価法で評価。在外連結子会社は移動平均法による低価法で評価。
有形固定資産	親会社及び国内連結子会社は定率法。ただし，三重工場と亀山工場の機械及び装置は定額法。1998年4月1日以後に取得した建物及び2016年4月1日以後に取得した建物付属設備及び構築物は定額法を採用。在外子会社は定額法。
引当金	6つの引当金を設定（貸倒引当金，賞与引当金，製品保証引当金，販売促進引当金，事業構造改革引当金，買付評価契約引当金）。
繰延資産	社債発行費は，社債の償還までの期間にわたり定額法により償却。

［出所］　シャープ有価証券報告書（2018年3月期）より作成。

るのに対し，シャープは定率法を採用しており，利益圧縮的な会計政策をとっています。しかし，大規模な設備がある一部工場の機械や最近取得した資産に関しては定額法を用いていることから，実際は定額法による償却も多く，他社とあまり変わらない可能性もあります。

　引当金に関しては，6つの引当金を重要な引当金として挙げています。このうち貸倒引当金，賞与引当金，製品保証引当金は一般的なもので他社でも多くみられるものです。しかし，販売促進引当金は「当連結会計年度の売上に係る販売促進費などの将来の支払いに備えるため」と説明がありますが，販売促進費は原則当期の費用として処理するものであり，一般的な引当金ではありません。また，構造改革引当金の計上はそれほど珍しいものではありませんが，企業外部の分析者から見ると実施するかしないかも不透明であり，その金額もわからないものに対して費用を計上するのはやや過剰とも受け止められます。こうしたことより引当金に関しては若干保守的，すなわち利益圧縮的な会計政策をとっていることがわかります。

繰延資産に関しては，社債発行費を資産計上しています。社債発行費は資産計上することも可能ですが，原則としては支出時に営業外費用として処理します。このため，ここでは利益増加型の会計政策をとっているといえます。

これらは，注記事項の一部でしかありませんが，シャープの場合，利益増加型・利益圧縮型両方の会計政策が混在しており，これを見る限りでは意図的に利益を多く見せよう，もしくは利益を少なく見せようといった傾向は見当たりません。ただし，有形固定資産の評価で三重工場や亀山工場の資産が例外適応されていた点などは，投資規模が大きいこともあり特徴的な会計処理を行っているといえます。なお，会計政策により数字が歪んでいるところを特定したらその影響額を明らかにし，可能であれば調整を行った上で分析をします。

第4節　会計政策の例

1　技術的会計政策と実質的会計政策

第3節までは，会計処理方法を変更する会計政策について説明を行ってきました。これは，技術的会計政策（accounting earnings management）と呼ばれており，実際の事業活動に変化を加えることなく実施できる会計政策です。こうした会計政策は珍しいものではなく，多くの企業において確認することができます。

図表15-11 は，企業がどのような会計方針の変更を行っているかについて調査を行ったものです。これによると，2016年度の第1四半期報告書で会計方針などの変更を行った企業は130社あり，件数では140件ありました。このうち最も多かったのが減価償却方法の変更であり，71社で会計方針の変更が行われています。変更の内容を見ると，従来の方法から定額法に変更されるものが多く，これより利益増加型の会計政策が実施されていることがわかります。これ以外では，固定資産の耐用年数の変更や税金費用の計算方法の変更，棚卸資産の評価方法の変更などが多くなっています。

第 15 章　会計戦略分析　277

図表 15-11　会計方針等の変更

変更内容	件数
減価償却方法の変更	71
固定資産の耐用年数の変更	19
税金費用の計算方法の変更	8
棚卸資産の評価方法の変更	7
在外連結子会社等の収益及び費用の換算方法の変更	6
収益認識基準の変更	4
退職給付引当金の過去勤務債務及び数理計算上の差異の費用処理年数の変更	2
退職給付債務の計算方法の変更	2
仕入割戻しに関する会計方針の変更	2
組込ソフトウェアにおける社内制作費の資産計上	2
その他	17

（減価償却方法の変更の行に付記）変更が行われた71社すべてで従来の方法（定率法や加速度償却法）から定額法に変更されていた → 利益増加型の会計政策

［出所］　新日本有限責任監査法人「平成 28 年 6 月第 1 四半期 四半期報告書分析　第 2 回：会計方針の変更・会計上の見積りの変更（2016 年 11 月 28 日公表）」より。調査対象は決算期末が 3 月 31 日であり，2016 年 6 月 30 日を第 1 四半期の決算日としている日本基準の 2,334 社。「繰延税金資産の回収可能性適用指針」及び「平成 28 年度税制改正に係る減価償却方法の変更」に伴う会計方針等の変更は除く。

そこで，以下では最も多かった減価償却方法の変更について，具体的な事例を見ていきましょう。

(1)　ソニーの技術的会計政策

図表 15-12 はソニーの 2013 年 3 月期の有価証券報告書（米国基準）から取得した減価償却方法の変更に関する記述の一部です。これによると，ソニーは 2013 年 3 月期に一部の資産の減価償却方法を定率法から定額法に変更しています。この影響として当社株主に帰属する当期純利益は 8,034 百万円増加しました。2013 年 3 月期のソニーの当社株主に帰属する当期純利益は 43,034 百万円なので，利益の約 5 分の 1 は会計方針の変更により生じたものであることがわかります。

| 図表 15-12 | ソニーの減価償却方法の変更 |

11. 有形固定資産及び減価償却

（前略）当社及び国内子会社は，有形固定資産の減価償却方法として，定額法によっている一部の半導体設備及び建物を除き定率法を採用していましたが，2012年4月1日より定額法に変更しました。これにともない，一部の有形固定資産の見積耐用年数についても変更しています。定額法は有形固定資産の今後の使用形態をより適切に反映し，また，原価配分をより適切に収益に対応させるため，望ましい方法であると考えています。
（中略）この影響は，主に連結損益計算書上，売上原価に含まれており，2012年度の当社株主に帰属する当期純利益は，8,034百万円増加しました。（後略）

［出所］ ソニー有価証券報告書（2013年3月期）P132より。

(2) ドコモの技術的会計政策

同様のことが2017年3月期のNTTドコモの決算短信（米国基準）でも確認できます。**図表15-13**はNTTドコモの2017年3月期の決算短信から取得した減価償却方法の変更に関する記述の一部です。NTTドコモは2017年3月期より，定率法で償却していた有形固定資産について全て定額法に変更しました。これにより，減価償却費は154,050百万円減少し，その分利益が増加しました。2017年3月期の当社に帰属する当期純利益の増加額は104,160百万円でしたが，

| 図表 15-13 | ドコモの減価償却方法の変更 |

減価償却方法の変更

従来，当社グループは，有形固定資産の減価償却方法として，建物は定額法を，それ以外の資産は定率法を採用していましたが，2016年4月1日より全て定額法に変更しています。（中略）
これにより，従来の方法に比べ，当連結会計年度の「減価償却費」は，154,050百万円減少しています。また，「当社に帰属する当期純利益」及び「基本的及び希薄化後1株当たり当社に帰属する当期純利益」は，当連結会計年度において，それぞれ105,370百万円及び28.28円増加しています。

［出所］ NTTドコモ決算短信（2017年3月期）P32より。

このうち105,370百万円は会計方針の変更によるものであり，実際のところ利益は前年並みであったことがわかります。

　一方で，会計処理方法の変更ではなく，実際の事業活動を変えてしまうことでそのアウトプットである会計数値を変化させる会計政策も存在します。これは，技術的会計政策に対して実質的会計政策（real earnings management）と呼ばれています。具体的には，固定資産売却損益や投資有価証券売却損益のような一時的な損益を計上する，自由裁量的なコストである広告宣伝費や研究開発費の増額や圧縮，翌年度に引き渡しを予定していた大型プロジェクトについて前倒しで引き渡すことで売上を計上する，期末に売上を計上するためメーカーが卸へ在庫を押し込むことなどが挙げられます。こうした事実は技術的会計政策とは違って注記事項から把握しづらいものの，現実には多く行われていると考えられます。

　会計政策は認められた範囲で行っているものなので，粉飾のような違法なものとは性質が異なります。そのため，「企業の開示が悪い」と責めるのではなく，財務諸表の利用者が賢くなり，経営者の意図や思惑をしっかり認識しなければなりません。また，会計政策を意図したものではないという企業側の反論もありそうですが，結果的に数字に影響があり，財務諸表の利用者の意思決定を左右するとは事実です。このため，重要な事項については特に丁寧に説明を行う必要があります。

2　利益平準化とビッグ・バス

　経営者は，技術的会計政策や実質的会計政策を用いて，劇的な業績の改善を実現させたり，利益を安定的に推移させたりすることがあります。前者をビッグ・バス（big bath），後者を利益平準化と呼びます。

(1)　ビッグ・バス

　ビッグ・バスは，業績が悪化した際に今後業績にマイナスの影響を及ぼす可能性のある項目について当期に費用として計上し，当期の業績をさらに悪化させることで次期以降の利益の急回復を狙う会計政策です。ビッグ・バスを行う

目的は「V字回復」の演出であり，将来の利益が増加や業績改善のイメージをステークホルダーにアピールできるという効果があります。

会計政策としては，業績改善の前年度に不良資産の償却や将来の損失に備えるための引当金の計上などが行われます。これらは特別損失の項目を用いて行われることが多く，具体的には減損損失や構造改革費用，○○引当金のような項目で費用が計上されます。このため，営業利益や経常利益に対して，親会社株主に帰属する当期純利益が突出して悪化するという特徴があります。

実際の例を見てみましょう。**図表15-14** は日産の利益の推移について示しています。経営危機に直面していた日産は，1999年に仏ルノーと資本提携するとともにカルロス・ゴーン氏をCOOとして迎え入れ，日産リバイバル・プラン（NRP）と呼ばれる大改革を実施しました。2000年3月期に巨額の特別損失を計上した後の業績回復は「V字回復」としてあまりにも有名です。世界的な金融危機が起きた2009年3月期は営業利益段階からマイナスに転落しているのに対して，2000年3月は営業利益や経常利益に対して親会社株主に帰属する当期純利益が突出して悪化しており，ビックバスが行われたと推測できます。

特別損失の内容を見ても，2003年3月期は年金過去勤務費用償却額，事業構造改革特別損失，製品保証引当金繰入額，投資・債権評価損，固定資産売却

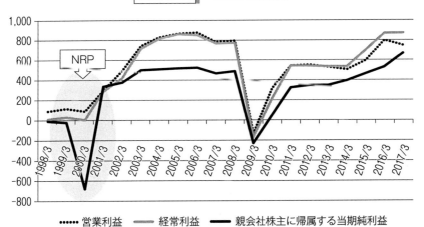

図表 15-14　日産の利益推移

［出所］　QUICK Workstation Astra Manager より作成。単位：10億円。

第 15 章　会計戦略分析　281

損等で 7,496 億円の特別損失を計上しています。一方，2001 年 3 月期は特別損失が 808 億円にまで減少し，固定資産売却益や投資有価証券売却益等で特別利益 882 億円弱を計上しています。

　図表 15-15 はパナソニックの利益推移について示しています。2012 年 3 月期と 2013 年 3 月期に税引前利益と当社株主に帰属する当期純利益が悪化し，その後 2014 年 3 月期大幅に改善しています。2012 年 3 月期と 2013 年 3 月期について見ると，ここでも営業利益に対して当社株主に帰属する当期純利益が突出して悪化しています。2013 年 3 月期について具体的な損失の項目を見ると，長期性資産の減損 1,381 億円，のれんの減損 2,506 億など事業構造改革費用として 5,088 億円などが計上されていました。一方，2014 年 3 月期には長期性資産の減損やのれんの減損は金額が減少し，代わりにその他の収益が増加しています。こうした会計政策により税引前利益と当社株主に帰属する当期純利益はプラスに転じています。

　ビッグ・バスを行う際は臨時的な損失が通常の年に比べて飛躍的に増えていることに加え，将来の費用を前倒しで計上しているため，業績が V 字で回復するのはある意味当たり前ですが，こうした点を理解していないと，「すごい

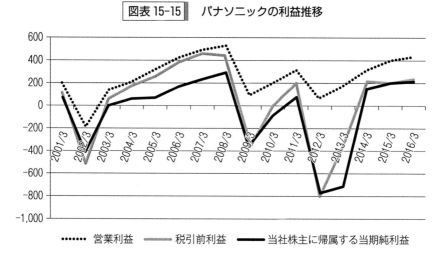

図表 15-15　パナソニックの利益推移

……… 営業利益　——— 税引前利益　——— 当社株主に帰属する当期純利益

[出所]　QUICK Workstation Astra Manager より作成。パナソニックは 2017 年 3 月期より会計基準に IFRS を任意適用しているため，米国基準でデータを取得できる 2016 年 3 月期までについて利益推移を示す。単位：10 億円。

経営者だ」とか「X社は完全に復活した！」と思ってしまうかもしれません。しかし，本来であればV字回復の後に売上など会計政策以外の部分で本業がしっかり伸びているかを見極めることが重要です。

(2) 利益平準化

利益平準化とは，利益が年によって極端に増えたり減ったりしないように，各期の利益が一定の水準に収まるようにコントロールすることをいいます。須田・花枝（2008）は日本企業を対象としたサーベイ調査（回答者の多くは財務・経理部門の責任者）の中で，「キャッシュフローは変化しなくとも利益が大きく変化する時，利益を平準化するか」という質問をしています。これに対して，平準化しないと答えた企業が63.2%であった一方，平準化すると答えた企業が34.2%ありました。

さらに，外部に報告する利益を平準化するために，企業価値を犠牲にする場合がある時，どの程度であれば企業価値を犠牲にしてもよいと考えるかについて質問した結果が**図表15-16**です。日本企業では，企業価値を犠牲にするくらいなら利益平準化をしないという答えが52.99%と半数を超えており，少しなら犠牲にしてもよいと回答した企業は35.06%でした。一方で米国は52%が少しなら犠牲にしてもよい，ある程度犠牲にしてもよいが24%であり，企業価値を犠牲にしてでも利益を平準化すると考える企業が多くなっています。

企業価値を犠牲にしてまで利益を平準化する理由とは何でしょうか。**図表15-17**は，経営者が期待する利益平準化の効果について，日米でアンケートを行った結果について示しています。これによると日本では，配当を安定的に維

図表15-16　利益平準化と企業価値

日本企業	(%)	米国企業	(%)
企業価値は犠牲にしない	52.99	企業価値は犠牲にしない	22
少しなら犠牲にしてもよい	35.06	少しなら犠牲にしてもよい	52
ある程度は犠牲にしてもよい	8.72	ある程度は犠牲にしてもよい	24
大幅に犠牲にしてよい	0.16	大幅に犠牲にしてよい	2
欠損値	3.07		

［出所］　須田一幸・花枝英樹（2008）より作成。米国の調査はGraham et al.（2005）。

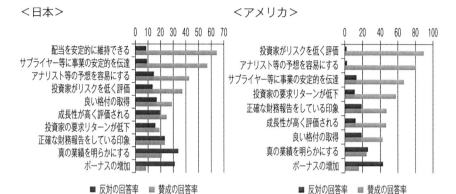

図表15-17 経営者が期待する利益平準化の効果

[出所] 須田一幸・花枝英樹（2008）より作成。米国の調査はGraham et al.（2005）。

持できる，サプライヤー等に事業の安定性の伝達できる，アナリスト等の予想を容易にするなどの理由が上位にきています。一方，米国では投資家がリスクを低く評価する，アナリスト等の予想を容易にする，サプライヤー等に事業の安定的を伝達できるなどが上位に挙がっています。

どちらかというと日本が株主やサプライヤーなど現在のステークホルダーを重視するのに対し，米国では投資家やアナリストなど将来のステークホルダーを重視して利益平準化を行っているようです。ステークホルダーを過度に意識するあまり企業価値を犠牲にするならば，それは結局のところステークホルダーのためにも企業のためにもなっていないといえます。

第5節 利益の質

1 利益の質とは

以上のように，企業が公表する財務諸表の数値は唯一絶対のものではなく，企業が選択した会計方針の組み合わせで出てきた結果であり，その背後には数字を良く見せようとか，悪く見せようといった経営者のインセンティブが存在しています。会計政策がいたるところで使われていると「利益の質」が低下し，

分析者が正しい分析を行えなくなるので大きな問題となります。

それでは，どのような利益であれば質が高いといえるのでしょうか。**図表15-18** は質の高い利益の一例を示したものです。保守的な収益および費用の認識方法を採用している場合，その利益は質が高いと考えられます。たとえば，不良資産に対して適切な引当金を設定していること，固定資産の償却が早期に終わるように耐用年数を短くすること，社債利息や開業費など繰延資産として資本化するのではなく，当期の費用として一括で処理することなどがあります。

また，ビッグ・バスでは特別損益項目で会計政策が行われていました。こうしたことから，特別利益や特別損失の計上は少ないほうが利益の質は高くなると考えられます。加えて，会計利益には経営者の裁量が働きますが，キャッシュフローに対しては裁量が働きづらいといわれています。そのため，会計利益にキャッシュフローの裏付けがある場合，その利益の質は高いと考えられます。

さらに，オフバランスによる資金調達があると財務諸表ではその実態が確認できないため，オフバランスによる資金調達がないほうが利益の質は高まります。また，会計方針の変更などがあっても適切に説明・開示を行っていれば分析者はミスリードされることがなくなるため，利益の質を高めるには開示の仕方も重要です。

図表 15-18　質の高い利益の例

- 保守的な収益および費用の認識方法を採用する
    - 不良資産に引当金を設定する
    - 固定資産を早期に償却する
    - 社債発行費等の資本化を回避する（早期に費用として処理する）
- 特別利益・特別損失の計上が少ない
- 利益にキャッシュフローの裏付けがある
- オフバランスによる資金調達を用いない場合の利益
- 明瞭かつ適切な開示による利益

2　会計政策と会計発生高

　会計利益が会計政策の影響を受ける一方，キャッシュフローは会計政策の影響を受けづらいならば，会計利益とキャッシュフローの差が会計政策により生じた金額ということになります。このような会計利益と営業キャッシュフローの差は会計発生高（accrual）と呼ばれ，会計利益とキャッシュフローの差が大きい場合，その会計利益は質が低いことを意味します。

　　　　会計発生高＝会計利益－営業活動によるキャッシュフロー

　たとえば，多額の引当金を計上した場合，会計利益は大幅に減少しますが，現金を支出したわけではないため，キャッシュフローは減少しません。そのため，会計発生高は大きくなります。また，有形固定資産の償却方法を変更した場合なども，会計利益は変化しますがキャッシュフローは変化しません。

　しかし，会計発生高は会計政策だけでなく，通常の事業の拡大などによっても変化します。そのため，会計発生高は以下のように，会計政策により生じる部分（裁量的会計発生高）と会計政策以外の要因により生じた部分（非裁量的会計発生高）に分けて考えることができます。

　　　　会計発生高＝裁量的会計発生高＋非裁量的会計発生高

　これより，会計政策は利益とキャッシュフローの差分から求められる会計発生高の部分に反映されており，会計発生高から通常の事業活動上必然的に生じる非裁量的発生高を控除したものが会計政策により生じた金額であると考えられます。これを示したものが**図表 15-19** です。

図表 15-19　非裁量的会計発生高

会計利益		
キャッシュフロー	会計発生高	
	非裁量的発生高	裁量的発生高

裁量的会計発生高を推定するには，ジョーンズ・モデルや修正ジョーンズ・モデル，CFO修正ジョーンズ・モデルなど様々な手法があります。こうした推定モデルにより求められた裁量的会計発生高がプラスの場合，企業は利益捻出型の会計政策を実施しており，裁量的会計発生高がマイナスの場合，利益圧縮型の会計政策を実施していることを意味します。

なお，利益の質と企業価値の関係性については明らかになっていない点はあるものの，一般的に利益の質が高まると利益情報の有用性が高まり資本コストが低下するといったことが明らかになっています。また，会計発生高が大きいと，将来の株価パフォーマンスが悪くなることも知られています。

3 キャッシュフローか会計利益か

会計利益が会計政策の影響を受けるのであれば，会計政策の影響を受けづらいキャッシュフローを分析に利用すればよいと考えるかもしれません。しかし，会計利益はキャッシュフローにはない情報を持っていることから，キャッシュフローとは別に分析を行う意味があります。

図表15-20はキャッシュフローと会計利益のメリットとデメリットについて示しています。キャッシュフローは，現金の裏付けを伴ったビジネスの成果であり，経営者の裁量が働きづらいという点では優れています。しかし，キャッシュフローから経営者の隠れた意図を読みとることはできません。さらに，セグメント情報や利益予想は一般的にキャッシュフローベースで公表されていな

図表15-20　キャッシュフローと会計利益のメリットとデメリット

	キャッシュフロー	会計利益
メリット	・現金の裏付けを伴ったビジネスの成果 ・経営者の裁量が働きづらい	・選択された会計方針から経営者の隠れた意図を読み取ることができる
デメリット	・経営者の隠れた意図を読み取ることは不可能 ・セグメント別の情報など詳細な情報は得られない	・経営者の裁量が働く ・現金などによる確かな裏付けがない

いため，キャッシュフローを用いた場合，こうした情報の分析はできません。

一方，会計利益は会計政策の影響を受ける点では問題が生じることもありますが，選択された会計方針から経営者の隠れた意図を読み取ることができるというキャッシュフローにはないメリットがあります。このようなことを勘案すると，キャッシュフローと会計利益のどちらを使うかではなく，両方の情報を補完しながら分析を行うとよいと考えられます。

4 パナソニックの会計政策とキャッシュフロー

先にも述べたように，一般的にキャッシュフローは経営者の裁量が働きづらいといわれています。しかし，実質的会計戦略では実際の事業活動を変えてしまうことから，キャッシュフローにも影響が出てきます。その例として，パナソニック（米国基準）の例を以下に示します。

図表15-21はパナソニックの営業利益・親会社株主に帰属する当期純利益とフリーキャッシュフローの推移です。図表からわかるように，パナソニックは業績不振により2011年度，2012年度と2年連続で赤字となり，2年間で1.5兆円の累積赤字を抱えることとなりました。加えて，2011年度はフリーキャッシュフローもマイナスとなっています。

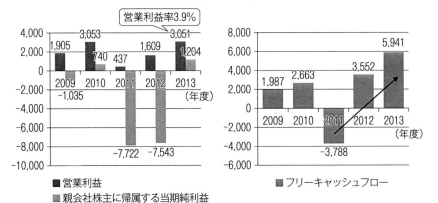

図表15-21　パナソニックの会計利益とフリーキャッシュフローの推移

［出所］　パナソニック決算短信より作成。フリーキャッシュフローは営業キャッシュフローと投資キャッシュフローの合計により算出。単位：億円。

ところが，2013年度の業績を見ると営業利益は大幅に改善し，フリーキャッシュフローは6,000億円にまで回復しています。しかし，このフリーキャッシュフローの改善には会計政策が大きく影響していました。

パナソニックは，2013年度から始まる3年間の中期経営計画のなかで2015年度の経営目標に営業利益3,500億円以上，営業利益率5％以上，フリーキャッシュフロー累計6,000億円以上を掲げており，当時キャッシュフローの改善が急務となっていました。

そこでパナソニックは，下請けの中小企業に対して長年有利な支払条件を提示してきましたが，2013年にこの方針を変更し，購入代金の支払条件を月末締め90日後としていたところを120日後としました。購入代金の支払い期限が1か月延びるということは買入債務は増加しますが，1か月分の購入代金を

図表15-22　パナソニックの営業活動によるキャッシュフローの内訳と貸借対照表の抜粋

＜パナソニックの営業キャッシュフロー内訳＞

	2010年3月期	2011年3月期	2012年3月期	2013年3月期	2014年3月期
被支配持分帰属利益控除前当期純利益	△170,667	85,597	△816,144	△775,168	121,645
営業活動によるキャッシュフローへの調整					
減価償却費	298,270	367,263	338,112	339,367	331,083
有価証券の売却損益（△は利益）	△5,137	△11,318	△5,822	△29,125	△25,769
売上債権の増減額（△は増加）	△119,966	83,333	24,228	128,088	△34,882
棚卸資産の増減額（△は増加）	100,576	△54,659	38,117	64,625	64,601
買入債務の増減額（△は減少）	83,719	△12,826	△103,788	△68,282	124,467
退職給付引当金の増減額（△は減少）	△8,655	△38,400	△29,374	△8,811	△140,422
その他	344,193	50,205	517,780	688,056	141,227
営業活動によるキャッシュフロー	522,333	469,195	△36,891	338,750	581,950

＜パナソニックの貸借対照表（買入債務）＞

	2010年3月期	2011年3月期	2012年3月期	2013年3月期	2014年3月期
支払手形	59,608	60,128	53,243	52,205	200,363
買掛金	1,011,838	941,124	797,770	739,581	736,652

［出所］パナソニック決算短信より作成。単位：百万円。

社内に留保できることになります。

　これについて，**図表15-22**のパナソニックの営業活動によるキャッシュフローの内訳を確認すると，買入債務の増減額で符号がプラスに転じ，買入債務が増加していることがわかります。2014年3月期の営業キャッシュフローは前期から2,432億円増加していますが，その要因としては，被支配持分帰属利益控除前当期純利益（日本基準の税金等調整前当期純利益）の改善もありましたが，それに次いで買入債務の増加1,927億円の影響も大きかったことが確認できます。

　さらに，貸借対照表を見ると支払手形は約4倍に増加しています。過去は500〜600億円で推移していたため，この支払条件のニュースを知らなかったとしても，数字のトレンドを見ていれば何かが起きていることに気づいたかもしれません。こうしたことから，注記事項の分析だけではなく，第1部から本書で説明してきた財務分析や財務比率の分析，経営戦略に関する情報を総動員して企業評価をしなければならない理由がよくわかると思います。また，この事例より比較的操作されにくいといわれているキャッシュフローでさえ，実際は会計政策の影響を受けるということが理解できます。

　以上のように会計戦略は企業の重要な戦略の1つですが，会計政策で表面上の会計利益を繕い続けることはできません。また，頻繁な会計方針の変更や不透明な会計処理はかえって財務諸表の信頼性を損なうことにもつながりかねません。よって，会計政策に頼るのではなく，本業による成長を実現していくことが企業にとっては不可欠となります。

5　会計情報の限界

　これまで見てきたように，会計情報は企業の状況について様々なことを教えてくれます。しかし，会計情報は会計政策の影響を受けること，また比較企業間で会計方針や会計基準などに差があるときはその違いを修正する必要があるものの，時間と手間がかかるわりに全てを調整することが困難であることなどの限界もあります。加えて，経営者の能力や熟練工の技術，ブランド力など財務数値では表現できていない企業の側面も多くあります。

　こうした会計情報の限界を補うため，会計情報以外の情報を分析に積極的に

取り入れます。その1つに会計情報以外の定量情報が挙げられます。定量情報は，子会社数や従業員数，販売数量，小売業であれば店舗数や新規出店数，客単価など，財務情報以外にも多くのものがあります。重視すべき情報は業界や企業によって異なりますが，分析対象となる企業にとって重要な指標は企業も開示していることが多く，こうした情報を用いることにより分析をより確かなものにすることができます。

　もう1つは定性情報の活用です。定性情報は，数値では表されない情報であり，企業の経営理念や経営戦略，社会情勢などが挙げられます。こうした情報は分析を行う上で非常に有用であり，企業価値向上の源泉となるようなものも含まれるにもかかわらず，財務諸表の数値として直接現れません。しかし，こうした情報は有価証券報告書に文章などで記述があったり，企業のホームページや開示資料などで言及されていたりします。こうした財務データ以外の情報は非財務情報といわれ，近年注目を集めています。そのため，企業もホームページや統合報告書などで情報の拡充を行っています。

　非財務情報が重視されるようになると，財務情報の分析はそれほど重視しなくてよいのかという疑問がわいてくるかもしれません。しかし，財務情報がベースにあって足りない情報を補うものが非財務情報なので，財務分析を軽視してよいというわけでは決してありません。近年，企業のディスクロージャーは進歩したために，分析に利用できる情報も増えています。分析者はこうした状況を踏まえて，多角的に企業を評価するということが求められています。

■練習問題：会計政策を探る
　1．任意の企業について，有価証券報告書の注記事項から会計政策が行われている可能性のある項目を探してみましょう。
　2．1の分析から，全体として利益増加型もしくは利益減少型の会計政策は確認できますか。

[参考文献]

伊藤邦雄（2014）『新・企業価値評価』日本経済新聞出版社。
薄井彰（2011）『バリュエーションと会計』中央経済社。
北川哲雄・加藤直樹・貝増眞（2013）『証券アナリストのための企業分析（第4版）』証券アナリスト協会（編）東洋経済新報社。
K.G. パレプ・P.M. ヒーリー・V.L. バーナード著／斉藤静樹監訳／筒井知彦・川本淳・亀坂安紀子訳（2011）『企業分析入門（第2版）』東京大学出版会。
桜井久勝（2017）『財務諸表分析（第7版）』中央経済社。
須田一幸・花枝英樹（2008）「日本企業の財務報告——サーベイ調査による分析」『証券アナリストジャーナル』46(5), 51-69。
Burgstahler, D. and I. Dichev (1997) "Earnings management to avoid earnings decreases and losses," *Journal of Accounting and Economics* 24(1), 99-126.
J.R. Graham, C.R. Harvey, S. Rajgopal (2005) "The economic implications of corporate financial reporting," *Journal of Accounting and Economics* 40, 3-73.
Victoria Dickinson (2011) "Cash flow patterns as a proxy for firm life cycle," *The Accounting Review* 86(6), 1969-1994.

[参考になるサイト]（URLは2018年10月現在）

Yahoo Finance：https://finance.yahoo.co.jp/
日本経済新聞ホームページ：https://www.nikkei.com/
REUTER（国内株式）：https://jp.reuters.com/investing/markets
EDINET：http://disclosure.edinet-fsa.go.jp/
日本取引所グループ：https://www.jpx.co.jp/

索　引

——欧文——

BPS ················· 46, 121, 177
CAGR ······················· 154
CAPM ······················· 212
CFO 修正ジョーンズ・モデル ······· 286
CSR ·························· 12
DCF モデル ··············· 194, 203
DDM ···················· 194, 197
D/E レシオ ···················· 143
EBIT ························· 64
EBITDA ······················ 65
EDINET ······················ 19
EPS ············· 75, 121, 176, 186
ESG ·························· 12
EVA ························ 206
EV/EBITDA 倍率 ········· 182, 186
IFRS ······················ 16, 266
IR ····························· 8
JMIS ························· 16
M&A ················· 8, 31, 253
NOPAT ·················· 65, 205
PBR ················· 45, 177, 178
PCFR ······················· 181
PEG レシオ ··················· 183
PER ············· 75, 121, 176, 178
PSR ························ 180
ROA ··················· 116, 122
ROE ·········· 116, 117, 121, 178, 256
ROIC ··················· 120, 127
SIC コード ···················· 105
WACC ·················· 210, 221

——あ——

アナリスト予想 ················· 172
アニュアルレポート ··············· 12
安全資産の利子率 ··············· 212
1 年基準 ······················· 25
移動平均法 ···················· 274
インカムアプローチ ········· 171, 193
インカムゲイン ················· 208
インタレスト・カバレッジ・レシオ
　······························· 146
受取手形 ······················ 28
受取配当金 ···················· 60
受取利息 ······················ 60
売上原価 ······················ 58
売上債権 ······················ 28
売上債権回転日数 ·············· 134
売上債権回転率 ················ 134
売上収益 ····················· 108
売上総利益 ···················· 58
売上高 ························ 58
売上高利益率 ············ 116, 128
売掛金 ························ 28
運転資本 ················· 35, 205
営業外収益 ···················· 60
営業外損益 ···················· 60
営業外費用 ···················· 60
営業活動によるキャッシュフロー
　·························· 80, 83
営業収益 ····················· 108
営業損益計算 ··············· 55, 58
営業利益 ······················ 58

営業利益率·················65, 234
エコノミック・プロフィット法······206
エンタープライズバリュー········51, 182
親会社株主に帰属する当期純利益·····62

――か――

開業費·······················32
会計期間······················14
会計基準··············15, 105, 107, 108
会計上の変更··················264
会計政策·····················264
会計戦略·····················264
会計のフレキシビリティ···········263
会計発生高····················285
会社予想················71, 172, 177
開発費·······················32
貸方·························23
貸倒引当金·····················28
金のなる木（cash cow）···········235
過年度遡及修正·················264
株価倍率法················171, 175
株式交付費····················32
株式時価総額··················4, 45
株主還元·····················80
株主資本·····················36
株主資本コスト···········210, 212, 222
株主資本等変動計算書·············13
株主通信·····················13
借方·························23
為替差益······················61
為替差損······················61
監査··························9
企業会計原則···················9
企業価値···················4, 218
企業買収·····················52
企業評価···················3, 5, 8
企業評価モデル···············5, 194

技術的会計政策·················276
期待収益率···············196, 207
期中平均発行済株式数·············45
期末発行済株式数················45
キャッシュフロー···············185
キャッシュフロー計算書·········13, 79
キャピタルゲイン···············208
業績予想·················6, 71, 172
金融収益······················64
金融商品取引法··················9
繰延資産·····················32
クロスセクション分析············103
経常損益計算···············55, 60
経常利益······················61
継続企業···················4, 172
決算説明資料···················13
決算短信······················11
決算月·······················14
決算月数······················15
減価償却·····················30
減価償却費················30, 272
減価償却累計額·················30
現金······················28, 79
現金及び預金···············27, 39
現金同等物····················79
原材料······················28
減損······················31, 62
工事完成基準··················274
工事進行基準··················274
コストアプローチ··············172
コスト・リーダーシップ戦略·······243
固定資産··················23, 29
固定長期適合率············142, 145
固定配列法····················24
固定比率·················142, 145
固定負債·····················34
個別財務諸表··················18
コマーシャルペーパー·········34, 79

コンセンサスデータ …………… 159, 172

―― さ ――

財務活動によるキャッシュフロー
　……………………………… 80, 86
財務諸表 …………………………… 9
財務制限条項 …………………… 269
財務比率の分析 ……………… 6, 101
財務レバレッジ …………… 124, 256
裁量的会計発生高 ……………… 285
サスティナブル成長率 ………… 201
差別化戦略 ……………………… 244
残余利益モデル ………………… 205
仕入債務回転日数 ……………… 135
仕入債務回転率 ………………… 135
仕掛品 …………………………… 28
時価純資産法 …………………… 172
事業等のリスク ………………… 254
事業の内容 ……………………… 228
事業利益 …………………… 64, 116
事業利益率 ……………………… 123
時系列分析 ……………………… 103
自己株式 …………………… 36, 45
自己株式数 ……………………… 45
自己資本 ……………… 37, 46, 160
自己資本比率 ……………… 141, 142
資産 ……………………………… 23
自社株買い ………………… 121, 257
自主開示 ………………………… 9
市場株価法 ……………………… 171
実効税率 ………………………… 62
実質的会計政策 ………………… 279
支払手形及び買掛金 …………… 33
支払利息 ………………………… 60
四半期財務諸表 ………………… 18
資本金 …………………………… 36
資本構成 ………………………… 222

資本コスト ……………… 120, 196, 221
資本利益率 ……………………… 116
社債 ……………………………… 34
社債発行費 ……………………… 32
修正純資産法 …………………… 172
修正ジョーンズ・モデル ……… 286
集中戦略 ………………………… 244
集約化 …………………………… 245
純資産 ……………………… 24, 36, 40
純損益計算 …………………… 55, 61
少数株主利益 …………………… 62
商品 ……………………………… 28
情報の非対称性 ………………… 223
正味運転資本 …………………… 35
ジョーンズ・モデル …………… 286
新株予約権 ……………………… 37
新株予約権付社債 ……………… 34
ステークホルダー ………… 9, 20, 38
ストラテジック・バイヤー …… 52
税金等調整前当期純利益 ……… 62
製造原価明細書 ………………… 59
成長株 …………………………… 50
製品 ……………………………… 28
セグメント情報 ………………… 231
節税効果 …………………… 210, 258
ゼロ成長モデル ………………… 200
全部純資産直入法 ……………… 273
総資産回転率 …………… 123, 124, 132
総資産経常利益率 ……………… 160
総平均法 ………………………… 274
創立費 …………………………… 32
その他の包括利益累計額 ……… 36
損益計算書 ………………… 13, 55

―― た ――

貸借対照表 ………………… 13, 23
多角化 …………………………… 245

棚卸資産 …………………………… 27, 28
棚卸資産回転日数 ………………… 133
棚卸資産回転率 …………………… 133
短期借入金 ………………………… 34
中期経営計画 ……………………… 249
注記事項 …………………………… 271
長期借入金 ………………………… 34
貯蔵品 ……………………………… 28
定額法 ……………………………… 272
定期預金 …………………………… 28
ディスカウント …………………… 190
ディスクロージャー …………… 9, 223
定性情報 …………………………… 290
定率成長モデル …………………… 200
定率法 ……………………………… 272
定量情報 …………………………… 290
デフォルト ………………………… 207
手元流動性 ………………………… 136
手元流動性回転率 ………………… 136
手元流動性比率 …………………… 136
デュポン分解 ……………………… 124
転換社債 …………………………… 34
電子記録債権 ……………………… 28
投下資本 …………………………… 128
当期純利益 ………………………… 62
当期純利益率 ……………………… 124
統合報告書 ………………………… 12
当座比率 …………………… 142, 144
当座預金 …………………………… 28
投資活動によるキャッシュフロー
　………………………………… 80, 85
投資その他の資産 ………………… 29
投資ファンド ……………………… 53
投資有価証券 ……………………… 28
東証33業種分類 ………………… 105
特別損失 …………………………… 62
特別利益 …………………………… 61

―― な ――

内在価値 …………………………… 4
内部留保 …………………………… 218
内部留保率 ………………………… 201
日経業種分類 ……………………… 105
日本基準 …………………………… 15
年次財務諸表 ……………………… 18
のれん ……………………… 31, 40, 62, 266

―― は ――

買収プレミアム …………………… 31
配当 ………………………………… 257
配当性向 ………………… 121, 163, 201
発行済株式数 ……………………… 45
花形（star）……………………… 235
半期財務諸表 ……………………… 18
半製品 ……………………………… 28
販売費及び一般管理費 …………… 58
引当金 ……………………………… 273
非財務情報 ……………………… 12, 290
非裁量的会計発生高 ……………… 285
非支配株主に帰属する当期純利益 … 62
非支配株主持分 ………………… 36, 37
ビッグ・バス ……………………… 279
費用 ………………………………… 55
非流動資産 ………………………… 108
非連結 ……………………………… 18
ファイナンスリース取引 ………… 35
ファイブフォース分析 …………… 239
フィナンシャル・バイヤー ……… 52
負債 ……………………………… 24, 40
負債比率 ………………………… 141, 143
普通預金 …………………………… 28
部分純資産直入法 ………………… 273
フリーキャッシュフロー ……… 88, 204

ブルーオーシャン戦略 …………… 245	有価証券上場規定 ………………… 11
プレミアム ……………………… 190	有価証券報告書 …………………… 9
プロダクトポートフォリオマネジ	有形固定資産 ……………………… 29
メント ……………………… 235	有形固定資産回転率 ……………… 132
プロダクトミックス …………… 130	有利子負債 ………………………… 34
米国基準 …………………………… 15	有利子負債コスト ……… 210, 219, 222
ベータ ……………………… 212, 214	
包括利益計算書 …………………… 63	― ら ―
報告セグメント ………………… 228	
法人税等合計 ……………………… 62	リース債務 …………………… 34, 35
法定開示 …………………………… 9	利益 ………………………………… 55
簿価純資産法 …………………… 172	利益剰余金 …………………… 36, 38
ボリュームディスカウント ……… 130	利益の質 …………………… 79, 283
本源的価値 ………………………… 4	利益平準化 ……………………… 282
	リスク ……………………… 196, 208
― ま ―	リスクプレミアム ………… 212, 216
	流動資産 ……………………… 23, 27
マーケットアプローチ ……… 171, 175	流動性配列法 ……………………… 24
負け犬（dog）…………………… 236	流動比率 …………………… 142, 144
マネジメントアプローチ ……… 228	流動負債 …………………………… 33
マルチプル ……………………… 175	類似取引比準法 ………………… 171
無形固定資産 ……………………… 29	レシオ分析 ……………………… 101
無形資産 …………………………… 31	連結財務諸表 ……………………… 18
無リスク利子率 ………………… 216	連結財務諸表等原則 ……………… 18
問題児（problem child）………… 235	連単倍率 ………………………… 229

― や ―

― わ ―

有価証券 …………………………… 27

割安株 ……………………………… 50

≪著者紹介≫

奈良 沙織（なら さおり）

明治大学商学部専任教授。博士（経営学）。
立教大学経済学部卒業，一橋大学大学院国際企業戦略研究科修士課程修了，筑波大学大学院ビジネス科学研究科博士課程修了。東京工業大学大学院社会理工学研究科助教，明治大学商学部専任講師，専任准教授を経て，2021年より現職。専門は企業価値評価。
主な論文に「経営者予想公表後のアナリストのハーディングとアナリスト予想の有用性——企業規模の観点から」（『証券アナリストジャーナル』平成25年8月号）等。

企業評価論入門

2019年4月20日　第1版第1刷発行
2025年8月15日　第1版第7刷発行

著者	奈良 沙織	
発行者	山本　継	
発行所	㈱中央経済社	
発売元	㈱中央経済グループパブリッシング	

〒101-0051　東京都千代田区神田神保町1-35
電話　03(3293)3371（編集代表）
　　　03(3293)3381（営業代表）
https://www.chuokeizai.co.jp
製版／昭和情報プロセス㈱
印刷・製本／㈱デジタルパブリッシングサービス

© 2019
Printed in Japan

＊頁の「欠落」や「順序違い」などがありましたらお取り替えいたしますので発売元までご送付ください。（送料小社負担）

ISBN978-4-502-29961-2　C3034

JCOPY〈出版者著作権管理機構委託出版物〉本書を無断で複写複製（コピー）することは，著作権法上の例外を除き，禁じられています。本書をコピーされる場合は事前に出版者著作権管理機構（JCOPY）の許諾を受けてください。
JCOPY〈https://www.jcopy.or.jp　e メール：info@jcopy.or.jp〉

会計と会計学の到達点を理論的に総括し、
現時点での成果を将来に引き継ぐ

体系現代会計学 全12巻

■総編集者■

斎藤静樹(主幹)・安藤英義・伊藤邦雄・大塚宗春
北村敬子・谷　武幸・平松一夫

■各巻書名および責任編集者■

巻	書名	責任編集者
第1巻	企業会計の基礎概念	斎藤静樹・徳賀芳弘
第2巻	企業会計の計算構造	北村敬子・新田忠誓・柴　健次
第3巻	会計情報の有用性	伊藤邦雄・桜井久勝
第4巻	会計基準のコンバージェンス	平松一夫・辻山栄子
第5巻	企業会計と法制度	安藤英義・古賀智敏・田中建二
第6巻	財務報告のフロンティア	広瀬義州・藤井秀樹
第7巻	会計監査と企業統治	千代田邦夫・鳥羽至英
第8巻	会計と会計学の歴史	千葉準一・中野常男
第9巻	政府と非営利組織の会計	大塚宗春・黒川行治
第10巻	業績管理会計	谷　武幸・小林啓孝・小倉　昇
第11巻	戦略管理会計	淺田孝幸・伊藤嘉博
第12巻	日本企業の管理会計システム	廣本敏郎・加登　豊・岡野　浩

中央経済社